KB080011

장기보수시대

국립중앙도서관 출판시도서목록(CIP)

장기보수시대: 미처 몰랐던 징후들
신기주 지음. -- 서울 : 마티, 2015

264p. ; 136×210mm

ISBN 979-11-86000-09-0 03330 : ₩12000

보수주의[保守主義]
한국 정치[韓國政治]

340.911-KDC6
320.9519-DDC23   CIP2015004118

장기보수시대
미처 몰랐던 징후들

신기주 지음

마티

서문

한국 사회는 장기 보수 시대로 접어들었다. 단순히 보수 정권이 몇 차례 더 집권하게 될거란 얘기가 아니다. 한국 사회의 구조적 보수화가 진행되고 있단 말이다. 한국 사회 구조의 보수화는 여러 국면에서 느리지만 뚜렷하게 진행돼왔다. 이 도도한 흐름은 1990년대 중반에 시작됐다. 마침내 성취된 정치적 민주화는 사회적으론 개인주의와 경제적으론 소비주의를 의미했다. 개인주의와 소비주의의 창궐은 구조적 보수화의 초기 징후다.

1998년 외환위기는 경제 국면의 보수화를 가속했다. 경제는 초기업화됐고 사회는 초개인화됐다. 한국은 거대 기업과 일개 개인이 경쟁하는 사회가 됐다. 2000년대 초반까지 이어진 두 번의 진보 정권은 구조적 보수화를 오히려 강화시켰다. 진보 정부들은 우경화 정책으로 보수화 국면에 대응했지만 번번히 실패했다. 오히려 진보의 진정성까지 훼손했다.

2000년대 후반부터 이어진 두 번의 보수 정권은 구조적 보수화가 낳은 정치적 결과물이다. 이 무렵부터 진보 진영에서 기울어진 운동장 이야기가 본격적으로 나오기 시작했다. 원래 기울어진 운동장은 남북 분단 상황이 진보 진영에 불리하게 작용하는 정치 역학을 탓하는 용어였다. 2012년 대선을 거치면서 생각보다 많은 것들이 기울어져 있다는 사실이 드러났다. 1990년대 중반부터 지속된 구조적 보수화는 정치와 경제와 사회와 언론의 국면을 바꿔놓은 뒤였다. 이런 흐름은 앞으로도 상당 기간 한국 사회를 압도할 가능성이 높다. 설사 야권이 재집권하는 데 성공한다고 해도 장기 보수 시대로 접어든 한국 사회 구조를 재편하긴 어렵다.

이 책에서 나는 경제와 사회와 미디어와 정치에 이르는 네 가지 국면에서 포착된 각기 다른 사건들을 통해 한국 사회의 구조적 보수화 현상을 분석했다. 각각의 사건들은 지난 2년여 동안 한국 사회 이곳저곳에서 먼지처럼 일어났다 흩어졌고 잊혔던 일들이다. 당시엔 서로 아무런 상관도 없는 개별 사건들 같았다. 깊이 들여다볼수록 미시적 사건들은 거시적 흐름 속에 서로 연관돼 있었다. 경제와 사회와 미디어와 정치 국면의 보수화를 드러내는 증거들이었다. 결론적으론 한국 사회의 구조적 보수화를 보여주는 징후들이었다. 이 개별 사건들을 통해 우리가 지금 어디로 향해 흘러가고 있는지와 그런 흐름이 장차 우리를 어떻게 달라지게 만들지를 단편적으로나마 보여준다.

이 책은 진보의 재집권 가능성이나 보수의 장기 집권 가능성을 타진하는 당파적인 책이 아니다. 정치적 보수화 국면도 이 책의 여러 분석 대상 중 하나일 뿐이다. 정말 중요한 건 한국 사회의 구조적 보수화가 우리들 개개인의 사고 방식을 근본적으로 바꿔놓고 있다는 점이다. 지금의 우리는 1960년대부터 1990년대 초반까지 이어졌던 장기 진보 시대를 살았던 우리와 전혀 다른 우리다.

이 책은 『에스콰이어』에 2년여 동안 연재했던 기사들을 기초로 쓰였다. 각각의 글은 파편화된 정보들을 조합해서 맨눈으론 보이지 않던 실체적 진실을 재구성해낸 것들이었다. 각기 다른 맥락에서 다뤄진 개별 사건들이 장기 보수화의 징후라는 큰 흐름을 짚어낸 건 도서출판 마티의 정희경 대표였다. 역사학자 페르낭 브로델의 이론을 토대로 개별 기사들을 사건사와 국면사와 구조사로 재배열한 건 서성진 편집자였다. 현안을 취재하고 분석하는 데 급급한 기자는 자칫 미시적 사건들에 매몰돼서 거시적 흐름을 놓치기 쉽다. 이 책은 마티에 큰 빚을 진 책이다. 아울러 기사들을 책으로 다시 묶어낼 수 있게 허락해준 민희식 『에스콰이어』 편집장한테도 감사드린다.

2015년의 봄을 기다리며

신기주

첫 번째 국면

시장의
구멍들

대안을 두려워하는 경제학자들

2005년 봄, 노무현 정부 안에선 치열한 정책 투쟁이 벌어졌다. 이정우 정책기획위원장과 정태인 국민경제위원장이 주축이 된 학자 출신 참모들과 청와대 정책실과 기획재정부가 주축이 된 관료 집단 사이에서 경제 양극화의 해법을 놓고 벌어진 충돌이었다.

2005년 2월 16일 이정우와 정태인은 『동반성장의 길』이라는 보고서를 대통령한테 제출했다. 관료 집단은 한발 앞선 1월 25일 『경쟁력 어젠다 보고서』를 제출했다. 『동반성장의 길』은 양극화가 돈으로 돈을 버는 속도가 일해서 돈을 버는 속도보다 빨라서 벌어진 문제라고 봤다. 『경쟁력 어젠다 보고서』는 한국 경제의 성장률을 높여서 파이를 키우면 양극화가 해소된다고 봤다. 결국 분배론과 성장론의 한판 힘겨루기였다.

승자는 성장론이었다. KDI가 기초한 『경쟁력 어젠다 보고서』는 경제성장률을 높이면 계층 간 격차가 줄어든다는 걸 보여주는 다양한 통계 자료들을 제시했다. 흔히 2차 대전 이후 30년을 자본주의의 황금기라고 부른다. 선진국의 경제성장률은 평균 4퍼센트에 달했다. 이때 계층 격차도 극적으로 압축됐다고 해서 대압축의 시대라고 불린다. 1990년대 초반까지의 한국 경제도 마찬가지였다. 경제가 급성장하자 모든 계층이 동반성장했다. 『경쟁력 어젠다 보고서』는 이제까지 통했으니 앞으로도 통할 거라고 주장했다.

반면에 『동반성장의 길』은 한국 경제의 대전환을 요구했다. 한국 경제는 이제까지 두 개의 엔진으로 성장해왔다. 수출과 부동산이다. 수출 주도 성장과 부채 주도 성장이다. 아직까지는 수출도 호황이고 부동산 열기도 남아 있지만 둘 다 한계에 부딪힐 수밖에 없다. 늦기 전에 소득 주도 성장으로 전환해야 한다. 임금을 올려서 국민 소득을 상승시키면, 가계의 구매력이 증가하고 민간 소비가 늘어나 내수 시장이 팽창한다는 원리였다.

『동방성장의 길』은 기존 경제 질서를 뿌리째 뒤흔들자는 얘기였다. 임금을 올리면 기업의 원가 경쟁력이 낮아져서 수출 경쟁력도 약화되고, 이제까지의 수출 주도 성장 전략이 차질을 빚을 게 뻔했다. 그 대신 임금을 올리지 않아도 부동산 가격만 높게 유지되면, 가계가 보유한 자산 가치가 상승하고 부동산 담보 대출의 여력도 증가하기 때문에 내수 소비가 지탱되는 부채 주도 성장이 지속될 수 있었다.

결국 노무현 정부는 KDI의 『경쟁력 어젠다 보고서』를 집권 중후반기 경제 노선으로 채택한다. 노무현 정부 중반엔 수출은 호황이고 부동산은 활황이었다. 현실적으로 당장 큰 위험을 감수할 필요가 없었다. 정책 투쟁의 결과는 냉혹했다. 이정우와 정태인은 차례로 청와대에서 밀려났다. 이 흐름은 집권 말기엔 한미FTA로 수출 주도 성장 전략을 증폭시키는 데까지 이어진다. 왼쪽 깜빡이를 켜고 집권한 노무현 정부가 우회전하기 시작한 건 2005년부터였다. 그렇게 한국 경제가 다른 길로 가는 문은 영영 닫혀버렸다.

2014년 가을 한국에서도 발간된 프랑스 경제학자 토마 피케티의 『21세기 자본』 속엔 그때 영영 닫혀버린 문을 다시 열 수 있는 열쇠가 들어 있었다. 『21세기 자본』의 요체는 이렇다. "자본 수익률이 노동 수익률보다 높기 때문에 자본 수익이 많은 상위 10퍼센트와 노동 수익에 의존하는 하위 90퍼센트의 불평등이 지속적으로 증가해서 결국 자본주의가 붕괴된다." 어쩌면 보통 사람들은 다들 아는 얘기다. 아파트 값이 오르는 속도가 연봉 오르는 속도보다 빠른 현실에서 살아가고 있기 때문이다.

정작 삼척동자도 다 아는 얘기를 모르거나 모른 체 하는 사람들이 있다. 주류 경제학자들이다. 주류 경제학의 이론을 토대로 정치를 하는 정치인들과 정책 관료들도 마찬가지다. "성장하면 분배는 자연히 이뤄진다"는 게 기본 입장이다. 최근엔 불평등이 나쁜 게 아니라는 주장도 등장했다. 불평등하기 때문에 상승 욕구가 자극돼서 경제가 성장한다는 논리다.

『21세기 자본』은 자본주의가 잉태되기 시작한 17세기부터 21세기까지의 통계를 토대로 주류 경제학과 정면으로 맞선다. 피케티는 주류 경제학자들의 주장과 달리 "자본주의는 성장할수록 불평등해진다"고 강조한다. 대압축의 시대는 단지 예외적인 시기였다고 주장한다. 당시 대압축이 일어났던 이유는 높은 성장률과 높은 누진소득세가 합쳐졌기 때문이다. 양차 대전을 치르느라 각국 정부는 부자들의 소득을 세금으로 거둬가서 전쟁 비용과 전후 복구 비용으로 활용했다. 국가 재정이 다른 계층에 분배됐다. 자연히 불평등이 해소됐다.

『21세기 자본』은 나머지 시기에는 불평등이 극악할 정도였다는 걸 각종 통계로 입증한다. 특히 19세기 후반은 불평등의 정도가 워낙 극악했다. 상위 1퍼센트만 화려하고 나머지 99퍼센트는 처참해서 외 피만 화려한 도금 시대라고 불렸다. 토마 피케티 교수는 21세기 자본 주의도 도금 시대만큼이나 극단적 양극화로 전개되고 있다고 경고한 다. 선진국의 평균 소득세율이 1980년대부터 낮아진 끝에 지금은 30 퍼센트대까지 낮아진 탓이다.

『21세기 자본』은 노무현 정부 시절 경제 개혁 세력이 미처 갖추 지 못했던 정교한 이론과 탄탄한 통계를 겸비하고 있다. 동시에 자본 주의의 파국까지 설득력 있게 저주하고 있다. 경제학은 이론이 정치 와 결합해서 정책이 되는 학문이다. 한국의 경제학은 대부분 성장지 상주의 일변도였다. 방법론적으로도 수출지상주의와 부채용인주의 를 숭배했다. 이론 지형이 이러면 정치와 결합해서 나오는 정책도 이 럴 수밖에 없다.

분배를 통한 성장을 주장하는 비주류 경제학의 흐름이 없진 않았 다. 왼쪽 깜빡이를 켰던 노무현 정부에서조차 정책 투쟁에서 밀린 뒤 론 맥을 못 췄다. 국가 경제가 성장하면 결국 모든 계층이 성장한다 는 파이 이론이나 상위 계층이 부유해지면 돈을 써서 아래 계층도 부 유해진다는 낙수 효과 이론에 번번히 가로막혀 별 힘을 쓰지 못했다.

『21세기 자본』은 비주류 경제학 혹은 개혁적 경제학자들한텐 천 군만마 다름없었다. 『21세기 자본』의 한국어 번역판에 이정우 교 수의 해제가 달린 건 시사적이다. 이정우 교수는 이렇게 썼다. "성장 지상주의를 신봉하는 한국에서 소득이나 부의 불평등 문제는 금기 비슷하게 취급되거나 뒷전으로 밀려나 있었다고 해도 과언이 아니다.

한국은 국제적으로 비교하면 상대적으로 평등한 나라라는 것이 정부의 일관된 입장이었고 여기에 반기를 드는 사람은 적었다. 그런데 갑자기 피케티 현상이 일어났다." 기울어진 이론 지형이 바뀌면 정치도 바뀌고 정책이 바뀔 거란 희망이 생긴다.

『21세기 자본』은 단순히 돈이 돈을 버는 속도가 땀 흘려 일해서 버는 속도보다 높다는 것만 얘기하는 책이 아니다. 피케티는 10대 90 사회를 얘기한다. 부가 상위 10퍼센트한테 집중된 세상이다. 흔히 듣던 얘기다. 피케티는 더 파고든다. 상위 10퍼센트는 다시 최상위 1퍼센트와 나머지 9퍼센트로 나뉜다. 1퍼센트는 나머지 99퍼센트의 수십 배에 달하는 수익을 즐긴다. 물론 자본 소득 덕분이다. 한국의 재벌이 대표적이다. 자본의 결합체인 대기업을 지배하며 온갖 기회를 유용한다. 반면에 9퍼센트는 본질적으로 노동자들이다. 전문 경영인이나 고위 공무원이나 소수의 연예인들이 이 계층에 속한다.

이 9퍼센트가 문제다. 9퍼센트가 벌어들이는 노동 소득이 나머지 90퍼센트가 버는 노동 소득의 절반에 이른다. 연봉도 사회 전체 평균 임금의 세 배에 달한다. 1퍼센트가 비만이라는 건 주류 경제학에서도 인정한다. 보수에서도 그것까지 부정하지 못한다. 그래서 1퍼센트들은 눈에 보이는 사회 환원을 가끔 한다. 9퍼센트는 다르다. 9퍼센트는 자본주의의 역동성을 보여주는 모범 사례다. 9퍼센트의 존재가 나머지 90퍼센트의 신분 상승 욕구를 자극한다. 10대 90의 사회에선 이게 불가능에 가깝다는 게 문제다. 9퍼센트에 들기 위해선 교육과 시장과 운까지 도와줘야 한다. 그런데도 주류 경제학은 9퍼센트를 소득 재분배의 증거로 활용한다. 벤처 신화나 월급쟁이 신화가 여기서 나온다. 피케티는 1퍼센트의 초세습사회 옆엔 9퍼센트의 초능력주의 사회가 있다고 꼬집는다. 90퍼센트는 정말 초능력이 있어야 초불평등을 극복할 수 있다.

피케티의 논리는 정연하다. 이제까지의 주류 경제학 논리를 하나씩 도장 깨기한다. 『21세기 자본』은 수세에 몰렸던 비주류 진보 경제학한테 탄탄한 이론적 무기가 되기에 충분했다. 이제 이론을 정치화해서 정책화하면 됐다. 주류 경제학과 보수 정치인과 보수 관료들이 가장 우려하는 지점이었다. 피케티 이론의 정치적 폭발력을 경계했다.

그래서 한쪽에선 『21세기 자본』을 쟁점으로 부각시키려고 부단히 애썼다. 다른 한쪽에선 시종일관 무시하거나 비아냥대기 바빴다. 양쪽 모두 『21세기 자본』의 정치적 파괴력을 알기 때문이었다. 이건 주류 경제학의 원산지인 미국에서도 마찬가지였다. 노벨경제학상을 수상한 폴 크루그먼은 "최근 10년 이래 가장 중요한 경제학 서적"이라고 떠받들었다. 그나마 영국 『파이낸셜 타임스』는 피케티한테 결투를 신청했다. 결국 패했지만 정정당당했다. 『월스트리트 저널』 같은 보수적 경제지는 아예 언급을 피했다. "사놓고 안 읽을 책"이라고 폄훼하기 바빴다. 극과 극이다.

한국에서도 비슷했다. 정태인 원장은 말한다. "이제까지 진보적 경제 정책에 관해선 주류 경제학자들은 무시 일변도였습니다. 아예 말을 안 해버리죠. 논쟁을 안 하려고 하고. 사실 현재의 경제 상황에 대해 주류 경제학은 더 이상 답을 제시해주지 못해요. 그러니까 대안이 등장하면 두려운 겁니다. 못 본 척 하고 싶은 거죠."

결국 『21세기 자본』이 유발할 이론 논쟁이 한국에서 미적분 수준의 정치화 과정을 거쳐서 정책화할 수 있으냐가 관건이었다. 사실 『21세기 자본』이 제기한 문제와 해법은 이미 지난 대선에서 한 차례

정책화된 적이 있다. 바로 경제민주화 논쟁이었다. 2012년 대선 당시
만 해도 모든 대선 후보들이 경제민주화를 주장했다. "어느 후보가
되든 경제민주화는 된다"는 얘기가 나올 정도였다.

한국엔 1퍼센트에 해당하는 재벌 총수와 9퍼센트에 해당하는 기
업체 임원과 주주들이 있다. 2005년 이후 수출 주도 성장이 극단적
으로 이뤄지면서 이들의 부도 급증했다. 2000년부터 2010년 연평균
기업 소득 증가율은 25.5퍼센트에 달한다. 가계 소득 증가율은 고작
5.7퍼센트다. GDP에서 기업이 차지하는 비중은 1990년 30퍼센트에
서 2010년엔 50.2퍼센트까지 증가했다.

정작 기업의 부를 가계로 분배하는 경제민주화 정책은 제대로 도
입되지 않았다. 정치가 소득 주도 성장 대신 수출 주도 성장과 부채
주도 성장을 포기하지 못해서다. 둘 다 반짝 경기 부양 효과는 있지
만 결과적으론 불평등을 극도로 심화하는 정책들이다. 정치는 반짝
반등에 대한 유혹을 떨치지 못한다. 이러니 어느 정권이든 주류 경제
학 이론과 보수 관료에 포획되는 건 시간문제다. 한국 정치의 경로 의
존성이 한국 경제를 한 길로만 몰고 있다.

유권자도 마찬가지다. 부동산을 부양시켜서 소득이 증가한 것 같
은 착시 효과를 내는 게 기업을 때려서 임금을 올리는 것보다 훨씬
쉬운 방식이다. 2011년 기준으로 전체 가구의 73.6퍼센트가 부동산
을 갖고 있다. 그만큼 효과도 전방위적이다. 이렇게 정치권도 유권자
도 거품에 중독된 탓에 불평등을 해소하기 위한 근본적인 경제 개혁
은 자꾸 미루게 된다. 2005년에도 그랬고, 이번에도 그랬다.

2005년 불평등 해소를 주장하다 청와대에서 밀려났던 정태인 새
로운 사회를 여는 연구소 원장은 당시 패배의 원인을 한마디로 설명

한다. "솔직히 자신이 없었던 거죠."『동반성장의 길』은 아직 아무도 가본 적 없는 길이었다. 성공의 기억이 있는 길과 성공을 장담할 수 있는 길이 있는데 자신 있게 다른 길을 선택하긴 쉽지 않다. 개혁을 하지 않으면 파국이 온다는 확신이 있어야 마지못해 다른 길을 가는 게 정치다. 정태인 원장은 이렇게 토로했다. "우리는 대통령의 마음을 사로잡을 정도의 실력도 없었고 바깥의 시민사회와 청와대 안의 참모들을 조직해서 대통령을 설득할 정도의 정치력은 더더구나 부족했다." 그리고 다시『21세기 자본』이란 기회가 어렵게 주어졌다. 이걸 다시 대중적으로 쟁점화시키고 정치화해서 끝내 정책화할 수 있느냐는 진보의 실력에 달린 일이었다.

진보는 다시 한 번 실패했다. 문재인 의원이 아주 잠깐 소득 주도 성장론을 주장한 게 전부였다. 최경환 부총리의 달콤한 초이노믹스에 어젠다를 빼앗겼다. 재정 지출 확대, 가계 부채 증가, 금리 인하, 노동시장 유연화로 이어지는 부채 주도 성장론이 주도권을 잡고 말았다. 피케티는 그저 몸값 비싼 강연꾼으로 전락해버렸다. 2005년에 이어 2014년에도 한국은 다른 길을 선택하지 않았다.

한국은 계층적 상향 이동 가능성을 믿는 국민이 전체의 85퍼센트나 되는 나라다. 반면에 실질적 상향 이동성은 일본 다음으로 낮다. 피케티의 이론에 따르면 한국의 불평등 정도는 도금 시대만큼이나 극심하다. 중국 경기가 퇴조하면서 수출 주도 성장에 위기가 다가오고 있다. 이제와서 내수 주도 성장을 얘기하지만 부채 주도 성장의 결과 온 국민이 빚쟁이가 돼서 돈 쓸 여력이 없다. 불평등이 한국 경제를 좀먹고 있다. 불평등이 경제를 조정할 이론과 정치와 정책까지 왜곡하고 있다. 21세기 한국 자본주의의 모습이다.

인간 부품이 필요 없어진 세계

2014년 10월 12일, 삼성직무적성검사가 국내외 82개 도시에서 일제히 시행됐다. 이른바 SSAT라고 불리는 이 시험의 응시자는 10만 명에 달했다. 2014년 대입수학능력시험의 응시자 수가 64만 명 정도였다. 그중에서 재수생 수는 13만 명 정도였다. SSAT 응시자 수가 수능시험의 재수생 수와 거의 맞먹었던 셈이다. 실제로 SSAT의 고사장 분위기는 수능시험장을 방불케했다. 고사장 정문 앞에서 부모님들이 노심초사하며 서성이는 모습까지 닮아 있었다.

SSAT 응시자는 2014년 상반기에 10만 명이 넘었다. 서울시 공무원 시험 응시자가 한 해 12만 명 정도다. 9급 공무원 응시자는 한 해 20만 명 정도다. 단일 기업 집단의 채용 시험 규모가 국가고시 규모에 버금가게 됐다. 게다가 서울시 공무원이나 9급 공무원보다 삼성그룹의 채용 인원이 더 많다. 2014년 하반기 삼성그룹 공채 인원은 4,000명 정도였다. 서울시는 7~9급 공무원 2,061명을 뽑았다. 전국 9급 공무원 채용 규모는 4,000명이 채 안 됐다. 이쯤 되면 SSAT도 국가고

시다.

익명을 요구한 대기업 인사담당 임원은 말한다. "아마 이때부터 삼성그룹의 고민이 깊어졌을 겁니다. 기업 채용이 국가고시처럼 운영되면 안 되거든요. 기업의 경쟁력은 인재 풀에서 나와요. 어떤 신입 사원을 뽑느냐가 10~20년 후 기업의 생존을 결정하죠. 그러니까 기업은 가장 이기적으로 필요로 하는 인재만 편식할 수밖에 없단 겁니다. 그런데 삼성그룹의 SSAT 채용 방식은 보편적 인재 채용 방식입니다. 학점 3.0 이상이면 누구나 응시할 수 있어요. SSAT의 출제 내용도 따져 보면 수능시험과 흡사하죠. 수능시험이 무엇입니까. 고졸자들이 대학에 갈만한 보편적인 학력 수준을 가졌는지 진단하는 평가잖아요. 그래서 대학들도 수능보단 대학별 본고사와 면접을 통해 자기네가 원하는 학생을 가려 뽑고 싶어 하는 거고요. 대학도 그런데 기업은 오죽하겠습니까. 한번 잘못 뽑으면 기업이 망할 수도 있는데요."

문제는 삼성그룹 정도의 대기업 집단들이 채용 시장에서 차지하는 상징적 비중이 지나치게 크다는 사실이다. 500대 기업의 연간 신입 사원 채용 규모는 5만 명 남짓이다. 전체 고용 시장의 1퍼센트 정도이다. 지나치게 많은 청년 취업자들이 우선 대기업의 문부터 두드린다. 정치적 이유도 크다. 대기업 집단은 정부와 각종 규제 문제로 얽혀 있다. 정부에 청년 고용률은 정권의 사활이 걸린 관심사다. 연초면 대통령이 대기업 총수들을 만나서 규제 완화를 주고 고용 창출을 받는 거래를 하는 건 그래서다. 한국에서 대기업은 싫든 좋든 어느 정도 규모 이상의 고용을 매년 반드시 지속해줘야 한단 얘기다.

여기에 기업 인사 담당자들의 고민이 있다. 기업은 이기적으로 채용해야 생존할 수 있다. 공무원 같은 직원을 뽑으면 망한다. 일본 소니가 지금처럼 몰락한 것도 그래서였다. 1990년대 이후로 소니는 인재 채용에 실패했다. 워크맨을 만들었던 소니의 창조적 DNA가 공무원 같은 신입 사원들한테 전파되지 못했다. 결국 소니의 경쟁력은 유전되지 못했다. 소니는 평범한 회사로 전락했다. 삼성그룹 역시 소니의 전철을 얼마든지 밟을 수 있다. 그건 다른 모든 대기업 집단의 공통된 고민이다. 인사 담당자는 말한다. "요즘 똑같은 고민에 빠져 있습니다. 지원자는 넘치는데 뽑고 싶은 인재는 없어요. 오히려 뽑아선 안 되는 인재들만 넘치죠. 풍요 속의 빈곤인 거죠."

익명을 요구한 다른 대기업 인사 담당자는 대다수 한국 대기업이 10대 90 인재 채용 법칙을 따르고 있다고 귀띔해준다. "실제로 기업들이 필요로 하는 양질의 인재는 10명입니다. 우선 100명을 뽑습니다. 최소의 임금을 주면서 우선 100명을 일 시킵니다. 100명끼리 경쟁을 시켜서 올라오는 10명을 가려냅니다. 그 10명은 앞으로 기업에서 정예 요원으로 끌고 갈 인력입니다." 10명을 가려내기 위해 100명을 뽑는단 얘기다. 90명은 의도적으로 도태시킨다.

그나마 기업의 내부 경쟁력을 높일 수 있는 방법이다. 어차피 평균적 인력을 채용할 수밖에 없다. 그렇다고 그들 모두 끌고 가면 소니 꼴이 난다. 문제는 비용이다. 10만 명이란 숫자가 상한선처럼 여겨지는 이유다. 삼성그룹만 해도 SSAT를 한 번 치르는 데 많게는 수십억 원을 쓴다. 미국 LA와 뉴욕, 캐나다 토론토에서 치러지는 SSAT까지 합하면 고사장 숫자만 150개가 넘는다. 시험을 출제하고 시험지를 인쇄하고 고사장을 임대하고 시험지를 수송하고 답안지를 채점하는 데 막대한 시간과 노력과 비용이 든다. 그래도 여기까진 삼성그룹이 지출하는 비용이다. 사회적 비용은 더 크다. 대학별로 SSAT 고시반이 생겨날 정도다. SSAT 대비 학원도 있다. 유료 인터넷 강의도 있다. 기출문제집과 수험서도 수십 종이다.

사실 이런 금전적 비용 따윈 아무것도 아니다. 삼성그룹은 그래도 인력 시장에서 갑질을 할 수 있다. 한 해 쏟아지는 취업자들 중에서 그래도 상위 인재들이 우선 삼성그룹 입사를 희망하기 때문이다. 한국 사회 전체적으론 거꾸로다. 오직 삼성그룹에 입사하기 위해 한 해 10만 명이 매달려 있다는 게 가장 큰 사회적 기회비용이다. 입사에 성공하는 5,000명 남짓을 제외한 나머지 9만 5,000명은 사회에서 경력을 쌓아야 하는 가장 중요한 시기에 다른 길을 찾을 기회를 놓치게 된다. 다른 길이란 애매모호하지만 무궁무진하다. 다른 대기업에 입사할 수도 있고 다른 중소기업에 입사할 수도 있고 창업을 하거나 장사를 할 수도 있다. 그게 무엇이든 그런 길을 갈 기회를 제쳐두고 삼성고시에 매달리는 셈이다. 그들이 삼성웨이를 선택했기 때문에 사회적으로도 새로운 기회가 창출될 가능성 자체가 사라진다.

애당초 삼성 입사나 공무원 고시에 뜻을 둔 사람이 새삼 벤처 창업 전선에 나설 리는 없다. 문제는 그런 대다수 사이에 묻혀 있을 소수의 인재다. 그나마 가능성이 있을 수 있는 그들마저도 삼성웨이에 휩쓸린다. 제도와 환경이 사람과 문화를 바꾸기 때문이다. 주변 모두가 대기업 입사 시험을 준비하는데 혼자서만 벤처 창업을 꿈꾸긴 어렵다. 연대할 동료조차 찾기 어렵기 때문이다.

삼성그룹은 1990년대 초반 신경영을 선포하면서 74제를 시행한 적이 있다. 아침 7시에 출근해서 오후 4시에 퇴근하는 제도였다. 이 제도 때문에 적잖은 서울대 공대생들이 창업 전선에 뛰어들었다. 7시까지 삼성전자 기흥 사업장으로 출근하느니 차라리 테헤란로에 회사를 차리겠다고 결심했다. 때마침 그렇게 생각하는 주변 사람이 많았다. 삼성그룹의 실패한 74제가 벤처 시대를 여는 자극제가 됐다. 제도와 환경이 벤처 시대를 열어준 셈이다.

똑같다. 삼성그룹이 지금 같은 SSAT 채용을 계속하면 한국 사회는 9만 5,000명분의 기회를 잃게 된다. 보편적 채용 제도의 모순이다. 이건 사법고시와 똑같다. 40년 전만 해도 연간 사법고시 합격생 수는 단 자리였다. 지금은 1,000명 단위다. 언뜻 개천에서 용 날 길이 넓어진 것 같다. 실제론 사법고시생들의 숫자만 늘려준 꼴이 된다. 10명 뽑을 땐 100명 지원하던 시장에 1,000명 뽑으니까 1만 명이 매달리게 된다. 한국 사회 전체로 보면 9,000명 만큼의 기회비용을 지불해야 한다. 대다수 청년 취업자들이 싫든 좋든 무조건 SSAT 준비에 매달리게 되는 게 지금의 시장 원리다.

채용만큼 이기적인 기업 활동도 없다. 채용이 국가 경제에 도움이 되는 기업 활동처럼 포장돼 있을 뿐이다. 정부가 규제를 완화하면 기업이 채용을 늘리고 가계는 월급을 받는다는 삼각 협업 구조는 고전 경제학에서나 통용되는 개념이다. 익명을 요구한 대기업 관계자는 말한다. "대기업이 10배수의 신입 사원을 뽑는 건 경쟁사로 갈지도 모르는 10퍼센트의 인재를 빼앗기지 않기 위해서입니다." 경쟁사로 간 인재가 삼성을 위협할 아이디어를 내놓을지도 모르기 때문이다. 당장 그 10퍼센트가 누가 될지는 알 수 없다. 일단 10배수를 뽑는다. 입사 이후 몇 년 동안 그들 사이에 경쟁을 붙인다. 10퍼센트를 가려낸다.

경쟁사만 견제하는 게 아니다. 어쩌면 기존 대기업의 주력 사업을 위협할 수도 있는 새로운 혁신이 등장하는 것도 막는다. 혁신은 사람에서 시작된다. 애초부터 사람을 혁신 시장으로 흘러가지 못하게 가

23

뒤버리면 계속 우월한 지위를 누릴 수 있다. 게다가 신규 채용 인력들한테 주는 월급도 비용이 아니라 결국 수입이 될 수 있다. 자본주의는 광우병 소를 키우는 것과 유사하다. 개인은 노동의 대가로 받은 임금으로 자신이 생산한 제품을 구매한다. 자기가 만든 제품을 자기가 구매하는 구조다. 기업 입장에선 임금으로 나간 돈이 매출로 돌아오는 셈이다.

딱한 건 그렇게 사육당하는 들러리인 90퍼센트다. 20대 후반부터 30대 초반까지는 사회 경력의 첫 단추를 채워야 하는 가장 중요한 시기다. 이 시기에 경력 형성의 결정적 기회가 대부분 몰려 있다. 40대쯤 되면 이직도 어렵고 창업도 어려워진다. 인생의 중요한 시기에 10퍼센트를 위한 들러리나 서게 된다. 물론 그들은 스스로가 들러리란 사실을 모른다. 들러리로 전락하지 않을 줄 알고 경력을 소진한다. 기업이 제공한 임금 몇 푼으로 자기가 만든 제품을 재소비한다. 어쩌면 대기업에서 들러리나 서는 게 아니라 중소기업이나 벤처기업, 또는 전혀 다른 분야에서 핵심 인재가 됐을 재능들이 헐값에 폐기처분된다.

이런 일이 벌어지는 건 한국의 산업구조가 2차 산업 혁명에서 3차 지식 혁명으로 옮겨가고 있기 때문이다. 2차 산업 혁명기엔 대기업과 국가와 개인은 삼각 협업을 통해 순환 구조를 만들 수 있었다. 이때 대기업은 대부분 제조업체들이었다. 규격화된 부품 같은 인재들이 필요했다. 국가 단위 교육 시스템 역시 규격화된 인재들을 양성하는 데 적합했다. 지식사회로 진화하면서 상황이 달라졌다. 지금 경제는 제3의 물결 속에 있다. 프롤레타리아가 아니라 코그니타리아(Cognitaria)가 활약하는 시대다. 프롤레타리아가 노동력을 팔았다면 코그니타리아는 지식을 판다.

기업들은 코그니타리아를 고용해서 제품을 IT화하고 싶어 한다. 기업의 미래 경쟁력이 IT화에 있다는 걸 누구보다 잘 알기 때문이다. 이른바 스마트 제품들을 만들고 싶어 한단 얘기다. 단순한 기계였던 전화기에 지식 혁신이 가미되면서 새로운 기능을 지닌 제품이 만들어진다. 문제는 코그니타리아는 국가가 교육으로 양성할 수 없다는 데 있다. 자동차 정비공은 공고나 공대에서 키워낼 수 있지만 자동차 디자이너는 키워지는 게 아니라 자라난다. 자동차 정비공은 공고나 공대에서 키울 수 있지만 자동차 튜닝 전문가는 교육되거나 키워지는 게 아니라 등장한다.

결국 기업들은 대량생산 체제에서 다품종 소량생산 체제로 전환하려고 든다. 대규모 제조업체들도 더 이상 평균적인 인재를 필요로 하지 않게 돼간단 뜻이다. 여기서 대기업과 국가와 교육과 노동자의 이해관계가 어긋나기 시작한다. 대기업은 더 이상 대량의 인간 부품이 필요 없다. 어차피 생산 그 자체는 기계자동화로 해결할 수 있다. 중요한 건 제품 혁신이다. 그걸 해줄 수 있는 인재를 배출하는 건 오히려 국가나 교육기관이 해줄 수 없다.

결국 대기업들은 점점 더 국가의 교육 시스템에 불만을 품을 수밖에 없다. 규격화된 인재밖에 제공해주지 못하기 때문이다. 뽑을 사람이 없다는 불만을 터뜨릴 수밖에 없다. 갈수록 취업 불균형이 커진다. 기업은 뽑을 사람이 없고 구직자는 일자리가 없다. 경제성장률만 높이면 일자리가 늘어나던 통계의 시대는 지나갔다. 제조업에 비해 서비스업의 일자리 창출 능력이 떨어져서만은 아니다. 일자리의 요구와 구직자의 능력이 맞질 않아서다.

이건 한국 경제만의 문제는 아니다. 지식사회로 이행하고 있는 모든 경제가 겪는 불균형이다. 미국 경제도 고용 없는 성장을 해온 지 오래다. 제조업 일자리는 더 이상 부품 같은 인재로 채워지지 않는다. 창조적 인재가 더 필요하다. 자동화된 설비 때문에 어차피 많은 인력도 필요하지 않다. 미국 경제가 만들지 못하는 게 일자리라는 말이 있을 정도다. 『와이어드』의 편집장을 지낸 크리스 앤더슨은 『메이커스』에 이렇게 썼다. "지난 40년 사이에 미국 제조업 생산량은 두 배 이상 증가했지만 제조업 일자리는 30퍼센트 정도 감소했다. 자동화에 따른 생산 효율 증가로 1인당 노동생산성은 크게 늘었지만 제조업 기업이 고용하는 미국인 수는 늘지 않았다." 한국 경제에서도 똑같은 일이 벌어지고 있다. 국가의 고용 창출 때문에 10배수를 뽑지만 필요한 소수만 남기고 나머진 버린다. 악순환이다. 국가의 인적 자원이 헌신짝 취급을 당한다. 결국 취업 준비생들은 끊임없이 스펙을 쌓지만 실제로 그런 스펙은 산업 현장에선 전혀 쓸모없는 불균형이 계속 커진다.

기업에 대한 고용 의존을 낮추는 게 가장 간단한 해법이다. 청년 취업자들한테 중소기업 취업이나 창업을 권유하는 이유다. 말은 쉽다. 한국 경제 구조에선 이것도 그렇게 간단한 해법이 아니다. 수출 중심인 한국 경제에선 내수 중소 기업은 고용 창출도 낮고 불안정한 일자리를 제공할 수밖에 없다. 창업은 결국 셀프 고용을 뜻한다. 그건 지속 가능성이 매우 낮다. 10개 창업 가운데 아홉 개가 실패하기 때문이다. 그렇게 성공한 한 개 기업도 기존 2차 제조업체들에 비하면 고용 창출 능력이 매우 낮다.

앨빈 토플러는 1970년대부터 3차 산업 혁명을 부르짖었다. 토플러의 예언은 맞았다. 다만 생각처럼 빠르게 변화하지 않았을 뿐이다.

토플러조차 인정할 정도다. "물론 대량생산 중심의 제2의 물결 경제에서 지식 중심의 제3의 물결 경제로의 전이를 완전하게 이룬 나라는 아직 없다. 그렇기 때문에 두 개로 나뉜 세상에서 세 개로 나뉜 세상으로의 변화가 명확하게 다가오지 않을지도 모르겠다." 서비스업을 부르짖지만 서비스업의 일자리 창출 규모는 여전히 대량생산 능력을 갖춘 대기업에 비할 바가 못된다.

정부로선 답답한 노릇이다. 경제성장률을 높이면 기업이 고용을 늘리는 거시적 일자리 창출 정책이 더는 먹히지 않기 때문이다. 그렇다고 3차 지식 경제가 폭발적으로 성장해서 셀프 고용이나 지식 산업체들이 늘어나고 있는 것도 아니다. 한마디로 지금은 과도기다. 정부로선 다른 선택이 없다. 대량 교육을 통해 대량생산 경제에 인력을 고용시키는 정책에 초점을 맞출 수밖에 없다. 그렇게 해결할 수 있는 건 고작 10퍼센트 남짓인데 말이다. 나머지 90퍼센트는 알아서 살아남는 수밖에 없다.

삼성그룹이 보편 채용 대신 서류 전형 채용을 들고 나왔다가 역풍을 맞은 이유다. 삼성그룹은 10대 90 법칙을 깨고 50대 50대 정도로 바꿔볼 요량이었다. 삼성그룹의 비용 누수를 낮추려는 목적 때문이었지만 한국 사회의 인력 누수도 줄일 수 있는 방법이었다. 정작 시장이 그걸 원하지 않았다. 대학들은 여전히 대기업 고용률로 학교의 자존심을 세우려 들었다. 취업 준비생들도 하던 대로 대기업 입사부터 희망했다. 이게 일본이 걸은 길이다. 일본 역시 1990년대에 경제의 체질을 3차 지식 산업 기반으로 바꾸려고 했다. 소니가 할리우드 영화사를 인수하던 시기였다. 인재는 여전히 2차 산업적으로 뽑았다. 국가적 고용에 이바지해야 했다. 결국 20년 뒤 소니는 투자부적격 회사로 전락했다.

『롱테일 경제학』의 저자 크리스 앤더슨은 『메이커스』에서 비트의 롱테일과 원자의 롱테일을 얘기한다. IT 혁신을 통해 일으킬 수 있는 일자리 창출에는 한계가 있다. 지식산업은 결국 제조업에 기반을 두지 않으면 와해된다. 비트와 원자가 동반돼야 한다. 원자의 롱테일이 이뤄지려면 다품종 소량생산을 할 수 있는 작은 설비가 늘어나야 한다. 3D프린터 같은 새로운 제조 도구가 원자적 변화를 만들어낼 거란 얘기다.

기업한테 고용을 기대할 수 없다면 남는 방법은 스스로 고용되는 수밖에 없다. 그런데 이제까지처럼 소프트웨어 위주의 창업만 하면 성공 가능성도 낮고 새로운 일자리도 창출되지 않는다. 제조 업체가 아니면 대규모 고용은 일어나지 않는다. 이른바 무중력 경제에선 더 이상 의미 있는 고용이 일어날 수 없다. 무중력 경제란 소프트웨어에만 치중하는 컴퓨터와 인터넷 속 경제다.

원자 단위의 생산이 가능해지려면 결국 스스로 스마트 생산을 해야 한다. 자동차 튜닝 산업이 대표적이다. 정비가 아니라 재창조를 하는 일이다. 자동차의 대량생산은 대기업의 몫이다. 자동차의 재생산은 다품종 소량생산이라는 롱테일 분야에서만 가능하다. 진정한 고용 창출은 여기에서 일어난다. 스마트폰의 재생산과 미디어의 재생산에서 모든 재고용이 이뤄진다.

게임 기업 넥슨은 대표적인 지식 산업체다. 공장이 아니라 창의성으로 생산을 하는 제조 업체다. 지식 기술이 중요하다. 그런데도 넥슨 역시 한국에서 대규모 사업장을 운영한다. 판교와 부산에 대규모 개발 단지를 조성하고 제주도엔 대규모 서비스 콜 센터도 운영한다. 한국에서 기업을 하기 위해선 일정 정도의 고용을 창출해줄 필요가 있기 때문이다. 다만 그들은 넥슨의 핵심 인력이 아니다. 넥슨이 추구하는 창의적 게임 개발은 기업의 나머지 10퍼센트가 담당한다. 나머지 90퍼센트는 한국에서 기업을 하기 위해 안고 가야 할 짐이다. 삼성 같은 대기업뿐만 아니라 1990년대부터 생겨난 새로운 IT 기업까지도 결국 10대 90의 고용 구조에서 벗어나지 못하고 있는 셈이다.

답은 재생산이란 얘기다. 한국 경제는 이제까지 대기업 중심의 생산 경제와 벤처 산업 중심의 창조경제에만 역량을 집중해왔다. 결과적으로 삼성 같은 대기업 의존도만 높아졌다. SSAT에 10만 명이 몰리게 됐다. 창조경제에 집중하려다 보니 새로운 걸 만들어내는 데 집중했다. 무엇을 새로 만들지도 몰랐는데 말이다.

재생산과 재창조야말로 재고용의 열쇠다. 빵집을, 꽃집을, 술집을, PC방을, 자동차 공업사를, 인쇄소를, 이제까지 알려진 거의 모든 2차 산업 분야를 재창조해야 한다. 그 분야에서 새로운 일자리가 생겨난다.

무엇보다 모두가 대기업에 입사할 수 있다는 헛된 희망을 없애야 한다. 이미 대기업은 청년을 고용하는 데 관심이 없다. 공무원 고용은 삼성의 한 해 고용 인원보다도 적다. 결국 대량생산 체제의 일부로 포섭되기 위해 아무리 발버둥쳐봐야 길이 없단 얘기다. 오히려 대기업은 그렇게 90퍼센트를 버리고 10퍼센트만 취하는 전략을 반복할 뿐이다.

고용은 없다. 당연히 취업도 없다. 기업이 고용을 책임져주던 고전 경제학의 종언이다. 대량생산 시대에서 다품종 소량생산 체제로 바뀌면 대량 고용의 시대 역시 계속될 수 없다. 재생산하고 재창조할 수 있는 제조 기술을 익히는 게 해외 연수를 다녀오고 어학연수를 하는 것보다 훨씬 더 중요하다. 그걸 깨닫지 못하면 영원한 취준생이 될 뿐이다.

불성실하게 일하는 게
도덕적인 자본주의

2013년 9월 초, 60대 가정주부 아무개 씨는 동양증권 아무개 지점의 아무개 차장한테서 갑작스러운 전화 한 통을 받았다. 동양증권 CMA 계좌에 입금돼 있는 7,000만 원과 관련해서 서류에 도장을 찍을 일이 있으니 서둘러 지점으로 나와달라는 얘기였다. 이 가정주부는 동양증권 차장과 5년 넘게 거래를 해온 사이였다.

막상 가정주부가 지점에 도장을 들고 찾아가자 차장은 은근슬쩍 동양CP를 구매하라고 권유하기 시작했다. 가정주부는 동양CP가 뭔지 잘 몰랐다. 가정주부가 머뭇거리자 차장은 이렇게 말했다. "동양시멘트 아시죠? 동양시멘트에 돈을 빌려주는 거라고 이해하시면 됩니다." 가정주부도 동양시멘트는 잘 알았다. 60대 이상 노년층한테 동양시멘트는 우량 기업의 대명사나 다름없었다.

차장은 이때를 놓치지 않았다. "금리가 7퍼센트입니다." 가정주부 입장에선 귀가 솔깃할 수밖에 없었다. 남편이 은퇴한 지도 몇 년 됐고, 돈 나올 구멍이 딱히 없었다. 차장은 결정타를 날렸다. "원금 손실이 없습니다. 게다가 딱 3개월짜리고요. 동양시멘트는 50년을 버텨온 회사잖아요. 3개월 사이에 무슨 일 있겠어요?" 가정주부는 순순히 7,000만 원어치 동양CP를 구매했다.

2013년 9월 30일, 동양그룹이 법원에 동양시멘트에 대한 법정관리를 신청했다. 가정주부는 가슴이 철렁했다. 그래도 설마 했다. 법정관리가 뭔지 잘 몰랐기 때문이다. 차장한테 전화를 걸어 물어봤다. "동양그룹이 힘들어서 그런 거고 동양시멘트가 망했다는 얘기는 아니니까 걱정할 건 없다"는 대답이 돌아왔다. 10월 3일에는 동양증권 영업직원들이 현재현 동양그룹 회장 자택 앞에서 시위를 벌였다는 뉴스가 나왔다. 가정주부는 이상했다. 동양시멘트는 망한 게 아니라는데 왜 동양증권 직원들이 시위를 하는지 이해할 수 없었다.

가정주부는 고민 끝에 아들한테 사실을 털어놓았다. 아들의 설명을 듣고서야 진상을 파악할 수 있었다. 가정주부가 산 동양CP는 동양시멘트의 회사채가 아니었다. 동양그룹이 설립한 종이쪼가리 회사가 동양시멘트 주식을 담보로 발행한 ABCP(Asset Backed Commercial Paper)라는 자산담보부 기업어음이었다. 법정관리에 들어가면 7,000만 원을 전부 날리게 된다는 사실도 처음 알았다. 원금을 보장해준다는 말은 처음부터 새빨간 거짓말이었다.

가정주부는 동양증권 차장이 처음부터 자신을 노리고 접근했다는 걸 깨달았다. 금융회사에선 고객과의 모든 대화가 녹음된다. 차장은 전화 통화에 동양CP라는 말을 꺼내지 않았다. 동양증권 CMA 계좌 때문에 나와달라고 둘러댔다. 창구에서 면담을 통해 구매를 권유하면 녹음 증거가 안 남는다. 가정주부는 차장이 도장을 찍어야 한다고 했던 동양증권 CMA 관련 서류가 애초에 존재하지 않았다는 사실도 깨달았다. 그날 동양CP 구매 계약만 하고 정신없이 돌아왔다. 심지어 차장은 가정주부한테 동양CP에 관한 기업어음과 계약 서류조차 넘겨주지 않았다. 가정주부는 차장이 나중에라도 알아서 보내줄 거라고 여겼다. 5년 동안 늘 그랬기 때문이다.

가정주부는 뒤늦게 차장을 찾아갔다. 차장은 펄쩍 뛰었다. "동양그룹이 우량 회사인 동양시멘트에 대한 법정관리를 신청할 줄 꿈에도 몰랐다"라고 말했다. "회사에서 동양CP를 팔라고 해서 팔았을 뿐"이라고도 말했다. 그러면서도 가정주부한테 CMA 때문에 나와달라고 했던 전화 통화 녹취는 "회사 규정상 제공해줄 수 없다"고 버텼다. 차장은 "나도 피해자"라고 말했다.

가정주부는 고개를 끄덕였다. 정말 몰랐고 월급쟁이니까 어쩔 수 없었다는 말에 인간적으로 수긍이 갔다. 가정주부는 화도 제대로 못 내고 있다가 무심코 물었다. "그런데 이번엔 왜 저한테 계약 서류를 안 주셨어요? 5년 동안 한 번도 서류를 안 챙겨주신 적이 없잖아요?" 갑자기 차장이 말을 더듬거렸다.

그제야 가정주부는 처음부터 자신이 먹잇감이었단 사실을 깨달았다. 자신이 자세하게 서류를 들여다보는 걸 차장이 막으려고 했다는 게 떠올랐다. 어음만 살펴봐도 동양시멘트가 아니라 이상한 회사와 계약을 했다는 걸 금방 알 수 있었다. 가정주부는 동양증권과 차장이 CMA 계좌에 큰돈을 넣어둔 예금주들 중에서 자신처럼 나이가 많아서 회사채 시장에 어둡지만 동양증권과 오래 거래해서 쉽게 믿어줄 대상을 물색했던 게 아닐까 의심이 들었다.

가정주부는 차장이 자신한테 전화를 걸었던 9월 초에 정진석 동양증권 사장이 전국 영업지점에 동양CP 판매를 독려했다는 사실을 알게 됐다. 정진석 사장은 할당량까지 정해준 걸로 알려졌다. 이미 이 때 일선 영업직원들도 동양그룹의 유동성 위기가 심상치 않다는 걸 알 수밖에 없었다. 사장이 왜 자신들한테 위험한 ABCP 판매를 강요 하는지도 알았다. 동양그룹은 더 이상 금융권에서 돈을 빌릴 수 없 는 처지였다. 정보에 어두운 개인 투자자들한테서 돈을 끌어오기로 했다.

가정주부는 말한다. "그들은 희생양이 아닙니다. 동양시멘트가 망 할 줄 꿈에도 몰랐다고 하지만 그건 책임을 떠넘기려는 변명일 뿐입 니다. 나쁜 거래를 순진한 고객들한테 권유하고 있다는 걸 알면서도 알량한 자기 자리나 월급봉투를 지키려고 단골 고객의 피눈물 어린 돈을 팔아넘긴 거죠." 가정주부는 2013년 10월 3일 동양증권 직원 들이 회장 집 앞에서 벌였던 시위도 다 쇼라고 본다. 이미 팔 때부터 노렸고 숨겼고 대비했단 얘기다. 회사의 말을 정말 믿었던 직원도 있 었다. 동양증권 직원들이 시위를 벌이기 하루 전, 동양증권 제주지점 직원이 스스로 목숨을 끊었다. 가까운 친척과 지인들한테 동양CP를 팔았던 걸로 알려졌다.

급기야 동양증권 임원들도 "동양시멘트 법정관리 신청을 철회하 라"는 내용의 탄원서를 냈다. 정진석 사장도 이 탄원서에 서명을 했다. 이러면 법적 시비가 붙었을 때 변명거리가 늘어난다. 무슨 일이 생기 든 이 세 문장만 앵무새처럼 반복하면 된다. "동양시멘트가 법정관리 를 신청할 줄 몰랐다." 나쁜 건 회사지 우리가 아니란 뜻이다. "동양시 멘트는 우량 회사인데 법정관리 신청은 부당하다." 나쁜 건 오너지 우 리가 아니란 뜻이다. "우리도 피해자다." 나쁜 건 세상이지 우리가 아 니란 뜻이다.

현재현 동양그룹 회장은 2014년 10월 17일 징역 12년형을 선고 받았다. 재벌 총수한테 선고한 형량으론 정태수 한보 그룹 회장에 이어 두 번째로 높은 중형이다. 한보 사태로 외환위기를 불러온 정태수 회장은 15년형을 선고받았다. 분명 동양 사태는 한보 사태 버금 가는 심각한 경제 범죄다. 한보 사태가 국가 경제를 침몰시켰다면 동양 사태는 서민 경제를 침체시켰기 때문이다. 동양 사태의 피해 규모는 2조 원대에 이른다. 피해자는 아무개 가정주부까지 포함해서 5만 명 가까이 된다. 동양 사태가 더 심각한 건 피해 범위가 전국적인 탓이다. 저축은행의 피해 범위가 지엽적이었다면 동양 사태는 동양증권 전국 영업망을 따라 전국으로 확산됐다. 2013년 10월 9일엔 금융감독원 앞에서 피해자 2,000여 명이 시위를 벌였다. 여의도 일대 교통이 마비될 정도로 대규모였지만 전체 피해자의 25분의 1일 뿐이었다. 시위 참가자들은 푯말을 통해 이렇게 주장했다. "금감원의 직무 유기를 책임져라", "현재현 회장을 처벌하라".

결국 동양 사태는 최고경영자인 현재현 회장이 모든 법적 책임을 지고, 금융감독원이 분쟁 조정을 통해 피해 금액의 일부를 피해자들이 보상받을 수 있게 해주는 선에서 끝날 공산이 크다. 이를 계기로 CP 발행에 대한 규제가 강화된다면 소는 잃었어도 외양간은 손봐지는 셈이다. 그나마도 외양간을 망가진 채로 놔둘 가능성도 크다. 피해자들이 보상받을 길은 막막하다. 사기성과 불완전 판매가 상당히 인정된 LIG건설 CP 사태 때도 대부분 원고인 피해자가 패소했다. 원고일부 승소 판결이 났을 때는 30퍼센트만 배상 의무를 인정했다. 3분의 1도 되찾는 게 쉽지 않단 뜻이다.

자본주의 사회는 시장에 참여한 사람과 사람 사이의 신뢰와 의심의 연쇄망으로 이뤄져 있다. 사람과 사람 사이에는 서로 다른 두 가지 힘이 작용한다. 불신에 바탕한 신뢰와 합리성에 기초한 이기심이다. 사람은 사람을 신뢰해야만 시장 활동을 할 수 있다. 누군가를 믿지 않으면 시장에서 두부 한 모도 살 수 없다. 상대를 신뢰하려면 먼저 의심부터 해봐야 한다. 상대가 합리적 이기심으로 자신을 이용할지도 모른다는 걸 알기 때문이다. 서로가 서로를 의심하다 더 이상 의심할 필요가 없다고 믿게 될 때 비로소 신뢰가 생긴다.

문제는 일단 신뢰를 하면 새삼 다시 의심하기 어렵다는 데 있다. 거래 상대를 의심하는 데는 그만큼의 비용이 들기 때문이다. 따져보고 물어보고 들춰봐야 한다. 일종의 거래 비용이다. 의심 비용이라고 부를 수도 있다. 손님들이 단골 식당을 선호하는 건 맛있어서일 수도 있지만 의심스러운 식재료를 넣은 건 아닌지, 바가지를 씌우는 건 아닌지 의심할 필요가 없기 때문이다. 의심 비용이 적어지니까 내는 금액은 같아도 실제로는 좀 더 싸게 사 먹는 셈이 된다.

은행이나 증권사 같은 신용기관은 저마다 수백만 명씩 단골 고객을 두고 있다. 처음엔 불신에 바탕한 신뢰와 합리적 이기심으로 양쪽 다 긴장했겠지만 세월이 흐르고 신용이 생기면서 더 이상 의심 비용을 유발시키지 않는 쪽으로 합의를 본 관계들이다. 게다가 금융기관은 금융 감독 당국이 믿으라고 보증까지 서준다. 여기에 익숙해지면 개인 고객들은 고액 금융 거래도 별다른 의심 없이 선뜻 결제하게 된다.

여기에 인간관계가 끼어든다. 고객은 동양증권이라는 회사를 보고 찾아가지만 실제로 마주하는 건 동양증권의 창구 직원이다. 자본주의 사회가 신뢰와 의심으로 움직인다지만 원초적 인간 사회는 인상과 믿음과 관계로 움직인다. 사람은 사람을 믿고 싶어 하는 본능이 있다. 믿을 수 있는 사람과 있다고 느껴야 편안하기 때문이다. 신용과 관계가 포개지면 고객은 창구 직원의 말을 덥석 받아들이게 된다.

정보비대칭성도 작동한다. 조지프 스티글리츠 교수는 복잡한 금융거래가 일어날 때 시장 참여자들 사이의 정보력 불균형이 큰 변수로 작용한다는 정보비대칭 이론으로 노벨경제학상을 받았다. 애당초 금융기관의 정보력을 개인이 앞서긴 어렵다. 결국 창구 직원에 대한 인간적인 신뢰와 정보 불균형, 의심 비용에 대한 합리적 선택 원리까지 작동하면 웬만한 고객은 우선 창구 직원 말을 믿게 된다.

일단 신용을 얻은 신용기관이 그런 고객들을 이용하는 건 떡 주무르는 것보다 쉽다. 여기에서 자본주의 체제의 본질적인 비도덕성이 개입한다. 자본주의 시스템은 인간이 서로를 불신하고 이기적이라는 걸 전제로 한다. 그런 전제가 결과적으로 신용을 낳지만 거꾸로 일부가 그 신용을 저버리기로 마음먹으면 그것도 얼마든지 합리화가 된다. 어차피 모두는 자기 자신의 최대 이익을 위해 움직여야 마땅한 존재라고 배워왔기 때문이다.

회사에선 압박이 들어오고 실적을 못 올려 자신이 피해를 입어야 한다면 그 피해를 누군가한테 전가시키는 게 옳다. 자본주의에선 남에게 피해를 입히지 않으려고 자신이 피해를 뒤집어쓰는 게 오히려 비도덕적이다.

동양증권에서 그런 일이 벌어졌다. 부도덕한 최고경영자 한 사람이 2조 원대 사기를 친 게 아니다. 동양그룹과 동양증권 구성원들이 대리인으로서 부도덕한 경제행위에 가담한 거다. 그런 부도덕한 행위에 가담하는 게 자본주의적으론 가장 도덕적이기 때문이다. 아무개 차장한테도 가족이 있다. 그가 양심을 따르겠다며 가족의 생계를 위험하게 만드는 것이야말로 비도덕적이다. 자본주의는 인간적인 사회에서 도덕적 해라고 부르는 이기심을 전제로 한 시스템이다.

비도덕적인 도덕성 혹은 합리적 이기심이야말로 이제껏 한국 경제 성장의 핵심 동력이었다. 만인이 만인의 이익을 위해 움직일 때 보이지 않는 손이 작동하면서 시장이 활성화되고 더불어 국가 경제는 치열하게 성장한다. 이러한 합리적 이기심이 임계점에 이르면 시장 시스템을 좀먹는 원인이 된다. 모두가 자기만을 위해 움직이면 시장의 신용이 사라지고 만인의 만인에 대한 착취가 벌어지고 결국 규제만 늘어나기 때문이다.

국가 경제의 도덕적 경색 국면이다. 이럴 때 금융권에선 동양 사태 같은 대규모 신용 부도가 나타난다. 제조업에선 노동자의 근무 태만과 자본가의 비겁한 방기가 일어난다. 기업에선 비상식적인 고연봉 제도와 직원들에 대한 과다한 복지 제도가 생겨난다. 지금 한국 자본주의가 맞닥뜨린 현실적인 문제들이다.

자본주의 도덕의 붕괴는 금융뿐만 아니라 제조업 노동 현장에서도 나타나고 있다.『조선일보』가 현대차 울산 공장의 근태 현황을 취재한 기사를 내보낸 이튿날이었다. 현대차 관계자는 말했다. "솔직히 쉬쉬하던 문제인걸요. 하루 이틀 그랬던 게 아닙니다."『조선일보』는 현대차 울산 공장 노동자들의 근무 태도가 얼마나 불성실한지 증언하는 르포 기사를 실었다. 올려치기니 내려치기니 하는 용어도 등장했다. 컨베이어 벨트 라인에 앉아서 딴짓을 하다가 밀린 일감을 따라 올라가면서 조립하거나 미리 일하고 쉬려고 라인을 따라 내려가면서 일하는 걸 말한다. 현대차 관계자는 "기사에 나온 내용은 일부분일 뿐"이라고 씁쓸해했다. GM도 1980년대부터 비슷한 일을 겪다가 2009년대 들어서 파산했다. 결국 노동의 도덕적 해이 문제다. 모순은 노동자 입장에선 지극히 합리적인 비도덕성을 보여주고 있다는 점이다. 최소의 노동을 해서 최대의 급여를 받는 게 가장 합리적이다. 조직 안에서 맡은 일을 성실하게 해도 비도덕적이다. 오히려 주변 동료들의 노동 가치를 깎아먹는 일이기 때문이다. 결국 모두 불성실하게 일하는 게 가장 합리적이고 도덕적인 일이다. 이기적 선택을 당연하게 여기게 만드는 자본주의적 사고가 만들어낸 함정이다.

동양증권 안에선 책임자의 도덕적 해이와 대리인의 도덕적 해이가 한꺼번에 일어났다. 현재현 회장 한 사람의 도덕적 해이가 원인이 아니란 얘기다. 잘못된 거래를 강요하는 최고경영자에 맞서서 양심적 선택을 하고 고객에게 위험을 알리려는 금융인이 없었다. 모두가 합리적이고 이기적으로 행동했을 뿐이었다.

자본주의가 도덕적 경색 국면에서 벗어나기 위해 필요한 건 역설적으로 도덕 가치 교육이다. 노동자는 노동의 가치를 숭고하게 여기고 금융인은 신뢰를 목숨처럼 생각하며 경영자는 모든 걸 책임지는 모습을 보여야 한다. 사실 이런 얘기는 이제 도덕 교과서에도 낯부끄러워서 나오지 않게 된 지 오래다.

동양증권 사태를 겪은 가정주부 아무개 씨는 일종의 외상 후 스트레스 장애를 겪고 있었다. 가정주부가 받은 외상의 원인은 금전 손실만이 아니다. 사람에 대한 신뢰가 깨졌기 때문이다. 가정주부는 동양증권 창구 직원의 말을 신용했다. 사회가 신용해도 좋다고 용인한 사람의 말을 신용했다가 피해를 입었다. 신용은 금융의 근간이다. 동양 사태의 최종 책임자는 현재현 회장이다. 그 대리인들한테도 도의

적 책임이 없는 건 아니다. 가정주부는 말한다. "저는 현재현 회장이
란 사람을 본 적도 없어요. 동양시멘트가 어디 있는지도 잘 몰라요.
제가 아는 건 동양증권과 동양증권 창구 직원뿐입니다." 덧붙인다.
"누구를 원망하면 뭐합니까. 회장을 잡아넣으면 또 뭐하고요. 그냥
제 자신을 용서하기가 어렵네요. 부른다고 가서 사인을 한 제가 한심
해요." 가해자는 말이 없고 가해자의 대리인은 피해자가 되고 피해자
는 자해를 한다. 이게 자본주의 맨 얼굴이다. 한국 시장경제가 바닥부
터 붕괴되고 있다.

지식 기반 하청 경제

SNS에서 패러디물 하나가 큰 화제가 된 적이 있다. 2011년에 열린 64회 칸 영화제 포스터를 한국에서 만들었으면 어떻게 망가졌을지 보여주는 것이었다. 한국의 외주 제작 디자이너의 역량 부족을 탓하려는 게 아니었다. 하청받은 디자이너의 창의적 아이디어를 원청의 담당자가 어떻게 망가뜨리는지 보여주는 내용이었다. 먼저 검은색 바탕에 숫자 64와 여성 모델 이미지만으로 미니멀하게 디자인된 실제 포스터가 등장한다. 바로 옆엔 이 디자인을 이른바 컨펌해줄 권한이 있는 담당자의 품평이 달려 있다. "실장님, 고생하셨고요. 좋은데요. 검은색이 칙칙하고 64 글자도 잘 안 보여요. 디자인 욕심은 알겠는데요, 너무 마이너해요." 이어서 담당자의 품평에 따라 새로 만들어진 포스터가 등장한다. "수정사항 봤는데요. 내부 논의 결과 반응이 안 좋네요. 그냥 배우 얼굴 크게 해주시고요. 영화제 이름 잘 보이게 해주시고요. 64가 어떤 의미인지 모를 것 같아요. 그냥 빼버리고." 이렇게 해서 포스터엔 "5월 당신의 감성을 충족시킬 명품 영화제가 온다"

라는 설명적인 카피가 실리게 된다. 이번에 담당자는 카피의 활자 크기를 문제 삼는다. "최대한 윤고딕 두꺼운 걸로 로고 크게! 카피도 중간에 잘 보이게!" 결국 포스터는 최초 원본과는 정반대로 뒤집어진다. 원본 포스터는 64라는 요소를 활용해서 설명적이기보단 감각적으로 만들어졌다. 수정을 거듭해 완성된 마지막 포스터는 전달하려는 정보로 가득하다. 느낌표 투성이다. 디자인 문외한이 봐도 원본 포스터에 비해 촌스럽기 짝이 없다.

웃기다. 웃어 넘길 얘기는 아니다. 지금 한국 경제가 봉착해 있는 한계를 적나라하게 보여주기 때문이다. 정부는 창조경제를 부르짖고 있다. 시장에 벤처기업만 많이 깔아놓는다고 창조경제가 창조되는 게 아니다. 기존 기업들의 활동까지 창조적으로 변하지 않으면 애써 육성된 벤처기업은 무용지물이 된다. 지금의 한국 경제 구조 안에선 신생 벤처기업들은 우선 기존 기업들의 하부구조를 이룰 수밖에 없기 때문이다.

수출 의존형인 한국 경제에서 돈이 있는 쪽은 수출 대기업밖에 없다. 비좁은 내수 시장에 의존해서 신생 기업이 자본을 축적하기란 쉽지 않다. 지난 20년 동안 내수 기반으로 자본 축적에 성공한 벤처 기업은 넥슨이나 NC소프트 같은 게임 업체와 네이버나 다음 같은 포털 업체 정도다. 이런 기업들도 창업 초기엔 기존 대기업들의 하청 업체였다. 넥슨이나 다음은 1990년대를 대기업 홈페이지 제작을 하청받아서 버텼다. 지금도 다르지 않다. 벤처기업이 하늘에서 뚝 떨어진 아이디어로 내수 시장에서 단박에 대박을 터트리기를 바란다면 그건 창조경제가 아니라 로또 경제다. 창조경제도 일단은 기존 경제에 기반을 둘 수밖에 없단 뜻이다.

기존 기업들은 대부분 제조업 기반이다. 신생 벤처기업은 대부분 지식 기반이다. 자연히 한국 기업 생태계는 제조업 기반 산업이 상부 구조를 이루고 지식 기반 산업이 하부구조를 이루는 형태로 재편될 수밖에 없다. 이미 수년째 그렇게 진행돼왔다. 제조업이 지식업에 하청주는 경제 말이다. 칸 영화제 포스터를 휴대폰이나 자동차 CF로 바꿔보면 이해하기 쉽다. 한국에선 제조를 위해 지식이 봉사한다.

사실 한국 경제는 1970년대 중화학 산업을 집중적으로 육성하던 시기부터 단일한 하청 경제를 이뤄왔다. 완제품을 내다 파는 수출 대기업을 필두로 수많은 부품 업체와 협력 업체들이 하청과 재하청과 재재하청과 재재재하청 형태로 피라미드처럼 늘어섰다. 한국의 경제 발전은 이런 제조업 하청 체제가 밑바탕이 됐다.

제조업 하청 경제가 작동하는 원리는 명료했다. 자동차 조립 업체와 부품 업체의 관계를 보면 알 수 있다. 자동차 조립 업체는 완제품을 설계한다. 완제품을 부품 단위로 잘게 쪼갠다. 아주 작은 부품의 생산까지 하청을 준다. 이때 하청 업체는 설계에 따라 정확하게 부품을 만들어야 한다. 길이와 무게와 모양까지 딱 들어맞아야 한다. 조금이라도 틀리면 완제품을 만들 수 없기 때문이다. 자동차 조립 업체와 부품 업체는 명확한 기준을 공유한다. 필요한 건 정밀함뿐이다. 전체를 부분이 나누는 생산방식은 포드주의의 핵심이다. 포드주의에서 경쟁의 승패는 누가 얼마나 부품을 정밀하게 만드느냐에 달려 있다.

자연히 한국의 제조업 하청 경제도 원청 업체가 하청 업체한테 끊임없이 품질 개선을 요구하는 관행을 낳았다. 가혹할 정도였다. 이집트 파라오는 유대인들한테 노동의 양을 착취했다. 제조업 하청 경제에서 착취하는 건 부품의 품질 향상이다. 설계한 그대로 만들어내지 못하면 당장 계약을 해지했다. 불량률이 높아도 하청을 주지 않았다. 역설적으로 이런 가혹한 품질 제일주의는 한국의 제조업 기술력을 단시일 내에 끌어올렸다. 앞서 일본과 독일에서 벌어진 일이었다. 일본의 중소 하청 기업들이 모노즈쿠리라는 장인적 기술력을 보유하게 건 그만큼 원청 업체가 달달 볶아댔기 때문이다. 한국 역시 부품 기술력이 급성장했다.

한국 경제를 견인한 건 제조업 하청 경제만이 아니었다. 건설업 하청 경제였다. 제조업 하청 경제가 정밀함에 집중한다면 건설 하청 경제는 저렴함에 집착한다. 건설업도 제조업처럼 수많은 하청 업체들이 늘어선 피라미드 구조다. 제조업에서 생산한 제품들은 작동한다. 휴대폰은 울리고 자동차는 달리고 배는 떠다닌다. 성능을 평가받는단 얘기다. 건설업에서 생산한 제품은 작동하지 않는다. 아파트도 서 있고 빌딩도 서 있고 다리도 서 있을 뿐이다. 건설업의 경쟁은 성능이 아니라 공기 단축과 비용 절감에서 일어난다.

결국 건설 하청 경제는 원청 업체가 가혹하게 하청 업체한테 원가절감을 주문하는 관행을 낳았다. 제조업 하청 경제는 가혹했지만 그나마 기술력 향상이라는 선순환 구조를 이뤘다면 건설 하청 경제는 오직 착취뿐이었다. 지금 한국 경제를 대표하는 기업이 삼성전자나 현대자동차 같은 제조업체인 건 우연이 아니다. 건설업체들이 추풍낙엽처럼 쓰러지고 있는 것도 우연이 아니다. 둘 다 하청 경제 구조를 기반으로 성장했지만 양쪽의 작동 원리가 상반됐기 때문이다.

한국 기업들은 2000년대로 접어들면서 지식 기반 사업에서도 빠르게 아웃소싱 비율을 높여왔다. 기업 내부의 지식 기반 활동은 경영 전략과 광고 홍보와 마케팅리서치가 대표적이다. 과거에 이런 활동은 기업 내부 조직이 도맡아 했다. 지금은 이런 부분까지 외부 하청을 주기 시작했다. 아웃소싱은 미국에선 1990년대부터 경영의 대세였다. 아웃소싱으로 제품을 생산하면 비용을 절감할 수 있다. 제품 생산에 드는 원가는 비슷할 수 있다. 제품 생산을 위한 조직을 유지하는 비용이 사라진다. 게다가 제품 수요가 줄어들었을 때 생산량을 줄이기도 쉽다. 자동차 공장에선 항상 생산의 탄력성이 관건이다. 시장 수요는 줄었는데 생산 설비와 생산 인력 때문에 울며 겨자 먹기로 비인기 차종을 계속 생산하는 경우가 종종 있기 때문이다.

게다가 아웃소싱을 하면 생산 과정에서 일종의 네트워크 효과도 기대할 수 있다. 네트워크 효과란 보통 특정 서비스를 이용하는 고객이 늘어날수록 서비스의 질과 양이 증대되는 현상을 말한다. 생산에서도 유사한 효과를 기대해볼 수 있다. 패러디물에 등장한 디자인 외주가 대표적인 사례다. 내부 디자인팀은 딱 필요한 만큼만 시제품을 만든다. 하청 업체는 원청 업체를 만족시켜야 대금을 받는다. 원청 업체가 만족하는 결과물이 나올 때까지 100번이고 1,000번이고 시제품을 다시 제작한다. 경우의 수가 많아지는 만큼 원청 업체 입장에선 선택의 여지가 많아진다. 하청 업체가 늘어날수록 같은 비용에도 일의 양은 늘어나기 때문에 최종 제품의 질을 높일 수 있단 얘기다.

이런 저런 유리함 때문에 한국 기업들은 지식 기반 업무에 대해서도 아웃소싱 비율을 빠르게 높이기 시작했다. 지금은 하청과 재하청과 재재하청까지 확장됐다. 덕분에 제조업 기반 하청 경제와 건설업 기반 하청 경제에 이어 지식 기반 하청 경제가 생겨나게 됐다. 2013년에 공정거래위원회는 한국의 하도급 거래에 대한 서면 조사를 실시했다. 크게 제조와 건설과 용역이란 세 개 업종 10만 개 사업자가 조사 대상이었다. 공정거래위원회는 이 중에서 불과 5,000개 업체만을 원 사업자로 분류했다. 실제로 사업을 창출하는 원청 기업을 뜻한다. 나머지 9만 5,000개 사업자가 모두 하청과 재하청과 재재하청 업체라고 봤다. 그나마 이것도 공정거래위원회가 실태 조사를 할 수 있는 범위에 국한된 숫자다. 통계로 잘 잡히지 않는 재재재재재하청 업체까지 더하면 그 숫자를 정확하게 가늠하기 어렵다. 이쯤 되면 한국은 하청 공화국이다.

공정거래위원회가 한국의 하도급 실태를 조사하면서 가장 크게 문제 삼은 건 물론 대금 지급이다. 제조업과 건설업 모두에서 가장 큰 문제다. 일한 대가를 제때 지불했는지, 현금 대신 제품을 떠넘기진 않았는지 여부이다. 원청 업체는 대금 지급을 차일피일 미루는 횡포를 부리기 일쑤다. 무리한 할인을 요구하는 경우도 많다. 돈 대신 생산한 제품을 떠넘길 때도 있다. 제품을 팔아서 돈으로 바꾸란 뜻이다. 유통망이 없는 하청 업체한텐 짐일 뿐이다. 팔아봐야 제값도 못 받는다. 타이어 업체 하청을 받으면 타이어를 대금 대신 받고, 휴대폰 업체 하청을 받으면 휴대폰을 대금 대신 받는 식이다. 일단 현금성 결제 비율은 1999년까지만 해도 34.8퍼센트였지만 지금은 90퍼센트 이상으로 높아졌다. 하청의 양적 측면은 개선됐단 뜻이다.

문제는 하청의 질이다. 지식 기반 하청 경제에선 가장 심각한 문제다. 지식 기반 산업에선 창의적 아이디어가 필요하다. 아이디어만 있으면 안 된다. 아이디어가 실행될 수 있어야 한다. 지식 기반 하청 경제에선 불가능에 가깝다. 아웃소싱은 비용 절감뿐만 아니라 최종 완제품의 질을 높이기 위한 수단이다. 최고의 부품을 모아서 완제품을 만든다는 개념이다. 한국에선 정반대로 작동하고 있다. 포스터 패러디가 통렬하게 꼬집고 있는 부분이다. 하청 체제는 결제 단계를 수십 개로 늘려놓기 마련이다. 최종 결과물이 나올 때까지 너무 많은 컨펌 과정을 거치다 보니 눈치 볼 곳이 많아진다. 그러다 보면 가능한 무난한 결과물만 만들어내게 된다. 창의성이 개입될 여지가 사라진다.

이제까지의 한국 경제 시스템에선 이런 것도 별 문제는 아니었다. 하청 업체의 창의성이 구태여 필요하지 않았기 때문이다. 사실 한국 제조업은 스스로 설계를 하지 않는다. 삼성의 갤럭시 휴대폰이 대표적이다. 작동 원리는 구글 안드로이드가 설계한 대로다. 삼성전자도 어떤 면에선 구글의 하청 업체였다. 전 세계 산업구조에서 한국은 낮은 비용으로 수준 높은 제품을 제조하는 역할만 하면 됐다. 한국의 비용 대비 높은 품질이라는 경쟁력은 하청 공화국이라는 제조업 환경 덕분이었다. 건설업 기반 하청 경제는 말할 것도 없다. 창의성이 개입될 여지가 상대적으로 적다. 건설 시장에서 창의성은 건축 설계 분야에서 발휘된다. 그땐 건설도 지식 기반 산업이 된다. 정작 한국엔 대형 건축 설계 사무소가 없다. 건설은 아직도 파고 다지고 올리고 쌓는 작업일 뿐이다.

제조업 하청 경제와 건설업 하청 경제의 문화가 고스란히 지식 기반 하청 경제에도 적용되고 있다. 원청 업체가 하청 업체에 일을 시키는 방식이 지식 기반 산업엔 맞지 않는단 얘기다. 칸 영화제 포스터 패러디 같은 일이 일선 현장에선 거의 매일 벌어진다. 익명을 요구한 대기업 하청 업체 담당자는 말한다. "클라이언트에 해당되는 대기업 담당자는 거의 막무가내로 불가능한 결과를 요구합니다. 현실적이지 않다고 하면 하청 업체니까 무조건 해와야 하는 게 아니냐고 우기죠." 제조업처럼 품질 개선을 가혹하게 요구하는 셈이다. 제조업의 경우엔 부품의 정밀함을 요구하려면 설계도 정밀해야 했다. 어떤 부품에서 1밀리미터 오차가 나면 어떤 차이가 발생하는지 알았기 때문에 품질 개선을 강요할 수 있었다. 지식 기반 산업에선 그런 기준이 없다. 하청 업체한테 품질 개선을 요구하지만 정작 기준은 주관적이다. 포스터가 어두워서 싫다거나 숫자가 눈에 잘 안 들어와서 싫다는 식이다. 사실 시각 디자인 분야에선 하청 업체 담당자가 더 전문가다. 제조업 기반 사고에 익숙한 기업 담당자는 가혹하게 품질 개선만 요구할 뿐, 무엇을 왜 어떻게 바꿔야 하는지 오히려 전혀 이해하지 못한다. 결국 비전문가가 전문가를 호령하는 꼴이 된다.

익명을 요구한 또 다른 하청 업체 관계자는 말한다. "결과물에 대해 얘기하다 보면 사실 원청 업체 담당자도 결정권이 없다는 걸 알게 됩니다. 그 결과물을 갖고 상사한테 보고해야 하는 거죠. 한두 명도 아닙니다. 결제 라인이 부장부터 본부장을 거쳐 사장까지 첩첩산중이죠. 그들의 요구에 맞추려다 보면 현장의 말을 들을 겨를이 없어요." 상부구조 안에서도 내부적으론 위계가 복잡하단 얘기다. 현장과 맞닿아 있는 일선 담당자는 사실 꼬리인 경우가 많다. 사장이나 본부장은 하청 업체 실무진과 말도 섞지 않는다. 당연히 결과물에 대한 이해도도 떨어진다. 설사 원청 업체 담당자와 하청 업체 실무자가 생각이 일치해도 그런 창의적 아이디어들은 이내 경영진한테 가로막히기 일쑤다.

익명을 요구한 또 다른 하청 업체 직원은 말한다. "품질 개선의 기준이 모호한 것도 어렵지만 그렇게 애써도 1년쯤 되면 하청 업체를 바꿔버리려고 해서 더 불안합니다." 건설업 하청 경제의 폐해가 고스란히 이식된 셈이다. 제조업 하청 경제에선 원청 업체도 종종 기술력 있는 하도급 업체 앞에선 눈치를 보게 된다. 해당 업체가 경쟁사에 납품하게 되면 품질 경쟁에서 뒤처지기 때문이다. 지식 기반 하청 경제에선 품질 기준이 주관적이다. 상부 원청 업체는 품질을 가늠할 수 있는 눈도 부족하다. 그저 일정 기간이 지나면 하청 업체를 바꿔서 긴장시키거나 하청 업체를 교체하는 과정에서 비용을 깎는 데만 익숙하다. 이런 게 반복되면 지식 기반 하청 업체들은 도무지 성장할 수가 없다. 악순환이 일어난다. 원청 업체는 늘 불만이다. 하청 업체는 늘 도토리 키재기다. 고만고만하니까 결국 비정상적인 방법으로 일을 따내려는 하청 업체들이 생겨난다. 비리가 발생한다. 건설업 하청 경제에서 일어났던 악순환이다.

한국처럼 내수 시장이 취약한 나라에선 수출 제조 기업이 언제나 갑일 수밖에 없다. 그 밑으로 수많은 을이 늘어서는 하청 경제는 필연적이다. 이젠 제조업도 지식 기반 산업으로 변화하고 있다. 자동차는 단순히 탈것이 아니다. 자동차는 패션이 될 수도 있고 품격이 될 수도 있고 생활이 될 수도 있다. 제품의 품질보다 가치가 중요해지고 있단 얘기다. 그래서 상부의 제조업체들은 점점 더 하부의 지식 기반 업체들에 대한 의존도가 높아지고 있다. 휴대폰을 전화기가 아니라 계층의 표식으로 만들려면 패션 업체와 마케팅 업체와 홍보 업체의 도움이 필요하다. 외부 하청 업체의 창조성에 기대고 있단 얘기다. 정작 한국 경제를 선도하는 제조업 기반 산업은 아웃소싱을 통해 빌려온 창조성을 제대로 활용할 줄 모른다. 창조성을 착취하려고만 든다. 당연히 좋은 결과물을 얻기 어렵다.

거꾸로 아웃소싱 때문에 기업 내부의 창의력은 줄어든다. 사소한 일 하나까지도 하청을 줘 버릇해왔기 때문이다. 동반성장이니 일 감 나누기니 하는 구호가 등장한 이후부터 대기업들은 일을 주는 클 라이언트 업무에 주력해왔다. 실행 능력이 떨어졌다. 관리자가 돼버렸 다. 현장에서 만들어오는 결과물에 대한 이해도가 점점 더 떨어질 수 밖에 없다. 전체 예산을 잡고 계약서를 쓰는 일밖에 모르기 때문이 다. 돈을 나눠주는 일이 주요 업무가 된다. 이러면 상부구조를 이루는 원청 기업은 자꾸만 답답해지고, 하부구조를 이루는 하청 기업은 자 꾸만 무책임해질 수밖에 없다. 결과물은 산으로 간다. 그게 패러디된 칸 영화제 포스터다.

하청 경제는 필연적으로 가혹한 착취를 동반한다. 시장의 순리다. 고대 로마 시절부터 인간은 노동을 노예에게 하청주며 살았다. 누군 가 대신 노동하게 만드는 것이야말로 인류의 궁극적 목표다. 20세기 초까지 이어진 식민지주의도 자기 나라 사람 대신 다른 나라 사람한 테 노동을 하청주는 과정이었다. 21세기에도 하청에 의한 착취 구조 는 달라지지 않았다. 누가 누구에게 하청을 주느냐만 달라졌을 뿐이 다. 여전히 멕시코와 캄보디아와 아프리카 사람들이 미국과 아시아와 유럽 사람들을 위해 하청 노동을 하고 있다. 하청은 국가 경제 발전 의 원리다. 한 개 기업이 제품의 설계부터 생산과 판매까지 다 맡는 것보단 하청 업체한테 나눠 맡기는 게 고용 효과가 더 크다. 기업 하 나에 전화받는 사람이 한 명씩 있다고 치면, 하청을 주면 원청과 하 청 업체 두 군데에서 전화받는 사람이 두 명이 된다. 세수 효과도 크 다. 기업체가 늘어나니까 법인세가 증가한다. 인류는 하청으로 발전 했다.

한국 경제는 내수에 기반을 둔 지식 산업을 육성하지 않고선 앞으로 나아갈 수 없다. 가장 바람직한 발전 모델은 지식 기반 기업이 제조업체의 상부구조를 이루는 그림이다. 미국에선 검색 업체 구글이 제조업체 모토로라를 인수했다. 한국에선 아직은 상상하기 어렵다. 수출 의존도가 높은 상태에선 한국은 언제나 제조업의 나라일 수밖에 없다. 기대할 수 있는 건 상부의 제조업 기반 산업이 하부의 지식 기반 산업을 이해할 수 있는 눈과 귀를 갖추는 길뿐이다. 창조를 착취하려고만 하지 말고 스스로를 재창조해야 한다. 창조경제는 멀리 있는 게 아니다. 원청 업체와 하청 업체의 소통 방식 안에 창조가 있다.

이마트가 미용실을 차린 이유

"핵전쟁이 나기 전까진 머리카락은 매일 자랍니다." 황석기 준오헤어 대표의 명언이다. 황석기 대표는 2004년부터 10년째 준오헤어의 CEO를 맡아왔다. 2015년 현재, 준오헤어 매장은 전국적으로 99개에 이른다. 매년 꾸준히 새로운 매장을 열었다. "준오헤어의 성장세를 그래프로 만들면 10년째 똑같은 각도로 우상향하는 직선이 그려질 겁니다." 황석기 대표는 "연 매출이 1,000억 원을 웃돈다"고 흘린다. 강윤선 창업자는 1981년 서울시 돈암동 성신여대 1호점을 냈다. 여대 앞 동네 미용실이 30여 년 만에 중견 기업으로 성장했다.

비결은 머리카락이다. 머리카락은 매일 자란다. 지난번에 마음에 들게 깎았어도 이번에 다시 깎아야 한다. 자동차나 휴대폰 같은 제품에선 말도 안 된다. 일주일에 잘 작동했다고 오늘 고장난 게 용납될리 없다. 미용업에선 끊임없이 신규 수요가 창출된다. 애플이 바로 그걸 흉내냈다. 수리를 받으려면 보증서도 구매하라고 요구했다. 소비자는 불만이다. 미용에 대해선 군말이 없다. 돈을 내고 자기 머리카락을 손본다. 머리카락이 매일 자랐기 때문에 준오헤어도 자랄 수 있었다.

영생불사하는 비즈니스가 있다. 미용 같은 서비스 산업이나 케첩, 두부 같은 생활 먹거리 산업이다. 그러나 수요가 있다는 것만으로 영생불사가 되진 않는다. 매일 매일 조금씩 다시 수요가 자라나야 영원히 산다. 장례업이 대표적이다. 사람은 매일 죽어나간다. 손톱을 칠해주거나 피부를 관리해주는 뷰티숍도 마찬가지다. 손톱은 매일 자란다. 피트니스 센터도 똑같다. 어제 운동했다고 오늘 안 해도 되는 게 아니다. 밥집이나 빵집처럼 요식업도 영생불사다. 모두가 핵전쟁이 나기 전까진 매일 수요가 재생되는 산업이다.

2010년 이건희 삼성전자 회장이 경영 일선에 복귀하면서 한 얘기가 있다. "지금이 진짜 위기다. 10년 안에 삼성을 대표하는 사업과 제품이 사라질 것이다." 이건희 회장은 업의 특성을 통찰할 줄 아는 경영자다. 호텔업의 특성은 서비스업이 아니라 부동산업이고, 반도체 산업의 특성은 기술업이 아니라 장치산업이라는 걸 일찍 간파했다. 그는 삼성 계열사 사장이 업을 제대로 읽는지 수시로 묻곤 했다. 휴대폰 산업의 특성이 하드웨어 중심에서 소프트웨어 중심으로 전환되면서 노키아 같은 1등 기업도 도태됐다. 기업의 경쟁력보다 기업이 어떤 산업에 속해 있느냐가 중요하다.

영생불사 비즈니스는 다르다. 수요가 끊임없이 재생될 뿐만 아니라 수요의 본질도 달라지지 않는다. 시어도어 레빗 하버드 비즈니스 스쿨 교수는 말했다. "사람들은 드릴을 사기 위해서가 아니라 구멍을 뚫기 위해서 공구점에 간다." 영원히 팔리는 제품은 사실 제품을 파는 게 아니다. 서비스를 판다. 커피숍이나 빵집도 영생불사 비즈니스다. 어제 먹었는데 오늘도 먹어서 영생불사인 게 아니다. 커피의 수요가 끊이지 않는 건 사람들이 커피를 마시러 가는 게 아니라 사람을 만나러 커피숍에 가기 때문이다. 미용 수요도 마찬가지다. 머리를 깎으러 가는 게 아니라 다른 사람한테 잘 보이고 싶어서 꾸미러 간다. 결국 영생불사 비즈니스의 본질은 사람이다. 사람의 본능은 바뀌지 않는다.

이런 영생불사 비즈니스는 19세기 후반부터 20세기 초반까지 세계 자본주의를 이끌었다. 당시에 기업은 공급은 할 줄 알아도 수요를 창출할 줄 몰랐다. 초창기 기업들은 당장 매일 매일 수요가 생기는 제품부터 생산했다. 증기기관은 방직기계를 돌리는 데 쓰였다. 매일 쓰이는 옷감이야말로 시급한 수요였다. 한국에서도 1960년대에 비슷한 산업화가 진행됐다. LG그룹의 뿌리는 락희화학이다. 락희화학의 첫 번째 히트 상품은 치약이다. 치약도 영생불사 제품 가운데 하나다. 닦아도 닦아도 계속 닦아야 한다.

락희화학은 치약 팔아 번 돈으로 라디오를 만들면서 전자 산업에 진출했다. 삼성그룹도 제일제당과 제일모직에서 삼성전자로 변신했다. 설탕과 옷감에서 전자 제품으로 주력 상품을 바꾼 셈이다. 영생불사 비즈니스가 지닌 한계 때문이다. 망하진 않지만 수요가 포화 상태에 이르면 더 이상 흥하지도 못한다. 이를 하루 한 번 닦다가 두 번 닦는다고 치약 수요가 폭증하진 않는다. 매일 다시 생길 뿐이다.

치약은 아무리 잘 만들어도 치약이다. 온갖 기능을 덧붙여도 제품을 차별화하기 어렵다. 결국 도토리 키재기를 하면서 시장을 쪼개 먹는다. 대기업으로 성장하려는 재벌들한텐 비좁다. 자연히 영생불사 비즈니스에 대한 기업의 관심은 줄어들었다. 미국에서도 하인즈 같은 생필품 기업이 포드나 GM 같은 고부가가치 기업에 주도권을 내줬다.

한국의 대기업들은 중화학 공업으로 주력 업종을 전환했다.

다른 영생불사 비즈니스가 등장한 탓도 크다. 1980년대부턴 금융업이 각광받기 시작했다. 금융업은 매일 이자 수익을 얻을 수 있다. 돈을 파는 금융 수요는 인간의 욕망이 사라지지 않는 한 계속된다. 투자 이익이나 이자 수익은 매일 머리카락이 자라는 것보다 훨씬 더 길게 자란다. 금융이 케첩을 대체했다. 전체 산업구조가 영생불사 금융업과 억조창생 제조업으로 양분됐다.

풍요의 저주가 시대를 바꿨다. 제조업과 금융업 모두 21세기로 접어들면서 과잉생산을 감당할 수 없게 됐다. 모든 게 풍요로운데 기업은 끊임없이 신제품을 내놓았다. 과잉생산은 19세기부터 있었다. 영국과 프랑스는 식민지를 개척해 과잉생산을 해결했다. 자본주의의 진화란 고질적인 과잉생산을 처리하는 과정이다. 20세기 전반에는 두 차례의 세계대전이 수요를 일으켰다. 20세기 후반에는 부채가 수요를 창출했다. 부채를 활용해서 미래 수익을 현재화했다. 금융업이 앞장섰다. 사람들한테 마구 돈을 빌려줬다. 그럴수록 금융은 더 잘 영생할 수 있었다.

대형마트가 등장한 것도 이 무렵이다. 대형마트의 진짜 문제는 골목 상권 침해가 아니다. 대형마트는 분명 유통 혁신이다. 중간 유통 과정을 줄여서 생산자와 소비자 모두한테 혜택을 줄 수 있다. 모든 혁신이 모든 사람한테 좋은 건 아니다. 대형마트의 진짜 문제는 과잉 수요를 당연하게 만든다는 데 있다. 소비자는 대형마트에서 대량소비를 한다. 그나마도 부채를 통해 일어나는 수요다. 이런 식의 대량소비는 산업의 재고를 소비자가 떠안게 만든다.

이런 사상누각 같은 수요는 언제가 끝장날 수밖에 없었다. 과잉

공급이 대형마트를 통해 과잉수요로 이어지던 연결고리는 2008년 금융위기로 무너졌다. 세계는 풍요의 저주에 빠졌다. 아무리 애를 써도 수요가 일어나지 않는 상황이다. 각국 정부가 돈을 푸는 양적 완화를 시도하는 이유다. 금융이 빚으로 돈을 푸는 데 한계가 생기자 정부가 돈을 찍어내서 풀고 있다. 이 모든 게 산업의 과잉생산을 해결하기 위한 방책들이다. 작동이 잘 안 된다. 이제 소비자들도 빚을 내가며 기업의 과잉생산을 안고 갈 생각이 없다. 인구 구조의 변화도 원인이다. 선진국 대부분에서 인구가 줄고 고령화가 진행되고 있다. 이래선 돈을 쥐여줘도 유동성의 함정에 빠질 공산이 크다. 사람들이 돈을 갖고는 있지만 시장에서 쓰지 않아서 돈의 가치만 떨어지고 수요는 창출되지 않는 진흙탕 말이다.

요즘 기업들은 다시 영생불사 비즈니스에 눈독을 들이고 있다. 많이 벌 순 없어도 망하진 않아서다. 풍요의 시대엔 수요를 찾는 게 일이다. 기업들이 그토록 창의성을 부르짖는 건 정말 창조경제를 하고 싶어서가 아니다. 소비자들이 기존 제품을 다르게 받아들이도록 하는 게 창의성이다. 같은 휴대폰인데 매번 바꾸게 만들어야 한다. 그러려면 제품을 더 신기하게 만들어야 한다. 가치 창출에도 한계가 있다. 스마트폰은 휴대폰일 뿐이고 전기자동차도 자동차일 뿐이다. 영생불사 비즈니스는 수요가 무한하다. 풍요의 시대엔 매년 5퍼센트 성장도 감지덕지다. 한국의 대기업들이 앞다퉈 식당을 내고 커피숍을 내고 빵집을 차리고 상조 회사를 차리는 이유다. 서비스업에 손대는 까닭이다. 대기업들은 한국 산업 생태계의 거인이다. 이젠 영생까지 손에 넣으려고 한다.

워런 버핏은 2013년 1월 14일 하인즈를 280억 달러에 인수했다.

버핏은 투자의 현인이다. 30여 년 동안 평균 투자 수익률이 35퍼센트에 이른다. 버핏이 하인즈를 인수하자 난리가 났다. 현인이 노망이 났다고들 했다. 하인즈의 간판 제품은 케첩과 마요네즈다. 스마트폰이나 전기자동차도, 페이스북이나 페이팔도 아니다. 280억 달러면 한화로 30조 원이다. 일개 식품회사의 인수·합병 규모로는 업계 최대다. 주식 시장에선 하인즈 인수가 버핏 투자 인생의 오점이 될 거라는 평가가 지배적이었다. 어쩌면 버핏답다. 버핏이 실리콘밸리에 투자하지 않는 건 유명하다. 미래를 확신하기 어려운 반짝 산업이라고 여겨서다. 오히려 코카콜라 같은 회사를 애지중지한다. 청량음료 수요는 폭증하진 않아도 줄어들진 않는다. 꾸준한 회사를 반짝하는 회사가 못 당한다. 하인즈도 그런 회사다. 하인즈의 이익 성장률은 매년 평균 6퍼센트 수준이다. 꾸준하다. 하인즈는 신흥 시장 매출 비중도 높다. 인구가 늘어나면 케첩도 더 많이 먹는다. 현인은 영생에 투자한다.

문제가 있다. 이제까지 이런 영생불사 비즈니스는 풀뿌리 소상공인들의 몫이었다. 동네 빵집과 동네 다방과 동네 슈퍼와 동네 철물점과 동네 두부 가게가 자생하고 있었다. 억지로 수요를 창출하거나 찾아다닐 필요도 없었다. 동네 수요 정도면 충분했다. 크리스 앤더슨이 쓴 『롱테일 경제학』은 시장의 꼬리 부분에서 이제까지 창출되지 않았던 수요를 기업들이 찾아낼 수 있단 내용이다. 『롱테일 경제학』이 인기를 끈 건 풍요의 저주에서 벗어날 통찰을 제공했기 때문이다. 통계학에선 수요곡선을 머리가 높고 꼬리를 길게 늘어뜨린 분포도로 설명한다. 크리스 앤더슨은 틈새 상품을 찾아내면 꼬리 부분에서도 신규 수요를 창출할 수 있다고 말한다. 롱테일 전략은 풍요의 시대에 찾아온 복음이나 다름없었다.

한국에서 롱테일 전략은 수요를 창출하는 게 아니라 수요를 강탈하는 방식으로 쓰이고 있다. 한국의 재벌 구조 탓이다. 틈새시장을 확대하는 게 아니라 시장 세분화 전략과 대량 맞춤 전략을 통해 틈새시장으로 문어발을 확장하는 식이다. 신세계 그룹의 머리는 백화점과 이마트다. 꼬리는 베키아 에 누보 같은 빵집, 스타벅스 같은 커피숍, 이마트 에브리데이 같은 슈퍼마켓, 인터넷 이마트 같은 이커머스(e-commerce) 계열사다. 꼬리 부분 입장에선 머리의 꼬리 침공이다. 꼬리 부분은 풀뿌리 소상공인들이 살아가던 시장이다. 동네 다방과 동네 슈퍼와 동네 식당이 다 망했다. 머리가 꼬리를 접수하기 시작하면서 꼬리의 공동화가 벌어지고 있다. 신세계만 그런 게 아니다. 머리들이 앞다퉈 꼬리를 먹어치우고 있다.

이미 이마트만으로도 꼬리가 길다. 분식 같은 식품부터 연필 같은 문구류까지 전형적인 다품종 소량 유통 구조를 이루고 있다. 없는 게 없는 만큼 롱테일 매출이 일어날 수밖에 없다. 그 꼬리에 해당하는 주변 상권과 전통 시장의 분식집과 문방구는 망한다. 보다 못한 서울시는 2012년 4월부터 대형마트 주말 영업 규제를 시작했다. 소용없었다. 서울시는 아예 꼬리에 해당하는 50개 제품의 판매 금지를 권고하기로 했지만 결국 후퇴했다.

꼬리가 꼬리를 지배하는 시장에서 머리가 꼬리까지 지배하는 시장으로 바뀌고 있다. 풍요의 저주 속에서 영생불사 비즈니스를 도굴당하고 있다. 기업들이 살기 위해서 사람을 잡는다. 이러면 준오헤어 같은 통통한 꼬리가 나오기 어렵다. 황석기 대표는 말한다. "도대체 왜 이마트에 헤어숍까지 있어야 합니까." 머리의 탐욕이다. 과잉생산과 과잉소비라는 자본주의의 엔진이 꺼져가면서 마지막 안전지대로 도피하려는 기업의 전략이다. 머리가 꼬리를 먹어치우면서 산업 생태계는 자기 자신을 갉아먹는 뱀처럼 변질돼가고 있다. 영생불사 비즈니스는 머리와 꼬리 모두의 것이다. 모두 같이 살아야 해서다. 다 같이 죽어가고 있다.

정경유착의 시절이 끝나자
좋은 시절은 오지 않았다

2014년 8월 26일 저녁, 중소기업중앙회관 지하1층 엘리베이터 문이 열리고 김우중 전 대우그룹 회장이 등장했다. 엘리베이터를 타고 중소기업중앙회관 지하 1층으로 내려왔다. 김우중 회장은 1936년생이다. 당시 79세였다. 김우중 회장은 노구를 이끌고 느릿느릿 취재진을 향해 걸어왔다. 김우중 회장은 비장한 표정으로 기자들 사이를 헤치고 전진했다. 대우세계경영연구회 특별포럼이 열리고 있는 행사장으로 들어갔다.

수백 명의 대우인이 모여 있었다. 대우 출신 임직원들은 스스로를 대우인이라고 부른다. 박수 소리가 터져나왔다. 김우중 회장은 꼿꼿이 섰다. 더 이상 팔순 노인의 걸음이 아니었다. 김우중 회장은 인생의 마지막 전장으로 뚜벅뚜벅 걸어갔다. 정확히 15년 전인 1999년 8월 26일, 대우그룹은 해체됐다.

김우중 회장은 말했다. "적어도 잘못된 사실을 바로 알려야 한다고 생각했습니다." 눈물이 흘러내렸다. "대우 해체에 대해서는 이제부터 제가 아니라 신장섭 박사의 얘기를 듣는 게 맞다고 생각합니다."
김우중 회장은 신장섭 국립싱가폴대 경제학과 교수와 『김우중과의
대화』를 펴냈다. 짧은 연설을 끝마친 김우중 회장은 무대 뒤편으로
사라졌다. 그렇게 대우의 대반격은 시작됐다.

2014년 8월 26일 오전, 신장섭 교수는 광화문 프레스센터에서
『김우중과의 대화』 출판기념회를 열었다. 신장섭 교수는 김우중 회장
의 학문적 변호인임을 자임했다. "대우는 기획 해체됐습니다. 당시 김
대중 정부의 신흥 관료들이 대우를 억지로 해체로 몰아간 겁니다."
프레스센터에 모인 기자들은 기획 해체라는 표현에 움찔했다. 대우가
외환위기의 주범이 아니라 희생자란 의미였다.

신장섭 교수는 김우중 회장을 신자유주의 개혁을 앞장서서 반대
했던 선각적 기업인으로 묘사했다. "김우중 회장은 세계를 경영한 민
족주의자입니다. 김우중 회장은 IMF 구조조정을 앞장서서 비판했습
니다. IMF 금융 프로그램이 지나치게 가혹한 고통 분담을 요구하고
있다고 봤기 때문입니다. 김우중 회장은 금융자본의 극성기에 희생당
한 산업자본가입니다." IMF체제 이후 한국 경제의 신자유주의화는
오랜 비판거리였다. 김우중 회장이 신자유주의를 앞장서서 반대했다
는 얘기는 처음 나왔다.

신장섭 교수는 미국 GM의 막후 개입 의혹도 제기했다. "흔히 대
우가 망하기 직전까지 GM과의 합작에 매달렸다고 알려져 있습니
다. 사실과 달라요. GM이 대우에 매달리고 있었습니다. GM은 당시
대우자동차의 소형차 기술력이 절실했습니다. 대우그룹이 해체되면
서 GM은 대우차를 헐값에 인수할 수 있었습니다. GM이 미국 정부
를 통해 한국 정부가 대우를 해체하게 만든 건 아닌지 의심됩니다." 분

명 GM이 미국 정치에 미치는 영향력은 막강하다. GM이 한국과 미국 정부를 움직여서 대우를 기획 살해했다는 주장은 호전적이었다.

이제 와서 15년 전 사건을 놓고 진실 공방을 벌여봐야 무의미하다. 출판기념회장에서 신장섭 교수는 "이제까지 정사라고 여겨왔던 것들은 사실과 다르다"고 강조했다. 오히려 "야사라고 믿어왔던 것들이 사실이었다"고 얘기했다. "정사와 야사의 자리를 바꾸는 작업"이 『김우중과의 대화』였다고 밝혔다. 결과적으론 두 개의 정사 혹은 두 개의 야사가 존재하는 상황이 돼버렸다. 김우중 회장과 대우의 논리와 김대중 정부와 당시 관료의 논리가 팽팽하다. 중요한 건 사람들이 무엇을 더 믿고 싶게 만드느냐다. 어떤 진실이 어느 쪽에 더 유리하느냐다. 그래서 대우 반격의 진실보다 중요한 건 대우 반격의 배경이다.

박근혜 정부로 접어들면서 김우중 회장과 대우그룹이 어떤 식으로든 명예 회복에 나설 거란 예측은 적지 않았다. 이른바 대우인 4인방이 박근혜 정부의 요직에 앉았기 때문이다. 2014년 4월, 2기 청와대에 입성한 안종범 경제수석은 대우경제연구소 출신이다. 김대중 청와대의 강봉균 경제수석은 1999년 대우 해체를 주도한 장본인이다. 대우인이 대우를 멸망으로 몰고 간 그 자리를 꿰찬 셈이다. 안종범 경제수석이 대우에서 일할 당시 대우경제연구소장이 지금의 이한구 새누리당 경제혁신특위 위원장이다. 여당의 경제 입법권을 틀어쥔 실세다. 새누리당 정희수 의원은 대우경제연구소 본부장이었다. 강석훈 의원은 대우경제연구소 금융팀장이었다. 여의도 정가에선 김우중 회장이 이들 대우 4인방한테 직접 도움을 부탁했다는 소문도 돌았다. 어떤 대우인은 도움을 호소하는 김우중 회장 앞에서 눈물을 보였다는 구체적인 얘기까지 흘러나왔다.

박근혜 정부의 대우 인맥은 내각으로도 이어진다. 최경환 경제부총리와 서승환 국토부 장관은 김우중 회장의 연세대학교 경제학과 직속 후배다. 청와대와 여당에 이어 내각에까지 친대우 인맥이 포진한 지금이야말로 반격을 위한 절호의 기회일 수밖에 없다.

김우중 회장과 박근혜 대통령의 사적 인연도 있다. 김우중 회장의 아버지 김용하 선생은 박근혜 대통령의 아버지 박정희 전 대통령의 대구사범학교 스승이다. 김우중 회장의 친형 김덕중 전 교육부 장관은 서강대 교수 시절 박근혜 대통령의 은사였다. 박근혜 대통령은 2014년 초부터 『김우중과의 대화』에 어떤 내용이 담길지 따로 보고받았던 걸로 알려졌다.

대우의 반격이 단지 억울함과 절통함 때문에 하루 이틀 사이에 벌어진 전투가 아니란 뜻이다. 수년 동안 권부 안에 인맥이 만들어지고 반박 논리와 전략이 설계되고 정치적 조율까지 거친 끝에 개전된 준비된 전쟁이다. 김우중 회장은 유명한 바둑광이다. 수십 수 앞까지 내다보지 않고선 출수하지 않는다.

대우 반격의 목적도 명확하다. 단순한 한풀이가 아니다. 모든 반격 논리의 소실점엔 글로벌 청년 사업가(Global Young Business Manager) 프로그램이 있다. 김우중 회장이 베트남에서 운영하고 있는 청년 사업가 육성 프로그램이다. 대우그룹의 신입 사원 교육 프로그램을 그대로 옮겼다. 대우그룹은 사라졌지만 청년 대우인은 계속 배출되고 있는 셈이다. 김우중 회장은 『김우중과의 대화』에서 이렇게 말한다. "나는 이걸 내가 마지막 흔적을 남기는 일이라 생각하고 있어요."

김우중 회장은 1989년 『세계는 넓고 할 일은 많다』를 쓰던 시절부터 자신이 청년 창업의 정신적 지주를 자임해왔다. 『세계는 넓고 할 일은 많다』의 말미에 김우중 회장은 이렇게 썼다. "젊은이는 희생정신을 가져야 한다. 역사는 희생을 먹고 큰다. 한 세대의 희생이 없이는 다음 세대의 번영과 발전을 기대할 수 없다."

대우가 희생자였단 게 대우 반격의 핵심 논리다. 김우중 회장은 대우가 외환위기에 맞서 다음 청년 세대의 번영을 위해 싸우다 희생됐다고 주장한다. 그걸 대중적·학문적·정치적으로 설득해낼 수만 있다면 김우중이라는 경영인은 대한민국의 청년 기업가 정신을 대표하는 상징적 인물로 복권된다. 그 모습이 김우중의 마지막 흔적이 된다.

그런데 이게 박근혜 정부의 정책 기조와도 딱 맞아떨어진다. 박근혜 정부는 집권 초기부터 창조경제를 외쳐왔다. 취임 직후엔 전국경제인연합회 대신 중소기업중앙회부터 찾았다. 중기 대통령이자 벤처 대통령이 되고 싶어 했던 박근혜 대통령의 바람은 아직 실현되지 못했다. 원인은 신화의 부재다. 미국 실리콘밸리에서 도전이 계속되는 건 스티브 잡스나 마크 저커버그로 상징되는 성공 신화 덕분이다.

김우중 회장은 살아 있는 신화가 될 수 있는 존재다. 김우중 회장은 일찍부터 세계 경영을 외쳤다. 보따리 하나만 짊어지고 해외에 나가서 무엇이든 닥치는 대로 팔아치우는 상인 정신을 실천했다. 제조업에 머무른 채 국내 일자리에만 집착해선 한국의 청년 실업을 해소할 수 없다. 국내에 기회가 없다면 해외로 나가야 한다. 김우중은 청년 세대의 신화가 될만한 극적인 요소를 많이 갖고 있다. 여권의 대우 4인방은 대우경영연구소에 있을 때 김우중 회장의 세계 경영에 철학과 논리를 대입했던 장본인들이다. 세계 경영이 얼마나 매력적인 자극제인지 잘 알고 있다.

반격에 나선 대우의 주적은 김대중 정부와 그 시절의 경제 관료들이 될 수밖에 없다. 일단 대우는 김대중 정부의 과실을 부각시킬수 있는 좋은 소재다. 박근혜 정부로선 마다할 이유가 없다. 게다가 관피아 척결이 화두인 상황이다. 임기가 유한한 청와대가 관료 조직을 상대로 정면 대결을 하긴 어렵다. 대우를 내세워 대리전을 치르는건 가능하다. 정권 교체가 반복되면서 관료 조직 내부에도 암암리에여야 인맥이 형성된 지 오래다. 대우가 반격하면 야권과 가까운 관료인맥을 견제하는 효과를 거둘 수 있다. 김우중의 명예 회복은 정치적으로도 정책적으로도 일석이조다. 대우의 반격은 이해 당사자들의 목표가 일치해서 가능했다.

이게 바로 김우중 회장의 장기다. 김우중 회장은 스티브 잡스 같은 기술경영자가 아니다. 미래를 상상하고 상상을 기술로 현실화하는 테크노 기업인이 아니다. 김우중 회장은 대우그룹을 경영하던 현역 시절에도 R&D 투자를 소홀히 한다는 비판을 들었다. 수출입 상사에서 출발한 대우그룹은 뼛속까지 물건을 사고파는 상인 기업이었다. 삼성이나 현대처럼 물건을 제조해서 파는 장인 기업이 아니었다. 그 대신 김우중 회장은 정치경영자였다. 정치적 빅딜을 통해 경제적성과를 내는 것이야말로 김우중 경영의 요체였다.

나쁘게 말하면 정경유착이다. 권력과 기업이 거리를 둬야 한다는건 이론일 뿐이다. 실제론 기업과 정치는 끊임없이 서로의 힘을 역이용하면서 공존한다. 그게 기업 생태계의 현실이다. 여기서 자유로운국가 경제는 지구상에 없다.

김우중 회장만한 정치 경영의 대가도 없다. 김우중 회장은 기업의이해와 정권의 이해를 일치시키는 데 탁월하다. 박정희 정권이 등장하면서 김우중 회장이 급성장한 것도 중화학 공업을 육성하려는 신군부의 의지를 이용한 덕분이다. 김우중 회장은 원래 중화학보단 금융을 하고 싶어 했다. 김우중 회장은 정부의 중화학 육성 의지에 자신의 탁월한 금융 감각을 접목했다. 대우는 폭발적으로 성장했다.

세계 경영이 가능했던 것도 김우중 회장의 정치 경영 능력 덕택이었다. 동유럽에서든 중동에서든 아프리카에서든 곧장 해당 국가의 정치 지도자와 담판을 지었다. 대우가 선진국 대신 중후진국들에 먼저 진출했던 것도 그래서였다. 정치가 아직 시장을 지배하고 있는 나라들이었다. 김우중 회장은 "당신네 나라에 한국을 건설해주겠다"고 설득했다. 한강의 기적을 수입할 수 있는 기회를 마다할 정치 지도자는 없었다. 정치의 힘을 경영에 접목하는 김우중 회장의 수완은 신출귀몰의 경지였다.

기업 내부의 기술력이 아니라 기업 외부의 정치력을 활용하는 김우중식 경영은 곡예 같을 수밖에 없었다. 수출환어음이란 게 있다. 흔히 DA라고 불린다. 이 DA의 원리가 기묘하다. 일단 기업이 100만 원어치를 수출하겠다는 목표를 잡아서 수출입은행에 보고한다. 은행은 당장 100만 원의 80퍼센트인 80만 원까지 대출해준다. 기업은 그 돈으로 제품을 구해서 수출하고 받은 대금으로 은행 대출을 갚는다. 국책 은행이 해외 바이어 대신 기업에 선결제를 해주는 셈이다. 목표는 100만 원이었지만 80만 원어치밖에 못 팔았을 수도 있다. 나머지 20만 원을 기업이 토해내는 게 아니다. 은행이 알아서 장기 저리 대출로 처리해준다. 수출 목표를 높게 책정할수록 기업은 은행한테서 더 많은 자금을 융통할 수 있다. 한국이 수출 지상주의 국가여서 가능했던 금융 기법이다. 대우는 DA 자금을 가장 대규모로 운용하는 기업이었다.

대우는 DA로 대출받은 자금의 일부를 영국 체이스맨해튼은행의 장부 외 계좌에 은닉했다. 이게 바로 유명한 대우의 비밀금융조직 BFC의 계좌다. 목표가 200만 원이라고 말해놓고 100만 원만 수출했다고 보고한 다음 나머지 100만 원은 BFC에 이체하는 식이었다. 대우는 1980년대부터 BFC 계좌를 운용했다. 1999년 워크아웃 직전까지 BFC 계좌를 통해 입출입된 대우의 비밀 자금은 77억 달러에 달했다. 지금 환율로 쳐도 8조 원에 달한다. 외환위기 때의 극악한 환율로 치면 16조 원에 이른다. 상관없었다. 한국 정부가 DA 자금으로 뒤를 받쳐주는 한 BFC 계좌에선 돈이 마를 일이 없었다.

문제는 천시였다. 1980년대 중반 김우중 회장은 이렇게 말한 적이 있다. "천시와 인재의 만남이 오늘의 대우를 이뤘다." 김우중 회장의 정치 경영은 한국에서도 아직 정부가 시장을 압도할 때 작동했다. 외환위기로 갑자기 정부의 힘이 위축됐다. 게다가 IMF까지 나서서 정부가 시장에서 손을 떼게 만들었다. 김대중 정부가 김우중 회장과 대우한테 등을 돌린 건 그때부터였다. 하루 아침에 천시가 바뀌고 말았다. 수출이라는 절대선을 위해 온갖 회계 부정을 눈감아주던 과거 관행과 선을 긋기 위해서였다.

김우중 회장은 『김우중과의 대화』에서 이렇게 말한다. "IMF사태는 기본적으로 금융이 잘못해서 온 겁니다. IMF사태는 외환보유액이 갑자기 줄어들어서 벌어진 건데 그게 다 정부가 금융기관을 도와주다가 그렇게 된 거예요." 문제는 금융기관이 거덜난 원인 가운데 하나가 저마다 대우의 BFC 같은 해외 부외 계좌를 갖고 있던 기업들 탓이었단 점이다. 그중에서도 가장 부실 회계 규모가 큰 기업이 대우였다. 그걸 또 대우 출신인 이헌재 금융감독위원장이 속속들이 알고 있었다.

　대우가 해체되면서 정경유착 경영의 한 귀퉁이도 함께 해체됐다. 수출이라는 대의명분 아래 기업이 앞장서고 정부가 뒤를 맡던 발전국가 시대는 끝났다. 김우중의 천시도 끝났다. 정작 정경유착의 시대가 끝나자 좋은 시절은 오지 않았다. 오히려 정경견제의 시대가 도래했다. 과거에 정부와 기업은 비리로 얽혀 있을지언정 국가 발전을 위해 한 배를 탄 동지 같은 사이였다. 대다수 기업의 사훈은 '사업보국'이거나 '수출입국'이었다. 이제 기업과 정부의 이해가 갈렸다. 정부는 국가 경제를 걱정해도 기업은 기업 성장만 생각하는 시대가 됐다. 기업과 정부는 서로를 전혀 믿지 못하게 됐다.

　더군다나 대우 해체 과정을 곁에서 똑똑히 지켜본 기업인들은 정부를 불신할 수밖에 없었다. 『김우중과의 대화』에도 김우중 회장이 전국경제인연합회 회장으로서 나라 경제를 걱정하다가 관료들한테서 버림받는 과정이 자세하게 나온다. 김대중 대통령의 지시로 한 달에 한 번씩 전경련 회장단과 정부 부처 관료들이 모여서 회의를 했다. 이건희 삼성그룹 회장과 구본무 LG그룹 회장도 참석했다. 당시 김우중 회장이 관료들한테 당하는 모습을 보면서 다른 기업 총수들도 정부를 불신하게 됐다.

　이때부터 삼성그룹은 정부를 통제하려고 들었다. 김대중 정부 이후의 차기 정권에 영향력을 행사하려고 애썼다. 그게 노무현 정부였다. 노무현 정부가 주창했던 국민소득 2만 달러 시대라는 구호는 삼성그룹이 이광재 국정상황실장을 통해 청와대에 전달한 보고 내용이다. 삼성의 영향력이 커지다 못해 결국 삼성공화국이라는 말까지 나오게 됐다. 거슬러 올라가면 삼성공화국은 바로 대우 해체에서 비롯

됐다.

'대우 가족의 노래'라는 노래가 있다. 대우인이라면 누구나 외운다. "대우주 해와 달이 번갈아 뜨는 육대주 오대양은 우리의 일터다. 땀 흘려 공든 탑을 쌓아 올리는 굳은 뜻 곧은 마음 우리들의 방패다." 대 우주 해와 달이 번갈아 뜨던 대우는 이제 없다. 땀 흘려 공든 탑도 무 너진 지 오래다. 이제 남은 건 오직 대우의 '굳은 뜻, 곧은 마음'뿐이다.

한쪽은 굳지도 곧지도 않았다고 비판한다. 한쪽은 너무 굳고 곧 아서 부러졌다고 말한다. 어느 쪽이 진실이든 현실은 따로 있다. 대우 해체 이후 정부와 기업이 불신하는 시대에 살게 됐다는 현실이다. 이 기적인 기업들만 살아남는 세상이 됐다. 대우는 부정했지만 어떤 면 에서 대우는 '대우 가족의 노래'처럼 낭만적 인간의 얼굴을 지닌 기업 이었다.

원래 국가 경제는 정부와 기업과 가계가 함께 3인 4각 경주를 벌 이는 것과 같다. 기업과 정부 사이의 불신이 커지면서 한국 경제는 한 걸음씩 내딛을 때마다 기우뚱거리는 신세가 됐다. 더 이상 어떤 기업 도 사업보국을 기치로 내걸지 않는다. 정권은 틈만 나면 기업을 매질 하기 바빠졌다. 서로의 머리에 총부리를 겨눈 사이가 됐다. 박근혜 정 부 들어서도 마찬가지다. 정부가 아무리 투자를 종용해도 기업은 현금 만 틀어쥔 채 꼼짝도 안 하는 상황이다. 결국 피해는 가계에 돌아가고 있다. 팽팽한 관계가 돼버린 기업과 정부가 만만한 가계만 쥐어짠다. 일자리는 줄고 세금만 늘었다. 대우 해체의 진짜 후유증은 이것이다.

잡동사니의 역습

"행복은 어디서 살까요." 이케아 광명점의 에스컬레이터 앞에 커다랗게 써붙여 있었다. 천사 같은 아이들이 이케아 가구들로 꾸며진 방 안에서 놀고 있는 사진이 곁들여져 있었다. 구름처럼 모여든 소비자들이 카트에 잔뜩 가구들을 실은 채 "행복은 어디서 살까요"라고 쓰인 광고판 아래를 오가고 있었다. 이케아 매장엔 이미 동이 난 물건이 한둘이 아니었다. 이케아 광명점은 2014년 12월 18일 개장했다. 불과 한 달 만에 재고가 다 소진됐다. 불티나게 팔려나가고 있었다. 주말마다 광명 시내는 이케아로 쇼핑온 고객들로 몸살을 앓아야 했다. 임시 주차장을 두세 개씩 마련해도 수용이 다 안 될 정도였다. 심지어 평일에도 주차장이 그득했다. 말 그대로 이케아 침공이었다.

"행복은 어디서 사느냐"라는 질문에 정답은 "행복은 돈으론 살 수 없다"라고 착각하기 쉽다. 물론 이케아는 중의적으로 썼다. 이케아가 정한 정답은 "행복은 집에서 삽니다"지만 고객들은 "행복을 어디서 구매하냐"로 받아들이기 십상이다. "행복은 어디서 사느냐"라는 질문에 대한 대답은 시대마다 달랐다. 1인당 국민소득이 5,000달러 미만일 땐 "행복은 돈으로 살 수 없다"가 정답이었다. 한국에선 88올림픽 직전까지의 시대다. 그때는 한국 국민 대다수가 절대적 빈곤 상태였다. 재벌이나 땅 부자가 없진 않았지만 상대적 빈곤은 크지 않았다. 돈이 있어본 적이 없으니 돈을 주고 행복을 사본 적도 없었다. 가난해도 행복할 수 있다고 가난한 삶을 합리화했다. "행복은 돈으로 살 수 없다"가 광범위하게 정답으로 인정될 수밖에 없었다.

노태우 정부부터 김영삼 정부까지의 1990년대는 1인당 국민소득이 5,000달러에서 1만 달러로 급상승한 시대였다. 1987년 정치적 민주화는 경제적으론 소비 자유화를 의미했다. 더불어 한국은 무역 자유국이 됐다. 생전 처음 보는 수입품들이 한국 시장에 흘러들어왔다. 당시 X세대라고 불렸던 1990년대 학번 세대는 소비주의의 세례를 받았다. 그들은 개성에 중독됐다. 그들이 말한 개성은 시장에서 구매한 것들이었다. 에어조던 운동화를 신고 스키 고글을 쓰고 길거리를 돌아다녔다. 1990년대엔 "행복도 돈으로 살 수 있다"가 정답이었다. 다들 돈 주고 산 물건들 덕분에 행복했다.

1990년대는 87년 민주화 체제 이후 97년 신자유주의 체제 이전의 소비 황금기였다. 흔히 1차 대전과 2차 대전 사이의 유럽 사회를 벨에포크라고 부른다. 아름다운 시절이란 뜻이다. 벨에포크는 대공황으로 하루 아침에 끝장난다. 그때야 사람들은 벨에포크가 겉으로만 찬란했을 뿐 실제론 공허했던 사실을 깨달았다. 그리고 아름다운 시절을 도금 시대로 낮춰부르기 시작했다. 한국의 1990년대도 전형적인 도금 시대였다. 1990년대 세대는 민주화 세대의 정치적 성취와 산업화 세대의 경제적 성과를 마음껏 누렸다. 그러나 1997년 외환위기가 닥치자 맥없이 무너졌다. 1990년대 세대도 도금 세대로 전락했다. 민주화도 산업화도 온전히 계승·발전시키지 못한 채 앞선 세대의 자산을 소모하기만 하다 흩어졌다.

김대중 정부와 노무현 정부로 이어지는 2000년대 초반은 1인당 국민소득이 1만 달러에서 1만 5,000달러로 힘겹게 올라가던 시대였다. 이때 두 가지 현상이 복합적으로 나타났다. 경기가 호황과 불황을 반복했다. 성장만 하던 경제가 후퇴를 경험했다. 1997년 1만 달러를 웃돌았던 1인당 국민소득은 1998년엔 7,355달러까지 떨어졌다. 자이로드롭급 추락이었다. 동시에 신자유주의로 통칭되는 97년 외환위기 체제가 87년 민주화 체제를 왜곡했다. 87년 체제는 정부의 역할을 줄이고 시장의 기능을 강화했다. 97년 체제는 시장의 영향력을 극대화했다. 단적으로 기업의 힘이 정부를 압도하며 삼성공화국이란 말까지 생겼다.

이 두 가지 현상은 한국 경제를 스톡 경제화하면서 동시에 공급 과잉의 수렁에 빠뜨렸다. 우선 너도나도 금융이나 부동산 자산에 투자해 이윤을 추구하는 데 혈안이 됐다. 미래가 불안하니 개성 추구는 중요하지 않아졌다. 믿을만한 자산에 투자해 미래에 대비해야 한다는 합리적 판단을 내린 셈이었다. 이게 한국 경제의 자산화다. 여기에 힘이 세진 기업은 정부의 눈치를 보지 않고 이익 극대화를 위해 생산량을 늘렸다. 재벌의 문어발식 사업 확장도 이때 가열됐다.

바로 이 두 가지 복합 현상이 2000년대를 명품 시대로 만들었다. 자산 시장이 과열되면 돈의 단위가 달라진다. 자고 일어나면 아파트 값이 1억 원씩 오르는데 10만 원짜리 물건이 눈에 들어올 턱이 없다. 기업들은 기민하게 프리미엄 제품 생산에 전력하기 시작했다. 싸고 질 좋은 제품보다 비싸면서 비싼 값을 하는 상품들이 히트를 쳤다. 전형적인 인플레이션 시대였다.

이런 현상이 꼭 나쁜 것만은 아니다. 명품 휴대폰과 명품 자동차를 만드느라 기업의 기술력이 향상된다. 그런 제품을 소비하면 당연히 만족스럽고 행복해진다. 이 무렵 해외 명품 브랜드들도 한국에 속속 상륙하면서 본격적인 명품 대량소비 시대가 열렸다. 비싸다는 것 자체가 주요 기능인 제품들이었다. 논현동 가구 거리에선 수천만 원을 호가하는 명품 이탈리아 가구가 없어서 못 팔 정도였던 시절이었다. 나중엔 명품의 대중화를 뜻하는 메스티지(Masstige)가 소비 트렌드가 될 정도였다. 2000년대엔 "행복은 당연히 돈으로 살 수 있다"가 정답이었다. 다만 행복의 가격이 자꾸 비싸진다는 게 흠이었다.

2007년 1인당 국민소득은 2만 달러를 넘어섰다. 2만 달러 시대가 왔지만 웃을 틈조차 없었다. 2008년 금융 위기로 1인당 국민소득은 곧바로 1만 달러 선으로 주저앉았기 때문이었다. 위기의식을 느낀 사람들은 다시 허리띠를 졸라매 보려고 애썼다. 너무 늦었다. 가계는 이미 자산과 부채가 덕지덕지 붙은 고도비만 상태였다. 부동산 값은 자꾸 떨어지고 이자 부담만 늘어났단 얘기다. 당연히 사람들은 소비를 줄이기 시작했다. 수요가 위축되자 기업들은 공급 과잉을 우려하기 시작했다. 갑자기 투자를 줄이고 현금만 움켜쥔 채 웅크려버렸다. 정부도 어찌할 도리가 없었다. 이미 권력은 시장으로 넘어갔다.

결국 이명박 정부는 재정 확대 정책을 꺼내들었다. 4대강이나 아파트 재건축 같은 대규모 부동산 부양책이 이때 등장했다. 다시 1인당 국민소득은 2만 달러를 넘어갔다. 체감 경기는 오히려 나빠졌다. 기업들이 수출과 토건 부양책으로 돈을 벌어놓고 그 돈을 투자하지 않아서였다. 또 자산 가치 상승세가 예전만 못해서였다. 인플레이션 시대가 끝나가고 있었다.

이 무렵부터 GDP보다 GNI가 더 중요한 개념으로 활용되기 시작했다. GDP는 국내총생산이다. GNI는 국민총소득이다. 한국 기업들이 해외로 공장을 이전하는 경우가 늘어나면서 국내총생산은 둔화될 수밖에 없었다. 그래서 한국 기업이 해외에서 벌어들이는 소득까지 더한 국민총소득이 새로운 기준으로 등장했다. 2010년대로 접어들면서 1인당 국민총소득은 2만 5,000달러를 넘었다. 그리고 행복에 관한 정답도 서서히 바뀌었다. "예전엔 행복을 돈으로 살 수 있었는데 지금은 돈이 없어서 살 수 없다"였다.

그리고 박근혜 정부가 시작됐다. 동시에 본격적인 디플레이션 시대가 도래했다. 한국 경제가 디플레이션으로 접어들었느냐는 아직 논란거리다. 사실 소모적인 논쟁이다. 디플레이션이 시작됐다는 가장 명백한 증거가 눈앞에 있기 때문이다. 바로 이케아 침공이다. 이케아를 비롯해서, 무지, 자라 홈, 카사미아, H&M 홈, 자주까지 온갖 리빙 브랜드의 제품이 팔려나가고 있다면 그건 디플레이션의 징후다. 유니클로, 자라, 에잇세컨즈 같은 SPA 브랜드가 인기를 끄는 것도 같은 맥락이다.

디플레이션 시대는 잡동사니 시대다. 잡동사니라고 해서 쓸데없는 물건을 의미하지 않는다. 싸고 질 좋은 온갖 물건들이다. 정말 사고 싶은 비싼 물건은 따로 있는 대체재들이다. 한국의 1인당 국민총소득은 2014년에 2만 8,000달러를 기록했다. 2015년엔 3만 달러 시대가 열릴 거란 예측도 있다. 2020년엔 4만 달러를 넘어서면서 일본을 추월할 거란 장밋빛 전망도 있다. 분명 한국 경제는 거의 3만 달러

시대에 접어들었다.

3만 달러 시대면 소비 성향이 더욱 강해져야 마땅하다. 2000년대 초반 2만 달러 시대에 그랬던 것처럼 명품 시대여야 한다. 지금 문제는 이 돈이 다 자산과 부채에 묶여 있다는 거다. 이런 걸 대차대조표 불황이라고 부른다. 부채는 그대로인데 자산 가치는 오르지 않거나 내려가서 빚의 압박이 강해지는 불황이다. 대차대조표 불황은 디플레이션의 한 가지 원인이다. 이걸 막으려는 정부는 기준 금리를 내릴 수밖에 없다. 부채 부담을 덜어주려는 시도다. 부동산을 비롯한 자산 가치 하락이 더 빨라진다는 게 함정이다. 역자산효과다. 결국 사람들은 돈이 생겨도 빚을 갚는 데 쓰지 소비를 하지 않게 된다. 통계상으론 1년에 3만 달러씩 버는 데도 물건을 살 생각이 없다. 당연히 물가는 내려간다. 상품의 질도 나빠진다. 기업들은 좋은 물건을 만들 필요가 없다. 어렵게 제품을 혁신하는 것보다 다이소처럼 1,000원짜리 싸구려 제품을 많이 파는 게 남는 장사다. 경제가 퇴화한다.

그래도 언제나 사람들은 행복해지고 싶다. 디플레이션 시대라고 예외는 아니다. 과거에 돈으로 행복을 샀던 시절의 기억도 아직 남아 있다. 결국 빚을 갚고 남은 푼돈으로 잡동사니들을 사들이기 시작한다. 이때 바로 SPA 브랜드들과 이케아나 무지 같은 리빙 브랜드들이 등장한다. 3만 달러 시대와 디플레이션이 이케아 침공을 불러온 셈이다. 지금 행복에 대한 정답은 이렇다. "예전엔 행복을 돈으로 살 수 있었다. 예전의 값비싼 행복을 다시 살 수 없단 걸 안다. 지금은 가진 돈만으로 살 수 있는 값싼 행복이라도 사겠다."

자본주의는 소비를 통해 행복을 거래한다. 사람들은 소비 품목을 바꾸면서 행복을 갈아탄다. 1만 달러 시대에 사람들은 차를 바꾼다.

2만 달러 시대에 사람들은 집을 바꾼다. 3만 달러 시대에 사람들은 가구를 바꾼다. 3만 달러 시대가 대차대조표 불황으로 디플레이션과 결합됐을 때가 문제다. 이땐 값비싼 이탈리아 대리석 가구 대신 이케아와 무지의 잡동사니 가구를 사들인다. 동시에 향수 문화 상품들이 팔린다. 영화「국제시장」과 MBC 예능 프로그램「무한도전」의 '토요일 토요일은 가수다'가 전형적이다. 그렇게 H&M홈 잠옷을 입고, 자라홈 향초를 켜놓고, 자주 베개를 베고, 무지 이불을 덮고, 이케아 침대에 누워서 좋았던 인플레이션 시대를 추억하게 된다. 잡동사니의 역습이다.

물론 한국 경제가 이걸 돌파해낼 수도 있다. 4만 달러 시대가 되면 아내나 남편을 바꾼다. 그때는 "사고 또 사들이다 보니 진정한 행복은 돈으로 살 수 없더라"로 정답이 다시 바뀌기 때문이다. 일부 전문가의 기대대로라면 2020년의 얘기다. 돌파해내지 못할 수도 있다. 그럼 일본처럼 된다. 일본은 아직까진 한국의 미래다. 일본은 1981년 1만 달러, 1987년 2만 달러, 1992년 3만 달러, 1995년 4만 달러를 넘어섰다가 다시 3만 달러로 주저앉은 다음 오랜 디플레이션을 겪고 있다. 구간구간마다 일본이 걸었던 길을 한국이 똑같이 복습해왔다. 앞으로도 그럴지도 모른다.

이케아 광명점에 직접 방문해보니 중장년 소비자들이 더 많았다. 사실 광명은 차가 있어야 겨우 갈 수 있다. 부품으로 포장돼 있다지만 부피가 커서 차로 가도 실어오기가 만만찮다. 20대 뚜벅이들한텐 이케아조차 그림의 떡이다. 일부 중장년 소비자들은 이케아에 실망한 기색이 역력했다. 윗층에서 진열 공간을 관람하고 아랫층에서 물건을 구매하는 이케아의 판매 방식에도 도통 적응하지 못했다. 이케아 점원한테 집에 놓을 가구를 추천해달라고 떼를 쓰는 노년 부부도 있었다. 일부 중장년 소비자들은 더 고급 가구를 찾아 헤매고 있었다. 논현동 가구 거리와 이케아의 차이를 알지 못했다.

딱 일본이었다. 이미 일본은 부유하지만 인색한 중장년층과 소비하고 싶지만 가난한 젊은 세대로 이뤄진 이중 사회로 전락했다. 싸다고 싫어하는 소비자와 싼 데도 살 능력이 부족한 소비자들이 시장을 퇴화시키고 있다. 그들한텐 행복에 서로 다른 가격표가 달려 있는 셈이다. 그래도 별 수 없다. 모두가 다시 이케아로 돌아오게 돼 있다. 더이상 이 가격에 행복을 살 곳이 마땅치 않기 때문이다. 이케아가 물었다. "행복은 어디서 살까요."

비아그라가 한국에서 태어난 날

삽시간이었다. 2012년 5월 17일 비아그라의 물질특허가 만료되자마자였다. 복제약들이 봇물터지듯 쏟아져나오기 시작했다. 선수를 친건 한미약품이었다. 한미약품은 비아그라의 물질특허가 만료된 지 사흘 만인 5월 21일 복제약 팔팔을 출시했다. 한미약품뿐만이 아니었다. 대웅제약은 누리그라를, CJ제일제당은 헤라그라를, 제일약품은 포르테라를, 하나제약은 세지그라를 앞다퉈 내놓았다. 비아그라 물질특허가 종료되고 3개월 만에 시장에 출시된 ○○그라들만 28개사 48개 제품에 달했다. 복제약인 만큼 당연히 비아그라보다 가격도 저렴했다. 비아그라는 100mg 한 알에 1만 2,000원 안팎이었다. 팔팔은 50mg짜리가 2,500원에 불과했다. 난리가 났다. 복제 발기의 계절이었다.

화이자는 속수무책이었다. 비아그라는 제약회사 화이자의 효자품목 가운데 하나였다. 비아그라의 월 매출만 20억 원이 넘을 정도였다. 그런데 복제약들이 출시되면서 매출이 급감하기 시작했다. 복제 발기의 계절이 시작되고 불과 4개월 만인 2012년 9월엔 월 매출이

반토막이 났다. 복제 비아그라들의 시장 점유율은 60퍼센트까지 치솟았다. 특히 팔팔이 제일 팔팔했다. 단숨에 매출 1위로 뛰어올랐다. 격세지감이었다. 비아그라는 1998년 3월 27일 처음 출시됐다. 전 세계적으로 20억 정이 소비됐고 3,500만 명이 복용한 걸로 추산된다. 한국에선 1999년 10월 15일 출시됐다. 한국에서만 3,000만 정 이상이 소비됐다. 10년 동안 발기 시장을 지배해온 비아그라가 발기부전에 빠지는 데 1분기도 채 걸리지 않았다.

화이자도 발버둥은 쳤다. 법적 대응에 나섰다. 비아그라의 핵심 성분은 실데나필이다. 2012년 5월 17일, 실데나필의 물질특허는 끝났지만 용도특허는 남았다. 물질특허가 실데나필이란 새로운 물질을 개발해서 얻은 특허라면 용도특허는 실데나필을 발기부전 치료제라는 용도에 쓸모가 있다는 걸 발견해서 얻은 특허다. 용도특허는 2014년 5월 13일까지 유효했다. 물질특허가 끝났으니 모두 실데나필을 제조할 수는 있다. 그런데 용도특허는 유효하니 실데나필로 비아그라 복제약을 만들 수는 없었다. 미국에선 그랬다. 한국에선 달랐다. 한국 특허심판원은 실데나필의 물질특허가 만료된 지 보름 만인 2012년 5월 30일 용도특허도 무효화해버렸다. 국내 제약사들이 마음껏 복제약을 만들 수 있는 길을 터줬다.

결국 화이자는 한미약품을 직접 겨냥했다. 일단 복제약들의 선두부터 저격하려고 했다. 화이자는 팔팔이 비아그라의 디자인을 모방했다고 소송을 냈다. 약은 성분과 효능만큼이나 생김새와 색깔도 중요하다. 처방전 없이 삼킬 수 있는 감기약들이 유난히 알록달록 예쁜 건 소비자들이 안심하고 먹을 수 있다고 믿게 하기 위해서다. 비아그라의 푸른색과 다이아몬드 모양도 똑같다. 남성적인 푸른색과 각진 약

모양이 비아그라 인기에 한몫을 했다. 팔팔이 딱 푸르고 각이 졌다. 삼성전자와 애플의 소송전과 똑같다. 스마트폰의 모양이 직사각형이고 아이콘의 모양이 정사각형인 게 특허냐 아니냐가 쟁점이었다. 이른바 트레이드 드레스(Trade Dress) 논쟁이다. 미국에선 애플이 이겼다. 한국에선 턱도 없었다. 화이자는 비아그라의 모양새가 트레이드 드레스라고 주장했다. 한국에선 인정받기 쉽지 않은 논리다.

지난 10년 동안 화이자도 오만했다. 소비자들이 돈을 아끼느라 100mg짜리를 반으로 쪼개 먹는다는 걸 빤히 알면서도 50mg짜리를 출시하려는 노력조차 하지 않았다. 가격도 1만 2,000원을 고집했다. 복제약들은 비아그라의 성분과 효능을 복제했지만 복용법, 용량, 가격에선 혁신을 했다. 조창근 맨포스 비뇨기과 원장은 말한다. "약가는 성관계 비용의 측면에서 바라봐야 합니다. 남자가 섹스를 하기 위해선 데이트 비용과 모텔비, 콘돔 가격까지 고려해야 합니다. 여기에 비아그라 가격까지 더해 섹스 1회에 10만 원은 족히 든다는 계산이 나옵니다. 비싸죠."

복제약들이 쏟아져나올 때조차 화이자는 안일했다. 복제약이라도 비아그라와 100퍼센트 똑같을 순 없다. 두 약이 똑같은지 판가름하는 실험을 생물학적 동등성 시험이라고 한다. 시중에 출시된 비아그라 복제약 가운데 이 시험 결과가 100퍼센트인 약은 없다. 상관없다. 80퍼센트만 같아도 복제약으로 인정해주기 때문이다. 화이자는 20퍼센트 차이에 기대를 걸었다. 정작 소비자들은 80퍼센트면 충분했다. 발기란 서느냐 안 서느냐의 문제일 뿐이다. 서면 무조건 100퍼센트다. 조창근 원장은 말한다. "발기 부전 치료제는 의사들이 권유는 해도 최종 선택은 환자가 하는 약입니다. 암과는 다르죠. 암 치료에 필수적인 글루벡은 선택 사항이 아닙니다. 의사가 글루벡을 쓰자고 하면 환자는 따르는 거죠." 여타 약은 환자가 최종 소비자여도 결정권은 의사한테 있지만 비아그라는 소비자한테 결정권이 있다. 화이자는 비아그라의 명성만 믿고 그걸 오판했다.

그렇다고 화이자가 당해도 싸다는 얘기는 아니다. 화이자 같은 다국적 제약 회사는 인기가 없다. 환자의 생명을 담보로 비싸게 약을 팔아먹는 탐욕의 화신 같은 대중적 인상이 있기 때문이다. 복제약은 분명 무임승차 행위다. 제약 업계에서 R&D는 연구·개발의 약자가 아니다. 위험과 위협의 약자다. 천문학적인 투자가 들어가지만 실패 확률도 높다. 복제약은 신약을 개발하기 위해 무릅써야 하는 위험을 회피하고 과실만 따먹으려는 짓이다. 상대가 다국적 제약 회사들이라면 얘기가 달라진다. 무임승차 행위가 의적 행위로 포장된다. 맞는 면도 있다. 복제약 덕분에 환자들이 더 싼 값에 약을 먹고 건강을 지킬 수 있다. 문제는 국내 제약 업계에선 연구·개발보다 무임승차가 더 중요한 핵심 사업 전략이 되고 있는 현실이다. 비아그라가 딱 그 짝이었다.

복제약은 악순환을 일으킨다. 제약 업계 관계자는 말한다. "복제약이 없으면 환자들은 값비싼 오리지널 약에 의존해야 하겠죠. 문제는 복제약 때문에 국내 제약 회사들이 위험한 신약 개발에 뛰어들지 않는다는 겁니다. 결국 신약을 외국계 제약 회사들한테 계속 의존해야 하는 현실에서 언제까지나 벗어날 수 없게 됩니다." 의적 놀이로 포장한 무임승차는 당장은 환자들한테 혜택을 주는 듯 보인다. 장기적으론 환자 모두를 영원한 볼모로 만드는 짓이다. 반면에 탐욕의 화신처럼 손가락질 당해온 외국계 제약 회사들은 끊임없이 신약을 개발하고 있다. 실패도 감수한다. 화이자는 2006년 신약 개발에 실패하면서 심각한 타격을 입었다. 차세대 심혈관 치료제로 기대를 모았던 토세트라핍이 임상 실험 단계에서 실패했다. 그 뒤로 화이자의 파이프라인은 뚝 끊겨버렸다. 제약 업계에선 줄지어 있는 신약 개발 계획을 파이프라인이란 은어로 부른다. 화이자의 관계자는 말한다. "신약 개발은 모 아니면 도 게임입니다. 실패하면 전량 폐기됩니다. 거덜나는 거죠." 지금 가장 파이프라인이 좋은 제약사는 세계 최대 제약사인 미국계 화이자가 아니라 스위스계 노바티스다. 실패의 후유증이다.

사실 비아그라와 복제약의 경쟁 구도 뒤엔 국가별 전략이 숨어 있다. 한국과 달리 미국에선 비아그라의 용도특허가 인정됐다. 적어도 2년 동안 화이자가 비아그라 시장을 독점할 수 있게 용인해준 셈이었다. 그 대신 화이자는 비아그라 수익으로 새로운 파이프라인을 확보해야 한다. 이게 게임의 법칙이다. 애당초 비아그라는 로또였다. 화이자는 실데나필을 발기부전이 아니라 심혈관 치료제로 개발했다. 먹여보니 환자가 섰다. 발기는 불치는 아니었다. 연필 모양의 주사기를 넣고 다니다 힘쓸 일이 생기면 한 방 놓으면 됐다. 비아그라는 잉여약이란 얘기다. 화이자는 엄청난 잉여 이익을 얻었다. 화이자는 그 돈으로 새로운 파이프라인을 개발했지만 실패했다. 미국 정부는 화이자한테 잉여 이익을 좀 더 보장해줬다. 화이자한테 재도전할 여유를 준 셈이었다. 비아그라는 제약 산업에서 전략적 특수성을 지녔다.

똑같다. 발기 시장은 어느 나라에서나 잉여 시장이다. 발기 부전 환자들만 비아그라를 먹는 게 아니란 건 공공연한 사실이다. 그랬다면 판매량만 놓고 봤을 때 한국 성인 남자 모두가 발기 부전증을 앓고 있단 계산이 나온다. 유흥 업소에서, 비즈니스 접대에서, 젊은이들 사이에서 비아그라는 늘 인기였다. 복제약은 그런 잉여 이익을 해외로 유출시키지 않고 국내로 갖고 들어올 수 있게 해줬다. 한국 정부는 미국 정부와 달리 비아그라의 용도특허를 무효화해줬다. 그 대신국내 제약 회사들은 화이자처럼 잉여 이익을 신약 연구 개발에 재투자해야 한다. 그게 게임의 법칙이다. 한미약품은 몇 년 전 갑자기 공공연하게 복제약 대신 신약 개발에 집중 투자하기 시작했다. 덕분에주식시장에선 홀대받았다. 연구·개발 투자비가 늘면서 영업이익이줄어들고 불확실성이 높아진 탓이었다. 한미약품은 팔팔로 그걸 만회했다. 화이자와 판박이다. 제약경제학에선 약값을 경제성 평가로 매긴다. 1인당 국민총생산이 2만 달러인 나라에서 건강한 국민 한 사람을 1년 동안 생존하게 하는 데 1만 달러의 의료비가 든다면 1만 달러 이익이다. 3만 달러가 든다면 해당 국민의 생존은 비경제적이다.한국은 이렇게 약값을 정하는 나라 가운데 하나다. 그런 큰 그림 안에선 선한 오리지널 약도 악한 복제약도 악한 다국적 제약회사도 선한 국내 제약회사도 없다. 미국이나 한국이나 자국민들을 발기시켜서 질병을 치료하기는 마찬가지다.

제약 업계 관계자는 말한다. "국내 제약업체들엔 대부분 다국적제약 회사들의 인기 약들이 언제 특허가 만료되는지 따져보는 전담부서가 있습니다. 사실상 특허가 끝나기만을 노심초사 기다리고 있는거죠. 신약 개발보단 특허 만료 시점에 누가 먼저 값싼 복제약을 내놓아서 시장을 선점하느냐가 더 큰 관심사입니다." 복제약 팔팔로 비아그라를 무찌른 한미약품은 자타공인 복제약의 화신이다. 거의 모든질병 분야에서 공격적으로 복제약을 내놓고 있다. 식약청은 가격을표기한 약품 광고를 금지하고 있다. 약은 싸다고 많이 먹어도 되는 식품이 아니다. 한미약품은 팔팔의 싼 가격을 강조한 광고를 했다. 초기에 1개월 판매 정지 처분을 감수했다. 그 대신 팔팔의 싼 가격을 널리 알릴 수 있었기 때문이다. 비아그라의 용도특허를 무력화한 건 CJ제일제당이었다. CJ제일제당은 물질특허가 끝나기 1년 전부터 비아그라 용도특허를 무력화하기 위한 소송을 벌였다. 2014년까지 2년을 더 기다릴 생각이 없었다. 제약 업계 관계자는 말한다. "일부 제약 업체들은 아예 일부러 특허를 위반합니다. 과징금보다 수익이 더 크기 때문이죠." 오리지널 약의 시장이 도전과 응전의 시장이라면 복제약 시장은 복제약의 화신들이 서로 먹고 먹히는 약육강식의 시장이다.

익명을 요구한 화이자 관계자는 말한다. "혁신에 대한 보상이 없으면 신약 개발은 일어나지 않습니다. 제약 회사들은 발병률이 높고 치료가 어려운 질병에 대해선 반드시 치료제를 개발하려고 노력합니다. 암과 에이즈가 극복되다시피 한 것도 보상이 커서였죠." 덧붙인다. "화이자는 거대 회사인데도 위험을 감수하려는 문화가 자리 잡은 독특한 기업입니다. 보상에 대한 믿음 때문인 거죠. 그걸 알기 때문에 주식시장도 화이자를 인정해줍니다. 그런 혁신 체계가 복제약 때문에 깨져선 안 됩니다. 결국 어떤 신약도 개발되지 않게 될 수 있어요." 비아그라도 그런 도전이 만든 행운 어린 실패였다. 아직도 도전보단 복제에 집착하는 국내 제약 회사들한텐 찾아오지 않을 행운이다. 이제 한국의 제약 회사들은 화이자의 비아그라 시장을 나눠 가졌다. 동시에 화이자의 신약 개발 숙제까지도 같이 짊어지게 됐다. 정작 발기약 시장에 뛰어든 제약사 중에 신약 개발 비율을 크게 늘린 곳은 거의 없다. 한국 제약 산업의 한계다. 발기를 시켜줬는데도 생산을 거부한다면 거세될 뿐이다. 발기한 자의 숙명이다.

두 번째 국면

퇴행하는 사회

자신을 피해자로 여기지 않는 피해자

모두 사망했다. 생존자는 방효정 씨 한 사람뿐이었다. 너무 오래 걸렸다. 1999년 시작된 소송은 2011년 2월까지 10년 넘게 이어졌다. 당초 원고는 여섯 명이었다. 그새 다섯 명이 암으로 세상을 떴다. 유족이 죽은 원고를 대리해야 했다. 결론은 패소였다. 2011년 2월 15일, 서울고등법원 민사9부는 "피고 KT&G는 원고와 유가족에 대한 배상 책임이 없다"고 판결했다. 한국 최초였던 담배 소송은 그렇게 담배 회사 KT&G의 승소로 끝났다. 배금자 변호사는 10년 동안 원고 측을 대리했다. 무료 변론이었다. 배금자 변호사는 말한다. "그날은 하늘이 무너지는 것 같았습니다."

배금자 변호사와 여섯 명의 원고는 1999년 당시 한국담배인삼공사를 상대로 손해배상 소송을 제기했다. 흡연 때문에 암에 걸렸으니 담배 회사가 배상하라는 내용이었다. 담배가 건강에 해롭다는 건 상식이다. 법정에서 상식은 소용없다. 입증이 중요하다. 담배가 구체적으로 어떤 암을 유발하는지 증명해야 한다. 흡연과 발암 사이의 인과 관계를 증명하기란 불가능했다. 원고들의 암이 흡연 탓인지, 유전 탓인지, 불운 탓인지 구분하기 쉽지 않았다. 2007년 서울중앙지방법원이 내린 1심 판결 결과는 바로 여기서 갈렸다. 담배가 몸에 나쁜 건 맞다. 담배가 몸에 어떻게 나쁜지는 모른다. 그런 논리였다.

마찬가지로 원고 패소였지만 2011년 서울고법의 2심 판결은 그나마 1심보단 진일보한 면이 있었다. 서울고법은 담배가 암을 유발하지 않는다는 사실을 KT&G가 증명해야 한다고 명시했다. 아픈 암 환자가 자기 병이 왜 생겼는지까지 입증하긴 힘들다. 서울고법은 입증 책임을 담배 회사한테 지웠고, 원고들의 암이 담배 때문에 생겼다는 점까지 인정했다. 그런데도 원고가 패소했다. 원고한테도 몸에 나쁜 담배를 피운 책임이 있다고 봤기 때문이다. 담배는 해롭다, 암을 유발한다, 다만 아무도 담배를 피우라고 강요하지 않는다, 몸에 나쁜 담배를 알고도 피운 흡연자가 문제다, 그러니 담배 회사한텐 배상 책임이 없다. 그런 논리였다.

"세뇌입니다." 배금자 변호사는 말한다. "담배 피울 권리니 개인의 자유의지니 하는 얘기들은 담배 회사가 만든 세뇌 논리들일 뿐입니다." 사실 담배 회사들은 자신들도 담배가 그렇게까지 나쁜 줄은 몰랐다고 변명한다. 게다가 담배 회사는 담뱃갑에 흡연은 건강에 해롭다는 경고 문구를 써넣고 있다. 그만큼 흡연자들한테 충분한 주의를 줬다는 근거다. 그걸 보고도 흡연자가 담배를 피웠다면 그건 누가 봐도 흡연자의 선택일 수밖에 없다.

이런 개인의 선택 논리가 깨진 건 악마의 기업 논리 덕분이다. 1993년, 미국의 3대 담배 회사 가운데 하나인 브라운앤윌리엄슨의 연구·개발 담당 부사장이었던 제프리 와이건은 담배 회사들이 담배의 중독성을 알고 있을 뿐만 아니라 오히려 중독성을 높이기 위해 인공 첨가물을 넣었다고 폭로했다. 흡연이 개인의 선택이라는 논리가 깨질 수밖에 없었다. 담배 회사가 담배 판매를 늘리려고 악의적으로 개인을 중독자로 만들어왔다는 증거였기 때문이다.

지금 한국의 담배 소송 역시 딱 이 지점까지 와 있다. 담배가 질병을 유발한다는 사실까진 인정됐다. 흡연이 단순히 개인 선택이 아니라는 점까지 인정받으면 미국처럼 대규모 손해배상 판결로 이어질 수도 있다.

2014년 1월 24일, 건강보험공단은 이사회를 열고 담배 회사를 상대로 흡연 피해 소송에 나서기로 의결했다. 김종대 건강보험공단 이사장은 말했다. "흡연으로 인한 누수액은 1조 7,000억 원에 달합니다. 이는 국민이 내는 한 달 치 보험료에 해당되는 재원입니다. 4대 중증 질환을 추가 재원 투자 없이 보장할 수 있는 엄청난 금액이고요." 건강보험공단은 우선 KT&G와 BAT, 필립모리스를 상대로 소송을 진행한다는 방침이었다. 한국 시장 점유율 1, 2, 3위 회사들이다.

건강보험공단의 소송은 2011년 배금자 변호사와 6인의 원고가 만들어낸 서울고법 판결이 있어서 가능했다. 서울고법은 소세포 폐암과 편평세포 후두암이 흡연과 관련돼 있다는 사실을 인정했다. 건강보험공단은 우선 두 암과 관련해 담배 소송을 제기한다는 방침이다. 건강보험공단의 논리는 1994년 미국에서 미시시피 주정부가 펼쳤던 법리와 똑같다. 미시시피 주는 담배 회사가 주정부가 지출해온 흡연 관련 의료비를 변상해야 한다며 소송을 걸었다. 담배 때문에 공공 의료비 지출이 늘어났으니 담배를 팔아서 이득을 본 담배 회사가 비용을 분담해야 한다는 논리였다.

건강보험공단의 소송에 대한 담배 회사들의 방어 논리는 간단명료했다. 흡연은 개인의 선택이다. 담배 회사는 개인에게 흡연의 위험성을 충분히 알렸다. 아무도 개인에게 흡연을 강요한 적이 없다. 이 논리는 법적으로 매우 견고하다. 적잖은 전문가들이 건강보험공단이 쉽게 이기기 어려울 거라고 보는 이유다. 담배를 피우기로 선택한 건 개인이다. 그건 부정할 수 없는 사실이다.

이건 전 세계 담배 회사들이 10년 전부터 긴밀히 공조하면서 세심하게 다듬어온 방어 논리다. 대다수 담배 회사들은 전 세계 시장을 상대로 하는 다국적 기업들이다. 이들은 1999년 미국에서 천문학적 규모의 징벌적 손해배상 판결까지 나온 뒤부터 연대해왔다. 미국 같은 일이 다른 나라 시장에서도 벌어지는 걸 원하지 않아서였다.

실제로 BAT와 필립모리스는 KT&G에 물심양면으로 지원을 아끼지 않고 있다. 배금자 변호사는 말한다. "KT&G 측 법적 대리인인 법무법인 세종은 해외 담배 회사들에서 소송 노하우를 배워왔어요. 덕분에 2006년 무렵부터 소송에 임하는 KT&G 측의 태도가 완연히 달라지기 시작했죠. 그 전엔 민영화된 공기업 같았다면 다국적 기업처럼 집요해졌어요."

결국 개인의 자유 논리를 깨기 위해선 한국에서도 미국에서처럼 악마의 기업 논리를 증명할 수 있어야 한다. 배금자 변호사도 10년 내내 이걸 입증하기 위해 애써왔다. 배금자 변호사는 주장한다. "담배 회사는 거대한 마약 카르텔입니다. 담배를 제조하면서 정체불명의 화학첨가물을 주입하지만 그 내용물이 무엇인지는 절대 밝히지 않아요. 법원이 공개 명령을 내려도 영업상 비밀이라고 버티죠."

결국 한국에서도 제프리 와이건 같은 인사이더가 등장하는 길밖에 없다. 아직 한국의 제프리 와이건은 나타나지 않았다. 배금자 변호사는 말한다. "지난 10년 넘게 단 한 명의 내부고발자도 나타나지 않았어요. 이게 현실이죠."

그런데 정작 소송을 시작할 무렵 건강보험공단은 이 부분에선 오히려 놀랄 만큼 자신만만했다. 이미 내부고발들이 줄을 잇고 있다고 얘기했다. 승소를 자신하는 분위기였다. 개인 소송에선 한 사람도 나오지 않았던 내부고발자가 건보 소송에선 나올 거란 얘기였다. 배금자 변호사는 기대 반 우려 반이었다. "제가 소송을 할 때도 내부고발자로 나서겠다던 사람이 있었지만 이내 종적을 감추곤 했어요. 건강보험공단 소송에선 달랐으면 좋겠지만 당사자 입장에선 결코 쉬운 선택이 아니라서요."

제프리 와이건은 하늘에서 우연히 뚝 떨어진 인사이더가 아니었다. 과정이 있었단 얘기다. 미국에선 1954년 담배 소송이 처음 제기됐다. 그때부터 1973년까지가 담배 소송의 1단계. 흡연이 질병을 유발하는지, 그 인과관계를 인정할 것이냐를 두고 다퉜다. 한국으로 치면 배금자 변호사가 1999년 첫 소송을 제기하고 2011년 서울고법에서 흡연 관련 인과관계가 인정될 때까지의 10여 년이 해당된다. 미국에서 2단계는 1983년부터 1992년까지의 10년이다. 흡연이 개인의 책임이냐를 놓고 공방전을 벌였다. 지금 한국은 2단계의 초입에 와 있다.

지루한 공방전을 깨는 결정적인 인사이더가 나온 건 담배 회사와 흡연에 대한 미국 사회의 인식이 점진적으로 변화해왔기 때문이다. 끝내 담배 회사 내부 인물들까지도 양심의 가책을 느끼는 임계점에 이르렀다. 그때 누군가 총대를 맸다. 그게 제프리 와이건이었을 뿐이다. 인사이더는 개인의 양심이 아니라 집단의 양심이 만들어낸다. 개인의 선택이 아니라 집단의 선택이란 얘기다.

그런데 사회적 인식이 성숙해 있지 않으면 설사 개인이 급진적 폭로를 한다고 해도 무시되기 일쑤다. 설마 하며 믿지 않거나 양심선언을 한 인사이더가 사회적으로 유폐된다. 대중은 믿고 싶은 걸 믿기 때문이다. 원래 사람들은 개인의 자유의지를 믿고 싶어 한다. 자신의 선택이 조작된 것이라고 생각하고 싶어 하지 않는다. 제프리 와이건은 중독성을 높이려는 담배 회사의 불법행위를 폭로했다. 그런데 당시에도 사람들은 이미 담배에 상당한 중독성이 있다는 걸 알고 있었다. 불법행위는 잘못이지만 중독성이 있다는 걸 몰랐던 건 아니니까 여전히 개인의 선택이라는 논리가 힘을 얻을 수도 있었다. 실제로 제프리 와이건의 양심선언 이후 담배 회사들은 이런 논리로 변론을 했다.

당시 미국 사회는 개인의 선택에는 개인의 의지와 사회의 의지가 동시에 개입된다는 걸 인정해가는 분위기였다. 성공도 개인이 사회와 함께 이룬 것이고, 가난도 개인과 사회의 공동 책임이라는 인식이 생겨났다. 흡연도 마찬가지였다. 제프리 와이건의 폭로가 힘을 얻을 수 있었던 건 미국 사회가 성숙했기 때문이었다. 인사이더가 세상을 바꾸는 게 아니라 인사이더에 대한 사회의 반응이 세상을 바꾼다.

그렇다면 한국은 아직 멀었다. 한국은 여전히 흡연을 개인의 책임이라고 단정하기 때문이다. 한국은 적잖은 사회문제를 여전히 개인의 탓으로 돌린다. 경제적 불평등도 마찬가지다. 양극화와 불평등은 자본주의 제도의 필연적 모순이지만 한국 사회에서 가난은 아직도 부끄러운 일이다. 개인의 게으름과 노력 부족 탓이라고 여겨서다. 사회적 문제는 전적으로 개인 탓도 아니고, 전적으로 제도 탓도 아니다.

양쪽 모두에 원인이 있기 때문에 모두로부터 해법을 찾아야 한다.

이런 양면적 사고가 공감을 얻기란 쉽지 않다. 자유주의 이념 탓이다. 자유주의 국가의 국민은 개인한텐 자기 결정권이 있다고 철석같이 믿는다. 사실 개인의 자기 결정권은 매우 제한적이다. 국민은 주민등록번호를 발급받아야 한다. 개인 정보 제공을 동의해야 국가의 행정 서비스와 기업의 상업 서비스를 이용할 수 있다. 개인은 일상생활에서 정부와 기업에 의해 끊임없이 조종당한다. 그런데도 개인은 자신이 자유의지를 지닌 존재라고 믿는다. 국가와 기업이 그렇게 믿게 만들고 무엇보다 개인이 그렇게 믿고 싶어 하기 때문이다.

자신은 자유로운 존재라고 믿기 때문에 다른 사람의 선택에 대한 평가도 가혹해진다. 나는 담배를 피우지 않는다, 네가 담배를 피워서 암에 걸렸다면 그건 네 탓이다. 이런 논리다. 만일 상대가 자유로운 선택을 하지 못했다는 사실을 인정하면 자신도 불편해진다. 자기 자신도 한낱 예속된 존재라는 사실을 인정해야 하기 때문이다.

미성숙한 자유주의 국가일수록 정부나 기업은 개인의 자유의지에 대한 환상을 부각한다. 국가는 개인의 복지를 책임져줄 능력이 없다. 개인 탓으로 돌리면 편하다. 자본주의 사회에서 개인한테 주어진 자유란 오직 소비의 자유뿐이다. 기업은 개인이 그 자유를 남용하길 원한다. 미국에서 담배 소송은 이 환상을 깼다. 인사이더가 증명한 건 담배 회사의 악마성뿐만이 아니었다. 자유의 가식성도 드러냈다. 담배 피울 자유 따윈 없다. 애당초 자유 따윈 없었기 때문이다.

원래부터 담배는 거짓 자유가 빚어낸 환각 그 자체였다. 말보로 담배 광고는 담배 피울 자유를 판다. 멋진 남자가 광야에서 말을 달리며 말보로를 피운다. 담배를 피울 자유야말로 자유주의의 본질이라고 광고하는 셈이다. 자유 팔이다. 사실 그건 자기 자신을 망칠 자유인데도 말이다. 다른 모든 자유가 제한된 개인한테 주어질 수 있는 유일한 자유란 자해할 자유인지도 모른다.

담배 중독의 본질은 니코틴 중독이 아니다. 가짜 자유 중독이다. 담배를 피울 자유라는 헛된 자유에 중독되면 자신이 사실은 종속됐단 현실을 잊는다. 실제론 담배 회사가 주는 약물의 노예가 돼 있으면서 그게 자유라고 착각한다. 한국은 전체적인 흡연율은 줄고 있지만 청소년과 여성의 흡연율은 늘고 있는 추세다. 담배 회사들이 집중적으로 마케팅을 펼치고 있기 때문이다. 담배 회사들이 여성과 청소년한테 팔고 있는 것도 남성 사회와 어른 사회로부터의 자유다.

담배 소송은 개인주의와 실존주의와 자유주의와 국가주의와 자본주의가 맞부딪히는 전장이다. 개인한텐 담배를 피울 권리가 있다. 동시에 자신을 속이는 국가나 기업으로부터 스스로를 지킬 의무가 있다. 국가는 기업이 자유라는 이름으로 개인을 기만하는 행위를 감시할 의무가 있다. 개인의 불행은 개인과 사회의 공동 책임이다. 자유라는 이름 뒤에 숨은 공권력과 기업의 기만 행위는 밝혀져야 한다.

미국 사회에서도 이런 성숙된 논의가 전개되기까지 반세기가 걸렸다. 제프리 와이건 같은 인사이더가 등장하고 그걸 언론이 보도하는 데는 우여곡절이 많았다. 러셀 크로가 제프리 와이건을 연기한 영화 「인사이더」에 이 얘기가 나온다. 아직도 거짓된 자유주의가 판치는 한국 사회에선 요원한 일이다. 당장 건강보험공단은 정부 내부의 적들부터 상대해야 한다. 기획재정부는 건강보험공단의 소송에 결사 반대다. 기획재정부는 수조 원에 달하는 담배 소비세부터 신경 쓴다. 국민의 건강을 지켜주겠다고 약속한 정부도 거짓 자유를 팔아서 세금을 걷는 데 혈안이다. 한국의 현주소다.

글로벌 담배 회사들은 성숙한 사회에서 미성숙한 사회로 주력 시장을 바꾸며 장사를 해왔다. 사회가 성숙해지면 자유에 대한 인식이 재정립되고 담배에 대한 비판 여론도 높아질 수밖에 없기 때문이다. 한국도 담배와 자유와 거짓 자유를 구분할 줄 아는 사람들이 늘어나고 있다. 담배 소송도 대중적 인식을 환기시키고 있다. 담배 회사들로선 한국도 피곤한 시장이 돼가고 있단 뜻이다. 한국의 KT&G가 요즘 해외 시장에 주력하고 있는 이유다. 동남아나 아프리카 국가들에선 여전히 담배가 거짓 자유의 상징이다. 익명을 요구한 KT&G 협력사 관계자는 말한다. "요즘 KT&G의 관심사는 국내 시장이 아닙니다. 동남아나 아프리카 국가들이죠. 국내 소송은 국제적 공조 측면에서 대응하고 있을 뿐입니다." 덧붙인다. "KT&G도 어느 나라든 그 나라 국민 건강에는 관심이 없어요. 더 많이 팔리는 담배를 만드는 데만 관심이 있죠."

2014년 4월, 건강보험공단과 담배 회사들의 첫 재판이 열렸다. 역사적이었다. 기대했던 인사이더는 없었다. 서로의 입장 차이만 확인한 자리였다. 2015년 1월 16일에는 건강보험공단과 담배 회사들 사이의 세 번째 변론이 있었다. 이번에도 인사이더는 없었지만 두 번째 변론보단 진일보한 논쟁이 벌어졌다. 건강보험공단으로부터 537억 원의 손해 배상 청구를 당한 KT&G, 필립모리스코리아, BAT코리아는 2014년 11월 17일 열렸던 두 번째 변론에선 건강보험공단이 소송 주체가 될 수 없다는 억지 논리까지 펼쳤다. 일종의 지연 작전이었다. 결국 소송을 제기한 지 1년 가까이나 지난 세 번째 변론에서야 마침내 담배와 특정 질병의 상관관계를 놓고 다툴 수 있었다. 담배 소송은 앞으로도 이런 길고 복잡한 법리 공방 속에서 전개될 공산이 크다. 현실에서 진실에 도달하는 길은 영화처럼 극적이지 않아서 강한 인내를 요구하기 십상이다.

그 사이에 정부까지 끼어들었다. 갑자기 담뱃값을 인상했다. 국민건강을 지키기 위한 것이라는 명분을 내세웠다. 실제론 줄어드는 세수를 메우기 위한 꼼수다. 동시에 물가상승률을 높여서 디플레이션 위기감을 희석하려는 통계 분식이다. 담배 회사도, 정부도 자유를 피운다고 착각하는 흡연자를 봉으로 생각한다.

배금자 변호사는 10년 동안 담배 회사를 상대로 소송을 벌이다가 파산했다. 1999년 배금자 변호사와 함께 소송에 참여했던 변호사는 수십 명에 달했지만 지금은 거의 남지 않았다. 배금자 변호사 역시 지금은 담배 소송에서 손을 뗐다. 배금자 변호사는 말한다. "인권변호사로서 많은 사건을 변론해왔지만 담배 소송 같은 경우는 없었어요. 다른 인권 사건에선 피해자가 자신을 구제해달라고 아우성칩니다. 담배 소송에선 흡연자가 자신들한텐 담배를 피울 권리가 있다며 오히려 저를 비난하고 미워하죠."

배금자 변호사는 1990년대 오세훈 변호사와 함께 「오 변호사 배 변호사」라는 TV 프로그램에 출연하면서 스타 변호사로 주목받았다. 그리고 하버드 로스쿨로 유학을 떠났다. "1990년대 후반 미국 사회는 담배 소송 논쟁으로 뜨거웠어요. 그걸 보며 일부러 석사 논문 주제를 담배 소송으로 잡았죠. 지금 그때로 돌아간다면 절대 논문을 담배로 쓰지 않을 겁니다." 자유주의와 자본주의에 중독된 자들은 자신이 불행하다는 걸 알지 못한다. 흡연자는 피해자다. 자신을 피해자라고 여기지 않는 피해자다.

사다리 신기루에 빠진 세대

사다리를 타듯 가파른 계단을 기어 올라가야 했다. 사무실은 관세청 사거리 뒤편 빌라 꼭대기 층에 자리 잡고 있었다. 개발자 너댓 명이 열심히 컴퓨터 모니터를 들여다 보고 있었다. 초기 스타트업 사무실의 전형적인 풍경이었다. NBT파트너스는 캐시슬라이드라는 스마트폰 애플리케이션 출시를 앞두고 있었다. 캐시슬라이드는 스마트폰의 잠금 화면을 광고 화면으로 바꿔준다. 광고를 보면 돈을 준다. 리워드 앱이다. 박수근 NBT파트너스 대표는 말했다. "캐시슬라이드를 하려고 다니던 회사까지 때려치우고 올인했어요." 스물여섯 살의 벤처 CEO는 회사 앞 커피 전문점을 회의실 대용으로 쓰고 있었다. 2012년 12월 초, 캐시슬라이드는 출시 일주일 만에 가입자가 100만 명을 넘었다. 2014년 10월에는 리워드 앱 최초로 가입자 1,000만 명을 돌파했다. 오랫동안 창업은 청년 경제의 해법으로 논의돼왔다. 청년 백수는 나라의 두통거리다. 기업에 무작정 고용을 늘리라고만 할 수도 없다. 1인 창조 기업이 돌파구일 수도 있다. 이른바 청년 세대의 멘토

들이 하나같이 청년 창업을 화두로 삼았던 이유다. 캐시슬라이드의 성공은 언뜻 희망처럼 보였다.

캐시슬라이드를 만든 박수근 대표는 명문대 상경대를 졸업했다. 보스턴 컨설팅 그룹에서 컨설턴트로 일했다. SK그룹의 하이닉스 인수 건도 박수근 대표가 참여한 계약이었다. 박수근 대표는 보스턴 컨설팅 그룹에서 함께 일했던 동료와 회사를 꾸렸다. 개발자들도 대학 동창 인맥이었다. 카이스트에서 으뜸으로 꼽히는 엔지니어도 있었다. 박수근 대표는 보스턴 컨설팅 그룹에서 일하면서 잠시나마 높은 곳에서 세상을 내려다볼 수 있었다. 너른 시야는 평범한 20대는 쉽게 가질 수 없는 자산이다. 박수근 대표가 엄친아라고 얘기하는 게 아니다. 청년 창업이 성공하려면 능력 있는 개발자와 유능한 투자자를 끌어들일 수 있는 역량이 필요하단 뜻이다. 그런 역량은 평범한 20대 청년 누구나 겸비할 수 있는 게 아니다.

벤처캐피털리스트인 문규학 소프트뱅크벤처스 코리아 대표가 입버릇처럼 하는 말이 있다. "벤처는 엘리트 비즈니스다." 한 해 동안 한국의 유수 대학교 컴퓨터 공학과에서 배출되는 졸업생은 500명 남짓이다. 이 중 극소수만 벤처 시장으로 흘러든다. IT 스타트업을 하기 위해선 유능한 개발자 확보가 최우선이다. 아무리 좋은 기획이 있어도 유능한 개발자가 없으면 군고구마 장사를 하겠다고 나서면서 정작 고구마를 구울 줄 모르는 꼴이다. 유능한 개발자를 초빙하는 방법은 결국 돈 아니면 인맥이다. 창업 단계에선 돈이 없다. 결국 기획자와 개발자가 서로 인맥을 쌓을 수 있는 곳에서만 성공적인 창업을 시도해볼 수 있단 뜻이다. 그런 곳은 몇몇 대학이나 컨설팅 회사나 연구실뿐이다. 엘리트들만의 요람이다.

창업이 일반적인 청년 경제의 사다리가 돼줄 수 있단 말은 허구다. 사다리는 없고 사다리의 신화만 있다. 신현성 티켓몬스터 대표는 한국 청년 벤처 신화의 상징이다. 자본금 500만 원짜리 스타트업을 불과 3년 만에 수천억 원 가치의 기업으로 만들었다. 신현성 대표는 지금도 뚜벅이다. 여러모로 한국의 마크 저커버그다. 그런 신현성 대표조차 따져보면 극강의 엘리트다. 부유한 집안 출신으로 와튼스쿨을 나와서 보스턴 컨설팅 그룹에서 일했다. 창업이란 사다리를 붙잡기 전에 이미 많은 사다리를 타고 올라올 수 있었던 인물이다. 벤처 창업의 사다리는 맨 아래까지 내려져 있지 않다. 몇 계단을 올라가야 겨우 닿을 수 있는 곳에서 시작된다. 한 청년 벤처기업가는 말한다. "한국 사회가 신화를 만들어서 청년들을 착시 현상에 빠뜨리고 있는 게 사실입니다."

한국 사회는 청년들을 수많은 사다리 착시에 빠뜨리고 있다. 사다리가 존재한다는 신기루를 믿고 스스로의 열정을 불사르게 만든다. 문화 산업과 고시 산업이 대표적이다. 고시는 머리는 좀 있다고 믿지만 인맥은 부족한 젊은 인재들이 선택하는 사다리다. 고시의 문은 늘 좁다. 더 잔인한 점은 올라간 사람이 사다리를 치워버린다는 사실이다. 고시에 합격한 사람들 중에서 예전에 고시촌에서 교류했던 사람들과 계속 만나는 경우는 별로 없다. 문화 산업은 청년들이 머리나 인맥보단 열정으로 사다리를 타는 곳이다. 이런 열정은 너무나 손쉽게 착취의 대상이 된다. 사회비평가 한윤형과 『딴지일보』 기자 최태섭과 e스포츠 칼럼리스트 김정근이 함께 쓴 『열정은 어떻게 노동이 되는가』는 한국 사회의 그런 열정 착취 현상을 고발한 책이다. 청년들은 프로 게이머를 꿈꾸든 영화 스태프로 참여하든 심지어 시민

단체의 활동가로 나서든 똑같은 말을 듣게 된다. "네가 좋아서 열정을 갖고 하는 일이니까 불합리해도 참아야 한다." 청년들은 열정을 착취당한다. 그들이 열정을 바치게 꼬신 건 사다리 신화다. 한국 사회는 소수의 신화만 보여주고 이들처럼 되려면 청춘은 아파도 참아야 한다고 강요한다. 가장 취약한 존재의 가장 나약한 약점을 악용한다.

1980년대까지만 해도 청년들을 위한 사다리는 도처에 있었다. 명문대를 졸업해서 대기업에 입사하면 실패했다는 얘기를 들을 정도였다. 1990년대로 접어들면서 한국에서도 신경제가 떠오르기 시작했다. 게임과 포털과 영화였다. 김정주 넥슨 회장이나 김택진 엔씨소프트 대표가 각각 넥슨과 엔씨소프트를 창업한 게 서른 무렵이다. 이해진 NHN 이사회 의장이 네이버컴을 창업한 때는 그가 서른두 살이었던 1999년이다. 「건축학개론」을 제작한 명필름의 심재명 대표가 창립작 「코르셋」을 만든 게 1996년, 그의 나이 서른셋이었다. 앞선 세대는 분명 나중 세대보다 조금 이른 나이에 사다리를 만들고 찾고 오를 수 있는 기회가 있었다. 앞선 세대가 나중 세대보다 더 잘나서도 더 진취적이어서도 아니었다. 한국 경제 안에 여전히 청년들이 사다리를 기대서 세울만한 빈 담장이 남아 있었다. 부지런하고 눈 밝은 자들이 그걸 찾아냈을 뿐이다.

2000년대로 접어들면서 사다리를 타려는 경쟁은 유례없이 격렬해지기 시작했다. 한국 사회 안에서 젊은이들을 위한 사다리의 숫자가 감소한 건 경제성장률이 낮아져서만은 아니었다. 보통 통계상으로는 경제성장률이 1퍼센트 높아지면 일자리가 7만 개 늘어난다고 본다. 2000년대 중반까지 한국 경제의 평균 성장률은 5퍼센트 남짓이었다. 산술적으로만 봐도 매년 35만 개의 일자리가 늘어났단 뜻이다. 문제는 사다리의 개수가 아니라 사다리를 올라가는 속도였다. 앞서 올라간 사람이 너무 많았다. 다음 세대는 사다리를 잡아도 올라갈 틈이 없었다. 앞선 세대들은 사다리를 자꾸만 높은 데로 끌어올렸다. 사다리의 끄트머리라도 잡고 올라타려면 스스로 온갖 발판을 마련해야 했다. 스펙 쌓기 경쟁이 시작됐다. 정작 기업의 HR 담당자들조차 그렇게 쌓인 스펙이 기업 활동에는 별 보탬이 안된다는 점을 안다. 그러면서도 지원자들한테 갖가지 스펙을 요구한다. 경쟁을 붙이고 선별해내기 위해서다. 사다리를 높은 곳으로 치워버린 결과다.

이때부터 가짜 사다리들이 등장하기 시작했다. 오디션 프로그램이다. 「슈퍼스타K」는 슈스케 신드롬을 낳았다. 슈스케 신드롬에 유달리 호들갑을 떤 건 경제신문들이었다. 사설에 칼럼까지 동원해서 슈스케 신드롬이야말로 공정한 경쟁으로 성공 신화를 창출한 결과라고 칭송했다. 오디션 프로그램은 더 이상 사다리를 내려줄 수 없게 된 한국 경제구조가 찾아 헤맨 거짓 희망이었다. 방송사들이 앞다퉈 오디션 프로그램들을 경쟁적으로 편성했다. 오디션 프로그램은 대중을 성공 신화의 목격자이자 참가자로 만들었다. 모두의 안방으로 드리워진 사다리나 다름없었다. 환상이라도 좋았다. 어차피 현실엔 없는 사다리였다. 젊은 세대들한텐 또 다른 사다리였던 아이돌 기획사들까지 오디션 프로그램에 참여했다. 연습생 신화와 오디션 신화가 포개졌다. 젊은 세대한텐 춤추고 노래하는 것만큼 공정한 경쟁도 없다. 엘리트들만의 리그인 벤처 생태계나 또 다른 똑똑이들의 정거장인 고시촌이나 치열한 경쟁을 뚫어야 하는 취직 전선보단 즉물적이며 화려하다. 맨손으로 공정하게 부딪힐 수 있는 장르다.

이제 오디션 프로그램의 판타지도 유통기한이 다 됐다. 오디션 프로그램 우승자 가운데 정말로 사다리 위에 올라선 경우는 드물기 때문이다. 「슈퍼스타K」 출신의 버스커버스커나 「K팝스타」 출신의 이하이 정도다. 나머지는 대부분 그때 감동의 소재로 활용되고 잊혔다. 결국 모두 사다리가 찰나의 신기루란 사실을 자각했거나 더 이상 부인할 수 없게 되고 말았다. 「슈퍼스타K 4」에선 결국 부잣집 도련님이 최종 우승자가 됐다. 대중은 신화보단 우상을 선택했다. 난립했던 오디션 프로그램들은 이미 정리 수순을 밟고 있다. 한국판 폴 포츠인 최성봉을 발굴했던 「코리아 갓 탤런트」도 종영이 결정됐다.

어쩌면 그 빈자리는 오락이 아니라 뉴스가 채우게 될지도 모른다. 언제까지 대중이 가짜 사다리에 속으리란 보장은 없다. 올라갈 수 없다면 끌어내리면 된다. 오디션 프로그램의 종주국인 영국과 미국 역시 아직은 새로운 판타지를 개발하지 못했다. 허전해진 시청자의 마음을 대신 달래주고 있는 건 온갖 파파라치 사진과 연예계와 권력자들의 가십이다. 사다리의 맨 꼭대기에 있는 사람들이 추락할 때 대중은 상승감을 느낀다. 그건 비극 앞에서 느껴지는 비장미와는 다른 좀 더 속물적인 감정이다. 사회가 스노보크라시(snobocracy), 즉 속물 사회로 진입하는 징후다. 모든 사다리가 치워지고 가짜 사다리마저 사라지면 사회는 무너지거나 부패한다. 무너지면 혁명이 일어난다. 그만큼의 역동성조차 남아 있지 않은 사회는 속물 사회로 전락한다. 모두가 모두를 사다리에서 끌어내리는 사회다. 영국과 미국은 이미 스노보크라시로 진입했다. 진짜든 가짜든 사다리를 만들어줄 수 없다면 한국도 속물화될 수밖에 없다. 사다리 타기의 말로다.

젊은 세대들한테만 사다리가 사라진 게 아니다. 모든 세대가 사다리를 빼앗기고 있다. 1990년대와 2000년대가 낳은 최고의 성공 신화는 박현주 미래에셋금융그룹 회장이다. 월급쟁이 펀드 매니저에서 굴지의 금융그룹 CEO가 됐다. 박현주 회장이 성공할 수 있었던 건 한국 자산 시장의 급격한 팽창 덕분이었다. 박현주 회장은 그 틈을 정확하게 읽어냈다. 자산 투자는 기성세대한테 주어진 사다리였다. 부동산 열풍에 이어 펀드 열풍이 불었다. 박현주 회장은 자기 이름을 건 박현주 펀드를 만들어 시중 자금을 빨아들였다. 박현주 신화는 2000년대 후반부터 흔들리기 시작했다. 미국 발 금융위기에 중국 펀드까지 무너졌다. 동시에 주식 투자 열풍도 잠잠해져버렸다. 젊은 세대가 열정을 착취당했듯 기성세대는 욕망을 착취당했다. 2012년 내내 여의도 증권가는 감원 광풍에 휩싸였다. 더 이상 사람들이 투자를 하려고 들지 않아서였다. 굴릴 돈이 들어오지 않자 증권사들은 펀드 매니저부터 구조조정했다. 이제 젊은 세대한테도 기성 세대한테도 사다리는 없다.

서울대 해체 국면

"서울대 경영대와 인문사회대는 성향이 극과 극이죠. 경영대생들은 현실주의자죠. 인문대와 사회과학대생들은 외골수예요." 익명을 요구한 서울대 졸업생은 말한다. 경영대가 현실주의적인 건 서울대만의 특질은 아니다. "서울대 경영대는 서울 및 강남 지역 학생들이 대다수라고 보면 될 거예요. 경영대에선 특히나 강남서울대나 외고서울대 모임의 영향력이 강하죠." 강남 출신 서울대생들과 외고 출신 서울대생들을 일컫는다. "게다가 경영대로 기업들의 지원이 집중되잖아요. 경영대생들은 일찍부터 사회에 노출되면서 현실주의적으로 될 수밖에 없죠." 인문·사회대에선 정반대 현상이 벌어진다. "인문·사회대에선 강남서울대나 외고서울대가 오히려 소수파입니다. 외고서울대는 영문과와 불문과에 집중돼 있죠. 가정 형편이 어려운 학생들도 꽤 있어요. 공부 하나 잘해서 서울대 인문·사회대에 입학한 친구들이죠. 그만큼 외골수가 많습니다."

2011년 KDI가 실시한 고등학생 1만 명당 서울대 진학률 조사 결과를 보면, 서울 평균은 94.9명인 반면 지방 8개 도 평균은 37.4명이었다. 서울시 안에서도 강남구는 173명, 서초구는 150명이었고, 금천구와 구로구는 각각 18명이었다. 당연히 서울 그리고 강남 출신 서울대 재학생이 압도적으로 많을 수밖에 없다. 주류와 비주류가 나뉜다.

익명을 요구한 서울대 졸업생은 지역 출신으로 인문대에 입학했지만 법학 공부를 해서 사법고시를 통과했다. 전형적인 비주류 서울대생이다. "법대는 경영대와 인문·사회대의 완충지대죠. 실제로도 경영대와 인문·사회대 사이에 법대가 있습니다. 법대엔 강남서울대와 외고서울대와 그 밖의 서울대생들이 섞여 있죠. 사실 법대는 서울대 안에서도 유독 실력으로만 버틸 수 있는 곳이에요. 어디 출신인 건 중요하지 않고 고시에 합격할 수 있느냐가 중요하죠." 법대는 서울대 안에서 주류와 비주류의 격전지인 셈이다.

서울공대는 관악산 중턱에 있다. 산자락 아래에 있는 경영대와 법대까지 가려면 버스를 잡아타야 한다. 자연히 다른 단과대와도 교류가 적다. 적잖은 서울대 공대생들의 고민은 취업이 아니다. 창업도 아니다. 로스쿨이나 의학전문대학원에 진학할 것이냐 말 것이냐다. 취업하면 지방 근무가 기다리고 있다. 대다수 대기업의 연구개발 시설과 생산 설비가 지방에 있기 때문이다. 창업하면 서울에 있을 순 있지만 실패하면 낙오할지도 모른다. 서울대생들이 가장 무서워하는 건 어쩌면 낙오다. 동창들이 워낙 빠르게 출세하는 탓에 금세 도태될 수 있다. 로스쿨이나 의전에 가면 중간은 간다.

서울대엔 서울대가 없다. 서울법대, 서울상대, 서울공대가 있을 뿐이다. 하나의 서울대 공동체는 관악캠퍼스라는 형태로만 존재하지 실질적으론 해체 국면에 가깝다. 원래부터 서울대는 각 단과대의 연맹으로 출발했다. 서울대는 1946년 경성제국대학과 서울 시내에 흩어져 있던 관공립 전문학교 10개를 통폐합해서 만들어졌다. 저마다 뿌리가 다른 고등교육기관들을 서울대라는 이름 아래 강제로 묶어버렸다. 서울대라는 깃발 아래 묶인 단과대들 사이의 공통분모는 단 하나였다. 1등주의였다.

서울대는 1975년 관악캠퍼스가 계획되고 건설되기 전까지 물리적·공간적으로도 분리돼 있었다. 서울 시내 이곳저곳에 단과대별로 산재해 있었다. 문리대와 법대는 동숭동에 있었다. 연건동엔 서울의대, 공릉동엔 서울공대가 있었다. 서울상대는 종암동에 있었고, 사범대학은 을지로에 있었다. 음대는 남산에 있었다. 예일대학교처럼 전형적인 도심형 캠퍼스였다. 한 이름, 딴 지붕, 딴 가족이었다.

서울대는 각 단과대들이 성채형 캠퍼스 안으로 밀집하면서 비로소 공동체로서의 정체성을 확립할 기회를 얻었다. 공동체 의식은 외부의 위협을 통해 강화되기 마련이다. 마침 1980년대는 민주화 운동의 시대였다. 관악캠퍼스 정문 앞은 시위대와 전경이 대치하는 최전선이었다. 도서관 앞 아크로폴리스 광장은 정치 구호로 늘 시끌벅적했다. 당시 서울대생들은 대부분 가난했다. 서울대 정문은 국립서울대의 자음을 딴 ㄱ, ㅅ, ㄷ을 형상화했다. 정작 서울대생들은 "가난한 사람들만 다니는 대학교"라고 자조했다. 서울대는 1등주의 대신 사회참여라는 공통분모 아래 하나로 뭉쳤다. 1987년 1월 14일 박종철 서울대 언어학과 학생회장의 고문 치사 사건은 서울대를 분노의 공동체로 묶어냈다. 서울대가 궐기하자 6·10항쟁으로 이어졌고 5공화국이 무너졌다. 큰 서울대의 시대였다.

그런데 외부의 적이 사라지자 서울대 공동체는 빠르게 와해되기 시작했다. 고려대는 문과대에서 출발했다. 고대 공동체가 약화될 순 있어도 사라지지 않는 건 문과대 안에 끈끈한 DNA가 보존돼 있기 때문이다. 연세대는 세브란스 의대가 뿌리다. 연대 공동체 역시 중심이 있단 얘기다. 서울대는 애초부터 하나의 대학이 아니었다. 중심이 될 수 있는 단과대도 없었다. 서울대는 공동체 의식이 위축될 때 공동체의 DNA를 보존해줄 중심축이 없었다.

사회참여와 현실 의식이라는 공동체 문화가 사라지자 다시 1등주의가 도드라지기 시작했다. 세월이 흘러도 변하지 않는 건 서울대가 늘 1등들의 집합소란 사실이었다. 캠퍼스 안에 개인주의가 빠르게 확산됐다. 1987년 민주화 과정에서 선택한 총장직선제의 폐해도 컸다. 전 캠퍼스 규모로 실시된 총장 선거는 서울대를 단과대별 정치 파벌의 각축장으로 만들었다. 서울대 총장이 되려면 서울법대나 서울상대 교수가 후보로 나서서 서울공대와 서울의대를 잡아야 한다는 게 정석이 됐다. 그렇게 하나의 서울대 의식은 희미해졌다. 서울상대와 서울법대가 다시 부상했다.

여기에 학생사회의 양극화까지 가세했다. 서울대는 더 이상 '가난한 사람들만 다니는 대학교'가 아니었다. 서울대는 '가난한 사람들은 못 들어가는 대학교'로 변하고 있었다. 관악캠퍼스의 지역적·계층적 분화는 한국 사회의 양극화 정도를 뛰어넘은 지 오래다. 이젠 같은 단과대 안에서도 강남서울대니 외고서울대니 따진다. 최근엔 지균충, 기균충이라는 용어까지 등장했다. 지균충은 지역균형선발을 통해 입학한 서울대생을 비하하는 용어다. 기균충은 기회균형선발특별전형을 통해 선발된 서울대생을 뜻한다. 서울대는 강남서울대화를 막기 위해 지역균형선발과 기회균형선발 제도를 도입했다. 잘사는 집 아이들이 공부도 잘하는 상황에서 개천에서 용이 날 수 있게 배려한 제도였다. 2014학년도 지역균형선발자는 764명이다. 기회균형선발자는 199명이다.

　지역균형선발자와 기회균형선발자가 관악캠퍼스 안에서 일부 서울대생들의 왕따나 은따 대상이란 건 공공연한 비밀이다. 다시 단과대별로 분화돼버린 서울대가 이젠 계층별·지역별로 세분화되는 양상을 보이기 시작했다. 서울대 안에선 대치초-대청중-대원외고-서울대 라인이면 성골이라고 불린다. 서울대 인터넷 커뮤니티 스누라이프에 지역균형선발자와 기회균형선발자를 비하하는 글이 올라오곤 했다. 조국 서울대 법대 교수는 이렇게 썼다. "서울대 교수로서 부끄럽다. 동료들의 사회경제적 환경과 대학의 역할 중 하나인 사회 통합을 무시하고 입학 시 성적만으로 동료를 평가하는 태도는 반지성 그 자체다. 이 글을 올린 학생이 비서울대 학생이나 고교졸업자는 어떻게 취급할까 생각하니 더 참담해졌다." 서울대는 다시 한 지붕 딴 가족이 됐다.

　서울대는 1등들의 총합일 뿐이다. 모두 1등일 수는 없다. 1등은 한 명뿐이기 때문이다. 결국 1등들의 총합은 상대방을 1등으로 인정하지 않는 모래알 같은 조직으로 전락하게 된다. 지금의 서울대가 그렇다. 단과대끼리도, 교수끼리도, 학생끼리도 따로 움직인다. 물론 관악캠퍼스가 분열돼 있다는 건 어느 서울대 졸업생의 사견일 뿐이다. 주류 서울대와 비주류 서울대가 나뉘어 있다는 것에도 찬반 양론이 있을 수 있다. 그래도 서울대가 결코 하나가 아니라는 건 거의 모든 서울대생이 동의하는 얘기다. 대학을 뜻하는 유니버시티는 같은 가치를 공유하는 교수와 학생의 공동체를 의미한다. 이미 서울대는 가치 공동체가 아니다.

서울대가 겪고 있는 개인화와 원자화는 다른 명문 사립대들도 안고 있는 숙제다. 문제는 서울대가 단순한 명문대가 아니란 점이다. 서울대는 대한민국을 이끌어갈 국가 엘리트 양성기관이다. 법인화가 됐다지만 여전히 국고 지원 규모도 엄청나다. 덕분에 다른 사립 명문대에 비해 등록금도 3분의 1가량 싸다.

인재는 기본적으론 개인주의적이다. 인재는 자기 재능에 대한 믿음이 있다. 누구보다 자기 자신을 가장 믿는단 얘기다. 개인화되고 파편화되기 쉽다. 한국처럼 입시 경쟁이 치열한 나라에선 말할 것도 없다. 고개를 처박고 공부에 몰두하지 않으면 서울대에 입학하기 어렵다. 상대를 밟고 올라가야 1등이 될 수 있다.

국가 엘리트 양성기관은 인재를 엘리트로 담금질한다. 인재와 엘리트는 다르다. 인재는 사적 이익을 추구하는 똑똑이다. 엘리트는 공동체의 이익을 추구하는 똑똑이다. 그래서 국가 엘리트 양성기관들은 맨 먼저 공동체 의식부터 가르친다. 엘리트는 집단의 리더가 되기 때문이다. 리더한테 필요한 건 자신이 이끄는 공동체에 대한 책임감이다. 책임감을 느끼려면 먼저 자신도 공동체의 일부라고 각성해야 한다. 나중엔 국가 공동체에 대한 책임감으로까지 발전한다. 인재들을 공동체의 용광로에 녹여서 국가 엘리트로 만드는 게 엘리트 양성기관의 진짜 역할이다. 교육기관이 아니라 양성기관이다. 1등들을 모아놓고 누가 더 1등인지 나누는 게 목적이 아니다. 엘리트는 단순히 1등이 아니라 능력과 책임감을 갖춘 리더를 뜻한다.

서울대는 이런 엘리트의 용광로가 못된다. 당연하다. 서울대부터가 공동체를 이루는 데 실패했기 때문이다. 구성원 하나 하나한테 공통의 가치를 강조할 명분이 없다. 대내적 공동체 의식이 없는 대학이 대외적 공동체 의식을 함양한다는 건 어불성설이다. 이런 엘리트 양성기관은 공동체 의식이 결여된 엘리트 집단을 양산하기 쉽다.

공동체에 대한 책임감이 없는 엘리트들은 결국 이익집단에 불과하다. 최근 5년간 대법원이 임용한 신규 법관 두 명 중 한 명이 서울대 출신이다. 2014년 기준 정부 부처 3급 이상의 고위 공무원 가운데 33퍼센트가 서울대 출신이다. 사법연수원에서 서울대 출신끼리 동문회를 가지는 걸 금지했을 정도다. 너무 많아서다. 이들 모두한테 공동체 의식이 없다는 게 아니다. 서울대 출신이 국가 고위직을 과점한 만큼 이들 중 일부라도 사익을 추구할 경우 폐해가 막대하다는 게 문제다. 지배 엘리트가 이기주의적이란 건 공동체한텐 비극이다. 공동체 붕괴를 초래한다.

지금 한국 사회가 실제로 겪고 있는 일이다. 책임 있는 엘리트 집단이 줄어들고 있다. 공동체의 중심 역할을 해야 하는 지배 집단이 공동체한테 무관심하다. 지극히 개인적인 목적에만 몰두하고 있다. 한국의 엘리트를 양성하는 서울대의 책임이 크다.

웨스트포인트는 미국의 군사 엘리트 양성기관이다. 웨스트포인트에 입학하면 맨 먼저 공동체를 위한 희생정신을 배운다. 웨스트포인트 졸업생은 말한다. "이렇게 배웁니다. 공동체 구성원들 각자한테 꿈이 있다. 우리한텐 우리를 위한 꿈이 없다. 우리의 꿈은 그들의 꿈을 지키는 것이다." 통틀어 그랑제콜이라고 불리는 프랑스의 3대 엘리트 양성기관인 파리고등사범학교와 국립행정학교와 파리이공대학도 다르지 않다. 국립행정학교는 엘리트 관료를 양성한다. 파리이공대학은 엘리트 기술자를 양성한다. 파리고등사범학교는 엘리트 학자를 양성한다. 프랑스라는 국가 공동체가 필요로 하는 인재를 공급하는 게 목적이다. 물론 학생들은 개인적 출세를 위해 입학한다. 사적 출세를 위해선 먼저 공동체에 헌신할 각오부터 해야 한다. 학생들한테 그걸 요구할 수 있다. 철학과에 입학했다가 우연히 법학 공부를 해서 관료가 된 게 아니기 때문이다. 그렇게 진정한 엘리트를 키워낸다. 웨스트포인트와 그랑제콜은 엘리트 용광로다.

서울대는 관료나 법조인 같은 국가 엘리트만 키워내는 게 아니다. 의사나 경영자 같은 시장 엘리트나 철학자나 음악인 같은 예술 엘리트까지 길러내고 있다. 서울대처럼 전방위적으로 미래 엘리트 지배 계층을 양성하는 기관은 전례가 없다. 그렇다고 서울대가 비국가 분야까지 이른바 엘리트 오블리주를 확산시키고 있는 것도 아니다. 정반대다. 엘리트 양성기관이 단순한 명문 종합대학으로 전락한다. 개인적인 목표를 추구하느라 왜 서울대가 서울대인지 잊어버린다. 그저 서울대라는 이름 아래 광범위한 지배 집단을 형성한 다음 내부 경쟁에만 몰두한다. 전 분야에 걸쳐서 1등 순혈주의만 확산시킨다.

서울대 폐지론은 여기에서 힘을 얻는다. 서울대 이전의 무한 입시 경쟁을 완화하기 위해 서울대를 폐지해야 하는 게 아니다. 서울대 이후의 무한 경쟁 사회를 해체하기 위해 서울대를 다시 생각해봐야 한다. 강준만 교수는 이미 1996년에 『서울대의 나라』에서 서울대 폐지론을 주장했다. 강준만 교수는 서울대 패권주의가 한국 사회를 망치고 있다고 주장해서 파란을 일으켰다. 강준만 교수는 서울대가 더 이상 엘리트 양성기관이 아니라 기득권 세습기관이 됐다고 주장했다.

그 뒤로도 강준만 교수의 서울대 폐지론은 심심치 않게 화제를 모았다. 2012년엔 당시 민주당이 국공립대 네트워크 공약을 내세웠다가 역풍을 맞았다. 국립제주대를 서울대 제주캠퍼스화한다는 구상이었다. 서울대를 확대해서 서울대를 희석하려고 했다가 실패했다.

어쩌면 해법은 서울대 폐지가 아니다. 서울대 해체다. 서울대라는 종합대학이 엘리트 양성기관 역할을 하는 데는 한계가 있다. 현실적으로 1등 순혈주의 이외에는 거대 서울대를 묶어줄 공동체적 가치를 찾기 어렵기 때문이다. 서울음대에 서울법대에나 요구되는 국가관과 책임감을 요구할 순 없다. 가치관과 역사가 다른 1등 단과대들이 한 울타리에 있어 봐야 결국 인문대의 법대화나 사회과학대의 상대화만 초래할 뿐이다.

그 대신 서울대를 프랑스의 그랑제콜처럼 서울법대는 서울행정학교로, 서울공대는 서울이공대학으로 해체할 수 있다. 작지만 강한 서울대들이다. 이러면 서울대는 있지만 없어진다. 모두 1등이 아니라 각자 1등인 체제다. 서울대의 원래 모습으로 돌아가는 셈이다. 어차피 서울대는 단과대별로, 개인별로 빠르게 분열되고 있다. 작은 서울대의 시대다. 그런데도 큰 서울대의 시대는 끝날 기미가 없다. 뭉쳐서 기득권을 지키고 키우려는 큰 서울대는 작은 욕망 탓이다.

한국인으로 사는 걸 원하지 않는
한국인만 사는 나라

"몰랐어요." 안현수는 말했다. "이중국적이 허용되는 줄 알았어요. 러시아 쇼트트랙 대표로 뛰기로 결심했을 때 러시아로 귀화하면 한국 국적이 소멸되는 줄은 몰랐어요." 안현수는 2013년 5월경 한국 방송과 가진 인터뷰에서 이렇게 말했다. 이때만 해도 안현수는 한국 국적을 포기했다는 사실만으로도 구설수에 시달리고 있었다. 사정을 아는 사람은 응원해줬지만 사정을 모르는 사람은 손가락질했다. "몰랐다"는 말은 군색한 변명처럼 들렸다.

정말 몰랐을 수 있다. 일단 러시아는 이중국적을 허용한다. 한국도 표면적으론 이중국적을 허용한다. 2011년 1월 1일 개정 국적법이 발효되면서부터다. 정말 한국인이면서 동시에 러시아 쇼트트랙 국가대표가 되는 일이 가능할 것만 같다.

절대 불가능하다. 국적법 제15조 때문이다. "대한민국의 국민으로서 자진하여 외국 국적을 취득한 자는 그 외국 국적을 취득한 때에 대한민국 국적을 상실한다." 모순이다. 이중국적을 허용한다고 해놓고 외국 국적을 취득하면 그 즉시 한국 국적을 박탈하겠다고 정해놓았다. 이중국적 관련 규정을 살펴보면 진상이 파악된다. 개정 국적법에서 이중국적은 외국 국적자가 한국 국적을 취득하려고 하는 경우에만 국한된다. 반대로 한국 국적자가 외국 국적을 취득하면 더 볼 것도 없다. 끝이다. 당장 한국인으로서의 모든 자격이 박탈된다. 안현수는 하루 아침에 빅토르 안이 될 수밖에 없었다. 이중국적에 대한 한국의 이중성 탓이다.

2014년 2월 14일이었다. 미래창조과학부의 초대 장관 후보였던 김종훈 내정자가 한국 국적을 상실했다. 김종훈 내정자는 미국 시민권자였다. 2013년 2월, 미래창조과학부 장관으로 내정되면서 한국 국적을 취득했다. 사실 미국 시민권을 유지하면서 한국 정부의 장관이 될 수도 있었다. 국가공무원법 제26조 1항은 "국가기관의 장은 국가안보 및 보안기밀에 관계되는 분야를 제외하고 외국인을 공무원으로 임용할 수 있다"고 규정하고 있다. 벽안의 외국인도 얼마든지 한국에서 벼슬을 할 수 있단 얘기다.

절대 불가능하다. 예외 규정 탓이다. 국가공무원법 제26조 2항은 "외교, 국가 간 이해관계와 관련된 정책 결정 및 집행 등 복수국적자의 임용이 부적합한 분야"에선 임용을 제한할 수 있다고 정해놓고 있다. 요즘 같은 시대에 국가 간 이해관계가 관련되지 않는 정부 업무는 없다. 정보통신과 기술융합을 책임지는 미래창조과학부라면 말할 것도 없다. 사실상 한국의 공무원법은 외국인의 임용을 금하고 있다. 역시 한국은 이중국적에 대해 이중적이다.

어쨌든 김종훈 내정자는 한국 국적을 취득하기로 했다. 그런데 국적법 제10조 2항은 "대한민국 국적을 취득한 날부터 1년 내에 외국 국적을 포기하거나 법무부 장관이 정하는 바에 따라 대한민국에서 외국 국적을 행사하지 아니하겠다는 뜻을 법무부 장관에게 서약해야 한다"고 정해놓았다. 이중국적은 못마땅하지만 그래도 정 이중국적을 유지하고 싶으면 한국 땅에선 외국인 행세를 안 하겠다고 약속하라는 얘기다. 결과적으로 김종훈 내정자는 장관이 되지 못했다. 1년이 지나면서 자동으로 한국 국적도 상실했다. 영원히 미국인이 됐다.

한국은 이토록 이중국적에 대해 이중적이다. 한국도 점점 국적 개념이 희미해지는 세계적 추세는 알고 있다. 한국은 매 정권마다 세계화를 국정 과제로 삼아온 나라다. 이중국적을 금지하는 건 세계화에 반한다. 결국 한국은 이중적이 됐다. 국적쯤 아무것도 아니라며 개방화된 나라인 척하게 됐다. 실제론 한국인 아니면 외국인이라는 흑백 논리에 가까운 국적 개념에 사로잡혀 있으면서 말이다. 감정이 머리를 안 따라가다 보니 이중적으로 분열됐다.

반면에 한국 바깥에선 이중국적을 넘어서 삼중국적과 다중국적과 복수국적을 허용하는 국가들이 늘어만 가고 있다. 미국뿐만 아니라 캐나다, 러시아, 영국, 프랑스, 이탈리아, 핀란드, 호주, 뉴질랜드, 스위스가 다 조건은 조금씩 다르지만 기본적으로 이중국적을 허용하고 있다. 유럽 국가들은 대다수가 이중국적을 허용한다. 자연히 미국인이면서 호주인이라거나 캐나다인이면서 미국인이면서 프랑스인인 이중, 삼중국적자들도 늘고 있다.

이건 세계사적 흐름이다. 국가와 국경의 개념이 바뀌고 있어서다. 더 이상 국가는 국민이 국경을 넘나드는 걸 통제할 수 없다. 유럽에선 이미 국경선 개념이 전라도와 경상도를 가로지르는 섬진강 정도로 흐

릿해진 지 오래다. 유럽은 2차 대전 이후 사실상 무전쟁 공동체를 추구하고 있다. 전쟁이 없으면 국가도 없다. 국가의 본질은 전쟁 기계다. 봉건국가가 근대국가로 진화한 결정적인 원인이 전쟁이다. 봉건 시대 전쟁은 기사가 앞장서는 기병전 위주였다. 말과 창칼과 갑옷을 마련할 수 있는 소수 기사들만 동원하면 됐다. 전쟁 비용도 크지 않았다. 자연히 국가의 동원력도 클 필요가 없었다.

전쟁 양상이 소총보병과 공성전 위주로 바뀌면서 국가도 팽창하기 시작했다. 근대국가의 등장이었다. 초창기 소총은 밀집 사격을 해야만 적중률이 높아졌다. 다수의 소총보병부대를 유지하려면 돈이 들었다. 성을 둘러싸고 포위 공격을 거듭하는 공성전에도 많은 병사가 필요했다. 결국 유럽 국가들의 병력 규모는 기하급수적으로 늘어나기 시작했다. 태양왕 루이 14세 시절 프랑스의 병력은 무려 40만 명에 달했다. 갈수록 국가는 국민을 필요로 하게 됐다. 국민은 곧 국가의 전쟁을 수행할 병력이면서 전쟁 비용을 조달할 세원이었다. 국적이 어느 때보다 중요해질 수밖에 없었다.

역사상 가장 정밀한 전쟁 기계 국가 브란덴부르크 프로이센이 등장했다. 프로이센의 빌헬름 1세는 군인왕이라고 불릴 정도였다. 프로이센은 국가가 수행하는 전쟁에서 승리하기 위해 온 국민을 기꺼이 희생시켰다. 프로이센은 국민을 국가의 소유물이자 자원으로 여겼다. 국민에게 국적을 선택할 자유 따윈 없었다. 프로이센 국적을 포기하는 것은 곧 반역이었다. 국민들한테 프로이센 국적은 천형이나 다름없었다.

유럽 국가들은 전쟁 국가 모델을 줄기차게 추구했다. 결과는 당연히 전쟁이었다. 양차 대전은 전쟁 기계들이 일으킨 참화였다. 2차 대전 이후 유럽은 무전쟁을 추구했다. 두 차례의 비극이 유럽의 국가 개념을 바꿔놓았다. 유럽은 근대국가 개념을 조금씩 버려왔다. 중앙집권적 국가를 해체하고 EU라는 공동체를 만들었다. 국경 개념에서 탈피해서 국민 개념도 지워가고 있다. 당연히 이중국적도 광범위하게 허용하는 추세다. 근대국가를 발명한 유럽이 먼저 근대국가 체제를 해체하려고 애쓰고 있단 얘기다. 전쟁 기계로서 국가의 위험성을 알기 때문이다. 유럽이 이중국적을 허용하는 근본적인 이유는 3차 대전을 피하기 위해서다.

미국이 이중국적을 허용하는 이유는 유럽과는 정반대다. 미국이 2차 대전 이후에 냉전 체제에서 승기를 잡을 수 있었던 건 독일에서 망명한 과학자들 덕분이었다. 독일의 V2로켓을 개발한 독일인 베르너 폰 브라운 박사는 미국인이 된 뒤 나사의 우주개발 계획을 주도했다. 미국은 이중국적을 허용해서 전 세계의 고급 인력을 더 빨리 빨아들일 수 있었다. 2013년 노벨화학상을 공동 수상한 스탠퍼드 대학의 마이클 레빗 교수, 남캐롤라이나 대학의 아리 워셜 교수, 미국 케임브리지대학의 마틴 카플러스 교수는 우연히도 모두 이중국적자다.

미국은 최강대국의 지위를 유지하기 위해 이중국적 제도를 이용하고 있다. 태어난 나라가 어디든 상관없다. 이중국적이어도 상관없다. 미국이 필요로 하는 인재라면 국적은 중요하지 않다. 미국은 타국의 인재까지 동원해서 근대국가 체제를 강화하고 있다.

그 대신 미국은 과거 프로이센처럼 국적을 강요하지 않는다. 미국은 국적을 판다. 국가가 개인한테 제공하는 가장 큰 혜택은 인프라다. 예전엔 집집마다 아궁이가 있었다. 난방과 요리를 개별적인 에너지원으로 해결했다. 지금은 모두 국가가 제공해주는 도시가스와 전기에 의존한다. 개인의 국가 의존도가 훨씬 커졌다. 미국은 이런 인프라 경쟁력이 상당히 높은 나라다. 모두가 미국의 선진 인프라 혜택을 누리고 싶어서 기꺼이 미국 국적을 취득한다. 한국에선 보통 미국으로 유학을 간다. 교육 인프라 때문이다.

한국은 유럽처럼 국적에서 자유로울 수도, 미국처럼 국적을 당당하게 세일즈할 수도 없다. 한국은 건국 이래로 전쟁 중이기 때문이다. 한국전쟁을 거치면서 병영 국가화됐다. 이제껏 국가 동원 체제로 경제 전쟁을 치러왔다. 한국은 브란덴부르크 프로이센과 흡사한 과정을 거쳐서 근대국가가 됐다. 분단이 전쟁이었고 산업 발전이 전투였다.

한국이란 국가는 20세기 후반에 개발된 최고의 전쟁 기계다. 북한과의 전쟁도 계속 수행하고 있다. 경제 성장을 위한 총성 없는 전쟁도 끝이 없다. 당연히 한국 국적은 혜택과 자격의 권리증서라기보단 의무와 책임의 채무증서에 가깝다. 프로이센처럼 한국도 국민을 전쟁 수행에 필요한 인적 자원으로 보기 때문이다. 이쯤 되면 한국인이라는 게 과거 프로이센처럼 천형까진 아니지만 달가운 일도 아니게 된다. 예비군 훈련장에만 가도 금세 알 수 있다. 모두가 "조국이 우리한테 해준 게 뭐냐"며 투덜댄다. 전쟁에 동원된 국민이 행복할 순 없다.

문제는 앞으로의 국가 발전은 자국의 인적 자원을 대규모로 동원하는 것만으론 불가능하다는 데 있다. 국가가 대규모 인력을 공장에 투입해서 값싼 제품을 생산해서 수출하던 시대는 지나갔다. 근대국가적 경제 발전 모델이 더 이상 먹히지 않는단 얘기다. 고부가가치를 지닌 혁신적 제품을 개발할 수 있는 인력이 필요하다. 한국인들 가운데 필요한 인재가 없다면 외국에서 데려와야 한다.

지금 전 세계 선진국들은 다들 그렇게 한다. 쇼트트랙 강국이 되고 싶으면 쇼트트랙 강국에서 스타 선수를 귀화시킨다. 러시아가 그렇게 했다. 미래창조과학부를 통해 융복합산업을 육성하고 싶으면 그걸 잘하는 외국인을 한국인으로 만들면 된다. 한국은 그렇게 못했다. 전쟁 중인 나라의 국적을 취득하고 싶어 하는 사람은 없다. 그 나라 국적을 취득하면 국가의 목적을 위해 동원될 게 뻔하기 때문이다. 그렇다고 한국이 미국만큼 인프라가 매력적인 나라도 아니다. 국적 세일즈를 해봐야 안 팔린단 얘기다.

오히려 지금 한국은 한국 국적을 포기하는 국민을 잡으러 다니느라 혈안이 돼 있다. 틈만 나면 한국 국적을 포기하려는 국민이 있어서다. 가장 큰 사유는 병역이다. 덕분에 이중국적은 병역 회피의 수단으로 인식돼버렸다. 2008년 이후 이중국적자였다가 한국 국적을 포기해서 병역이 면제된 대상자는 2만 명 가까이 된다. 대부분 사회부유층의 자녀들이다.

이건 또 다른 이중적 인식 왜곡을 낳았다. 이중국적은 국가를 선택할 권리다. 일반 국민도 환영할 일이다. 이중국적이 악용되면서 대다수 국민은 이중국적을 반대하게 됐다. 얌체 이중국적자들 탓이다. 국적은 외국인이면서 한국에서 경제활동을 하는 검은 머리 외국인도 얌체족이다. 한국이 제공하는 경제 인프라를 이용해서 돈을 벌지만 그 인프라를 유지하기 위해 치러야 하는 의무를 회피하기 때문이다. 아주 전형적인 지대 추구 행위다. 상대적 박탈감을 준다.

그렇다고 이중국적을 제약하는 건 해법이 아니다. 근본적으론 한국 국적이 시장에서 매력이 없기 때문에 벌어지는 일이기 때문이다. 이미 전 세계에선 국적 쇼핑이 벌어지고 있는데 한국에서만 막아놓는다고 막아질 일도 아니다. 틈만 나면 한국 국적 이탈이 일어난다.

한국 국적이 국적 쇼핑 시장에서 값이 떨어지기 때문에 한국은 맹목적인 애국심을 고취시켜서 국민을 세뇌하는 짓을 거듭할 수밖에 없다. 이건 국산품 애용 운동과 비슷하다. 질 낮은 제품을 애국심으로 구매하라는 게 국산품 애용 운동이다. 이런 식으로 잠깐은 버틸 수 있다. 결국 국가에 대한 국민의 신뢰만 갉아먹는다. 점점 더 국적 이탈이 가속화된다.

영국의 국제정치학자 로버트 쿠퍼는 『국가들의 분열』(The Breaking of Nations)에서 이렇게 분석했다. "전 세계적으로 어느 지역에선 근대국가가 극복돼가고 있고, 어느 지역에선 근대국가가 강화돼가고 있고, 어느 지역에선 근대국가가 건설되고 있고, 어느 지역에선 근대국가가 내파돼가고 있다." 한국은 내파 국가다. 더 이상 근대국가 모델을 국민한테 강요할 수 없는데도 그걸 통해 여전히 국민 동원을 해야 하는 나라의 한계다. 이중국적에 대해서도 이중적일 수밖에 없다.

국적은 신성하지 않다. 국가가 한낱 기계일 뿐이기 때문이다. 민족국가 개념은 한국이 독립을 쟁취하기 위한 당대의 논리였지 현대의 진리가 아니다. 우리는 민족 중흥의 역사적 사명 따위를 띠고 이 땅에 태어난 게 아니란 말이다. 애국심보다 중요한 건 한국이란 사회 공동체에 대한 제대로 된 이해다. 한국은 한반도에 존재했던 여러 국가 가운데 하나일 뿐이다. 국적은 강요된 의무가 아니라 자발적 선택이어야 한다. 한국인이 되고 싶어야지 한국인인 게 형벌이어선 안 된단 얘기다. 정치경제학자 수잔 스트레인지는 '국가의 퇴각'을 이야기했다. 미래는 국가보다 더 큰 존재인 시장이 정부를 지배하는 시대다. 앞으로도 국적에 집착하다간 안현수도 김종훈도 다 놓친다. 한국은 한국인으로 사는 걸 원하지 않는 한국인만 사는 이중국가로 전락한다.

연쇄살인 사건들

강상문 형사과장은 정남규와 눈이 마주쳤다. 취조실엔 정남규와 강상문 과장 단 둘 뿐이었다. 정남규도 눈을 피하지 않았다. 손은 묶인 채였다. 강상문 과장은 정남규의 눈에서 살기를 느꼈다. 짐승과 마주한 기분이었다. 강상문 과장은 정남규에게 윽박질렀다. "눈 깔아, 이 XX야."

정남규는 2004년부터 2006년까지 3년 동안 13명을 살해한 연쇄살인범이다. 강상문 과장은 말한다. "정남규는 손맛 때문에 살인을 저질렀습니다. 칼로 사람을 찌르는 느낌을 좋아했어요. 그 맛을 살리려고 범행 도구를 진화시켰습니다. 범행 대상이 누구인지는 중요하지 않았어요. 찌르는 느낌을 다시 맛보기 위해 범행을 반복했죠. 뒤에서 그냥 등을 마구 찌르고 달아난 경우도 있었습니다."

강상문 과장은 은평경찰서 형사과장과 종로경찰서 형사과장을 거치면서 수많은 연쇄살인 사건을 수사했다. 강상문 과장은 정남규 사건을 수사하면서 깨달았다. "정남규가 왜 살인을 저지르게 됐는지 궁금해할 필요도, 알아야 할 이유도 없다는 걸 알았습니다. 정남규를 이해하려고 해선 안 됩니다. 정남규 같은 연쇄살인범은 평범한 사람과는 전혀 다른 종의 인간입니다. 정남규에게 살인은 동기가 필요없는 유희입니다."

정남규는 범죄심리학에서도 독특한 사례로 취급받는다. 한국 범죄심리학의 대가 중 한 사람인 이수정 경기대 범죄심리학과 교수도 "정남규가 가장 특이했다"고 꼽을 정도다. 정남규가 특이한 건 끝까지 자기 합리화를 하지 않아서이다. 방어적인 태도를 보이지도 않았고, 자신이 저지른 범죄를 낱낱이 밝혔다. 덕분에 경찰과 범죄심리학자들은 정남규를 통해 연쇄살인범의 심연을 좀 더 명료하게 들여다볼 수 있었다.

강상문 과장도 그랬다. 정남규의 눈을 똑바로 들여다보는 순간 알게 됐다. 정남규의 과거에서 인간적 범행 동기를 유추해보려는 시도는 부질없었다. 정남규는 열한 살 때 이웃집 아저씨한테 성폭행을 당했다. 상관없었다. 정남규는 살인에 대한 욕망을 타고난 자였다. 살인에 자신이 붙을 때까지 그 욕망을 억눌렀을 뿐이었다.

유영철은 정남규와 달랐다. 유영철은 입만 열면 거짓말을 일삼았다. 2004년 7월 처음 검거됐을 때도 상황을 모면하려고 횡설수설했다. 유영철은 감시가 소홀한 틈을 타서 도주까지 했다. 도주 11시간 만에 다시 붙잡혔다. 재검거됐을 때도 유영철은 거짓말을 늘어놓았다. 서울경찰청 수사부장까지 나서서 심리전을 벌인 끝에 유영철의 입을 열 수 있었다. 유영철은 강남 지역에서 벌인 네 건의 부유층 연쇄살인 사건부터 자백하기 시작했다. 자신을 의적처럼 포장하고 싶어했다. 형사들은 그게 전부가 아니란 사실을 직감했다. 신촌 지역 마사지 여성 실종 사건도 유영철의 짓이 분명했다. 유영철은 11건의 살인 사건을 실토했다. 토막난 시신은 신촌 지역 여기저기에 암매장했다.

유영철이 자백한 이유는 죄책감 때문이 아니었다. 지쳐서였다. 강상문 과장은 말한다. "유영철은 자기 합리화에 능한 전형적인 연쇄살인범의 모습을 보였습니다. 연쇄살인범은 입만 열면 거짓말이고 모든 말은 자기 자신을 보호하기 위한 논리죠. 그걸 하나 하나 깨서 더 이상 논리가 안 먹히고 폭력적 저항도 봉쇄됐을 때 겨우 입을 엽니다. 그나마도 금세 말을 바꾸지만요." 강상문 과장은 덧붙인다. "검거되고 한참 세월이 지난 지금 유영철은 자기 범행을 거의 합리화해놓았을 겁니다. 이젠 자기 자신까지 속이는 단계가 된 거죠. 그런 경우가 많습니다. 스스로를 용서하고 종교에 귀의한 경우까지 있어요."

연쇄살인범이 무서운 건 무서운 범행을 저질러서가 아니다. 그런 행동을 해놓고도 보통 사람은 불가능한 자기 합리화를 해낸다는 점이다. 자기 욕망을 위해서라면 자기 자신까지 속일 수 있다. 사이코패스의 특징이다. 유영철처럼 변신을 거듭한다. 주변 사람들이 자신의 심연을 들여다보지 못하게 만든다. 정남규는 예외적이었다. 정남규는 자기를 합리화하기보단 있는 그대로 털어내는 식이었다. 유영철은 감형을 받기 위해 뉘우치는 척했다. 정남규는 법정 최후 변론에서 이렇게 말했다. "(피해자나 가족에게) 미안한 마음은 전혀 없고 오히려 즐거웠다. 당연히 사형을 받을 텐데 내가 죽는 건 두렵다."

정남규 사건 이후 경찰 내부에서 연쇄살인범의 동기에 대한 호기심은 종적을 감췄다. 원래 형사는 닥치고 범인을 잡는다. 형사도 사람이라 범인의 동기를 살펴보게 된다. 정남규는 범죄에 동기가 없을 수도 있고 동기가 없는 종자가 세상에 있다는 걸 생생하게 보여줬다. 유영철 같은 범인이 애써 숨겼던 진실을 드러냈다. 강상문 과장은 말한다. "그들은 인간이 아닙니다. 인간의 잣대로 이해하려고 해선 안 됩니다." 정남규는 2009년 11월 구치소 독방에서 스스로 목숨을 끊었다. 2007년 대법원에서 사형 확정 판결을 받고 2년여를 복역하던 참이었다. 강상문 과장은 말한다. "정남규가 그렇게 죽은 게 아깝습니다. 그들의 본색을 더 들여다볼 수 있었는데."

단 한 번이라도 연쇄살인범의 눈을 들여다본 적 있는 사람은 결코 살해 동기를 찾지 않는다. 눈 안에 마음이 없다는 걸 알기 때문이다. 정작 그 눈을 들여다보지 않은 사람들이 문제다. 그들은 논리와 통계로 현상을 설명하려 든다. 연쇄살인범이 예외적인 경우가 아니라 현대사회가 낳은 어떤 현상이라고 해석하고 싶어 한다. 연쇄살인에 의미를 부여한다. 연쇄살인과 사회와의 관계를 유추한다. 심지어 그들도 사회적 희생자라는 논리마저 등장한다.

연쇄살인은 범죄가 아니다. 범인이 죄를 지었다고 여겨야 범죄다. 연쇄살인은 유전적 질병에 가깝다. 사회적 유대가 약해져서라거나 날씨가 더워져서 벌어지는 게 아니다. 사람을 죽이고 싶다는 욕망에 시달리는 자는 따로 있다. 인간 본성의 중간 값에서 벗어난 극단적 악마들이다.

형벌을 강화한다고 해도 소용없다. 정남규는 경찰 프로파일러 못지않게 범죄를 공부했다. 매일 10킬로미터씩 마라톤을 하면서 체력을 단련했다. 심지어 자신을 수사할지도 모르는 경찰들의 신상 정보를 모아서 거꾸로 경찰을 프로파일링했다. 수사력을 보강하고 형량을 아무리 높여도 악마적 욕망을 억제할 수 없다. 더 지능화될 뿐이다.

사실 2010년대 범죄의 골칫거리는 사이코패스가 아니라 소시오패스다. 사이코패스는 인간 유전자 조합의 오류가 만들어낸 산물이다. 선천적이다. 소시오패스는 인간 사회 조합의 오류가 만들어낸 산물이다. 후천적이다. 소시오패스는 타고난 연쇄살인자는 아니다. 사회적으로 오랫동안 단절된 채 살아서 보편적인 도덕 관념을 상실한 경우다.

2013년 7월, 용인에서 일어났던 살인 사건의 범인은 소시오패스의 전형이다. 19세 범인은 모텔에서 17세 소녀를 성폭행하고 살해했다. 사체를 유기하기 위해 공업용 커터칼로 저몄다. 심지어 자신이 저지른 사건 현장을 휴대폰으로 찍어서 전송했다. 범인은 자신이 아무것도 느낄 수 없었다고 고백했다. 사이코패스 연쇄살인범은 살인에서 쾌감을 얻는다. 소시오패스 살인범은 자신의 행동에서 아무것도 느끼지 못한다. 인간이 느끼는 죄책감과 양심과 측은지심은 모두 사회가 불어넣어준 감정이다. 타인의 시선을 인식할 수 있어야 부끄러움을 느낀다.

2000년대 후반부터 사이코패스 연쇄살인은 종적을 감춘 편이다. 반면에 사회적 감시망이 약화되면서 소시오패스 살인은 오히려 증가하는 추세다. 한국의 범죄율은 2000년대 후반부터 지속적으로 증가하고 있다. 은둔형 인간이 늘어나고 사회적 유대가 약화되고 불신감과 적대감이 증가하면서 살인과 폭력 범죄도 폭증하고 있다. 가족과 학교가 개개인 사이의 CCTV 역할을 해줬기 때문에 억제됐던 범죄가 봇물 터지듯 터져나온다.

한국은 매년 200만 건 이상의 범죄가 발생하는 나라다. 이 중에서 1,000건이 살인 사건이다. 1,000건 가운데 99퍼센트가 검거된다. 대부분 한 달 안에 잡힌다. 국선 변호를 담당하는 변호사들은 하나같이 최근 살인 사건 범인들이 소시오패스 증상을 보인다고 입을 모은다. 익명을 요구한 변호사는 말한다. "국선 살인 사건을 맡았을 때 가장 어려운 게 피고한테 죄를 뉘우치고 반성하는 모습을 보이도록 해 감형을 얻어내는 겁니다. 살인을 저질러놓고도 자기 변명으로 일관합니다. 상대방이 죽을 짓을 저질렀다는 논리죠."

이런 사회적 도덕불감증도 연쇄살인의 원인이다. 연쇄살인은 연쇄 범죄를 만들어낸다. 거창한 카피캣(Copycat) 얘기가 아니다. 연쇄살인 사건은 사람들의 폭력성을 자극한다. 죄의식을 무디게 만든다. 사람을 죽이는 게 가능한 일이라고 느끼게 만든다. 사회적 감시망의 사각지대에 있는 소시오패스들이 쉽게 살인을 저지르게 충동질한다. 유전적 오류인 사이코패스가 아니더라도 인간 내면엔 잔인함이 숨겨져 있다. 연쇄살인 사건은 학습을 통해 유지돼온 문명화된 질서 의식과 휴머니즘을 좀먹는다.

연쇄살인은 때론 정치 사건으로 비화된다. 민생치안 문제이기 때문이다. 연쇄살인이 그만큼 주목받는 건 시민들이 바로 자기 자신의 이야기라고 느끼기 때문이다. 언제든 피해자가 될 수 있다는 공포를 느낀다. 외국 언론은 그런 공포를 상술로 이용한다. 연쇄살인범한테 별명까지 지어준다. 한국 언론도 별명만 지어주지 않을 뿐 유난하긴 마찬가지다. 연쇄살인 현장 검증 때는 경찰서에 경찰보다 기자가 더 많다.

사실 대중이 연쇄살인에 열띤 관심을 보이는 건 자신도 피해자가 될 수 있다는 공포 때문만은 아니다. 인간은 예외적 인간한테 외경심을 느낀다. 예외적으로 운동을 잘하거나 예외적으로 예쁘면 주목받는다. 연쇄살인도 마찬가지다. 인간에겐 폭력 성향이 있다. 연쇄살인범은 그 폭력 성향이 예외적으로 극단화된 경우다. 인간 유전자의 오류 같은 존재지만 그 존재 때문에 특별해 보인다. 덕분에 연쇄살인범 팬 카페도 생겨난다.

연쇄살인은 이런 확산 과정을 거치면서 보통 사람들이 믿는 인간성에 대한 보편 상식을 붕괴시킨다. 살인범의 눈을 바라봤던 사람들은 모두 한번쯤은 인간에 대한 믿음이 흔들리는 걸 경험한다. 강력계 형사들 대부분은 시체를 봐도 눈도 꿈쩍 안 한다. 사체의 자상을 후벼 파면서 수사를 한다. 마음이 다친 상태다. 연쇄살인은 불특정 다수의 마음을 다치게 만든다. 인간은 선한 게 아니다. 인간 중에는 한없이 사악한 악마 같은 인간도 있다. 보편적 사회는 그 사실을 애써 지우고 잊고 지낸다. 그런 예외성이 보편성을 붕괴시킬 수도 있기 때문이다. 사회 속에 악마가 존재한다는 걸 알게 되면 선의지를 갖고 살수 없게 된다.

아직도 오원춘 사건은 연쇄살인이냐 아니냐를 두고 논란이 많다. 혹자는 오원춘이 인육을 노린 도살자라고 주장한다. 경기도 수원시 인근 오원춘이 살았던 곳에서 실종자가 유난히 많았다는 점 때문이다. 정작 경찰들은 오원춘 사건이 연쇄살인으로 비화되는 걸 금기시한다. 강상문 과장도 고개를 젓는다. "그건 와전된 얘기일 겁니다." 반면에 법조계 안팎에선 오원춘 사건을 다르게 말한다. 인육 사건이 맞다는 얘기다. 일단 대법원은 오원춘에게 연쇄살인이 아니라 단순 살인죄를 적용해 무기징역을 확정했다.

정남규와 유영철 사건이 잇달아 2000년대 중반까지만 해도 경찰들 사이에선 연쇄살인 2년 주기설이 널리 퍼져 있었다. 1990년대 지존파 사건부터 잔혹한 연쇄살인 사건이 거의 2년 주기로 일어났기 때문이다. 유영철 사건 이후 3년 만에 정남규 사건이 터지자 경찰조차 경악했다. 2000년대 후반 이후부턴 2년 주기설이 깨진 상태다. 벌써 수년 동안 연쇄살인 사건이 일어나지 않고 있다. 어쩌면 잡히지 않고 있는 건지도 모른다. 적잖은 연쇄살인 사건이 범인을 잡기 전에는 연쇄살인이란 걸 몰랐다. 최근 들어 연쇄살인이 뜸한 이유가 연쇄살인이 없어서가 아니라 범인이 안 잡혀서라는 비판도 있다. 실제로 연쇄살인은 늘 있어왔다. 현대사회가 돼서 연쇄살인이 부각된 건 더 늘어나서가 아니라 더 알려져서다. 일제강점기에도 이판능 같은 연쇄살인범이 있었다. 1970년대엔 김대두가 있었고, 1980년대엔 미제 사건으로 남은 화성 연쇄살인 사건이 있었다. 1990년대엔 지존파가 있었다. 2000년대엔 유영철과 정남규가 있다. 살인은 결코 추억이 아니다.

오원춘이 연쇄살인범인지 아닌지는 아직도 알 수 없다. 분명한 건 오원춘이 연쇄살인범일까 봐 모두 두려워하고 있다는 사실이다. 연쇄살인이 죽이는 건 피해자만이 아니다. 사회의 영혼도 함께 죽어버린다. 세한대학교 경찰행정학과 박상진 교수는 말한다. "한국 사회는 이미 위험사회로 변해버렸습니다. 새로운 연쇄살인 사건은 일촉즉발의 위험사회에 기름을 붓는 꼴이 될 겁니다." 우리는 오랫동안 연쇄살인이 없었다고 믿고 있다. 혹은 믿고 싶다. 연쇄살인은 우리 자신의 심연이 우리를 노려보게 만들기 때문이다.

로켓과 정치기술

기자들이 물었다. "오늘 4시에 발사될 확률은 어느 정도나 됩니까." 한국항공우주연구원 관계자가 답했다. "반드시 발사됩니다." 곧이 듣는 기자들은 얼마 없었다. 2012년 11월 29일, 전라남도 외나로도에 위치한 나로우주센터에는 전운마저 감돌고 있었다. 그날 오후 4시에 나로호의 3차 발사가 예정돼 있었다. 당초 10월 26일로 정해졌던 발사 예정일이 한 달 넘게 늦춰진 상황이었다. 기자들은 거듭해서 "이번에는 진짜냐"라고 되물었다. 한국항공우주연구원 측은 "이번에는 진짜다"라고 대답했다. '이번에는 반드시 성공해야 한다'는 절박함과 '이번엔 되긴 하는 걸까'라는 회의감이 정면충돌하고 있었다.

한국의 로켓 개발이란 처음부터 절박한 자신감과 합리적인 회의감의 싸움이었다. 1987년, 한 무리의 과학자들이 한국천문연구원에 모였다. 로켓 개발이라는 포부를 지닌 젊은 연구자들이었다. 그때만 해도 한국의 우주 기술은 망원경으로 별을 올려다보는 것도 버거운 수준이었는데 갑자기 별을 따겠다고 나선 셈이다. 어차피 해외에서 로켓 기술을 배워오는 건 불가능했다. 로켓 기술은 결국 미사일 기술이다. 극비다. 자체 개발하기도 어렵다. 주변 나라들이 못 만들게 견제해서다. 이런저런 이유들 때문에 한국 정부는 그때까지 로켓 개발을 고려조차 안 하고 있었다. 젊은 과학자들이 로켓을 매고 나선 거였다.

유례가 없었다. 이미 로켓 개발을 민간이 주도한다는 건 상상조차 할 수 없어진 때였다. 로켓의 아버지인 폰 브라운이 민간인 자격으로 독일 우주여행협회에서 로켓 발사 실험을 한 건 1930년대 얘기다. 천문학적인 로켓 개발비를 집행할 수 있는 조직은 정부밖에 없었다. 젊은 과학자들은 군사 목적이 아닌 순수한 과학적 목적의 로켓 기술 개발이라는 걸 명분 삼아 호소했다. 1989년, 마침내 한국기계연구소 부설로 항공우주연구소가 설립됐다. 지금의 한국항공우주연구원의 모태다. 그때 모였던 젊은 과학자들이 나로호의 주역들, 유장수 한국항공우주연구원 위성사업부장과 조광래 나로호발사추진단장이었다. 한국의 폰 브라운들이다.

로켓 개발은 고체연료 로켓을 거쳐 액체연료 로켓으로 발돋움하는 게 수순이다. 고체연료는 액체연료에 비해 추력은 작지만 안정적이기 때문이다. 일본도 그랬다. 일본은 1970년에 이미 고체 로켓을 이용해서 인공위성을 발사하는 데 성공했다. 1998년엔 일본 최초의 화성 탐사선 노조미를 M-V 로켓에 탑재해서 발사했다. 한국도 시작은 고체였다. 1993년과 1997년에 고체연료 로켓을 발사하는 데 연달아 성공했다. 일본처럼 고체 로켓 기술을 계속 연마해서 M-V 같은 세계 최대 추력의 고체 로켓을 만들어볼 만도 했다. 한국의 폰 브라운들이 궐기한 지 불과 10년 만이었다.

대포동 충격이 왔다. 1998년 8월 31일 발사된 대포동 1호는 1단 로켓과 2단 로켓에선 액체연료를 쓰고 3단 로켓에선 고체연료를 썼다. 대포동 1호의 성공 여부에 대해선 의견이 분분했다. 적어도 북한이 아직 고체연료 단계에 머물러 있는 한국보다 로켓 기술력에서 앞선 건 분명했다. 로켓 개발 계획이 전면 수정됐다. 고체 로켓은 됐으니 당장 액체 로켓을 만들라는 여론이 거세졌다. 대포동 충격은 양면적이었다. 그동안 등한시했던 로켓 개발에 정부와 국민의 이목이 집중됐다. 재정적 예산과 정치적 지지를 얻을 수 있게 됐다. 한국의 로켓 개발에 회의적인 주변국들을 설득할 명분도 얻었다. 별 준비도 없이 허겁지겁 액체 로켓 개발에 뛰어들게 됐다.

대포동 충격은 스푸트니크 충격과 닮았다. 1957년 소련이 스푸트니크 1호 발사에 성공하면서 미국과 소련의 우주전쟁이 시작됐다. 미국은 부랴부랴 1958년 미국항공우주국 나사를 창설했다. 케네디 대통령은 상원의원 시절부터 우주 개발에 적극적이었다. 1961년 집권하자마자 우주 개발을 최우선 국정 과제 가운데 하나로 삼았다. 케네디 이후 미국 대통령은 집권하면서 우주 개발에 대한 비전을 발표하는 게 관례가 됐다. 케네디는 스푸트니크라고 하는 외부 충격으로 우주 개발에 회의적이었던 미국 내 여론 방향을 바꿨고, 대중적 지지를 바탕으로 정치적 여세를 몰아 천문학적인 우주 개발 예산을 통과시킬 수 있었다. 덕분에 불과 8년 뒤인 1969년 아폴로 11호가 달에 착륙했다. 아폴로11호를 달에 보낸 건 새턴 로켓이 아니다. 스푸트니크 충격을 지렛대로 삼은 미국의 정치력이다.

대포동 충격은 그렇게 활용되지 못했다. 한국은 액체 로켓 개발에 뛰어들면서 러시아와 손을 잡았다. 다급하게 찾아낸 지름길이었다. 결과적으로 지름길이 굽이길이 됐다. 한국은 기술 인수에 실패했다. 러시아가 말을 바꿨다. 1단 액체 로켓을 공동 개발하기로 했다가 한국이 단순 구매하는 걸로 계약을 변경했다. 사실상 러시아의 앙가라 1단 로켓을 사다가 2단과 3단에 한국산 고체 로켓을 연결하는 짜깁기 형태였다. 그런데도 한국은 이 로켓을 한국 최초의 우주 발사체라고 선언해버렸다. 공식 명칭은 KSLV-1, 일명 나로호다.

케네디는 스푸트니크 충격을 달 정복으로 승화했다. 맨 먼저 한 일은 일단 소련에 뒤졌다는 사실을 인정한 거였다. 추격하기 위해선 국민의 동의가 필요하다는 점을 상기시켰다. 케네디의 우주 개발이 단지 냉전에서 이기기 위해서만이었다면 국민적 동의를 얻어내기 어려웠다. 케네디는 우주 개발에 가치를 부여했다. 프런티어 정신이었다. 한국은 정반대였다. 대포동 충격으로 국민 여론이 악화되자 모면하기 바빴다. 일단 대포동과 흡사한 로켓을 만들어서 국민들 앞에 내놓기에 급급했다. 북한한테 뒤처졌다는 얘기만 안 들으면 그만이었다. 프런티어 정신 같은 거창한 비전이 낄 자리가 아니었다.

러시아가 호락호락 액체 로켓 기술을 이전해줄 거라고 여긴 것부터가 순진한 착각이었다. 일단 러시아에서 1단 로켓을 가져오면 어떻게든 기술을 베낄 수 있을 거라고들 여겼다. 절박함과 자신감이 뒤엉킨 오판이었다. 그렇게 돈과 시간을 낭비했다. 8,000억 원의 예산이 들었다. 10년 세월을 나로호 하나에 쏟았다. 외나로도 나로우주센터는 사실상 나로호 전용 발사장이나 다름없다. 이제 나로호엔 기술도 명분도 꿈도 없다.

한 가지 기대는 있었다. 우주 개발의 추진력은 분사구가 아니라 한 나라의 정치력에서 나온다. 로켓 개발에 가속도가 붙는다는 건 국가의 정치적 집중력이 높아졌단 뜻이다. 절대적인 지지를 받는 정치적 리더가 하늘을 가리킬 때야말로 로켓이 창공을 뚫을 수 있는 순간이다. 민주국가보다 독재국가에서 로켓 개발이 더 탄력을 받는 이유다. 조선 초 세종 시절 신기전을 만들 수 있었던 건 우연이 아니다. 국력이 안정돼야 뭔가 쏠 수 있다. 지금의 한국으로선 요원한 일이다. 그렇다면 반대 상황도 가능하다. 어차피 정치가 로켓을 밀어줄 수 없다면 로켓이 정치를 밀어주고 다시 정치가 로켓을 밀어주는 선순환 구조 말이다. 빌려온 로켓일지언정 나로호 발사가 성공하면 순차적으로 다음 로켓 개발이 탄력을 받을 수도 있었다. 실제로 과학기술계가 나로호에 기대했던 것도 이거였다. 기술도 명분도 꿈도 없지만 실리는 챙길 수 있었다.

나로호는 불운하기까지 했다. 두 차례 발사에 실패하면서 김이 샜다. 1단 로켓을 내다 판 러시아마저 당황할 정도였다. 나로호 발사를 정치적 쇼로 활용하려고 했던 정치권의 계산도 틀어졌다. 섣불렀다. 이 과정에서 국민 여론은 악화될 대로 악화됐다. 언론은 나로호를 물어뜯기 시작했다. 국민 혈세를 낭비하는 짓이란 거였다. 맞는 말이었지만 로켓 개발에 도움되는 얘기도 아니었다. 국민이 지지하지 않는 로켓 개발은 독재국가가 아닌 이상 불가능하다. 나로호 때문에 한국의 로켓 개발이 아예 끝장날 위기에 몰렸다. 지름길 찾다 돌아간 끝에 낭떠러지를 만난 꼴이다. 나로호 3차 발사가 성공해도 한국은 별로 얻는 게 없다. 그런데도 실패하면 절대 안 되는 이유다. 합리적 회의감이 절박한 자신감을 아예 고사시켜버릴 수도 있다. 모든 게 1987년의 원점으로 되돌아간다.

2012년 11월 29일, 조황희 과학기술정책연구원 부원장은 나로호 3차 발사가 연기되던 순간을 TV 중계방송을 통해 지켜봤다. 조황희 박사는 1987년 한자리에 모였던 그때 그 젊은 과학자들 가운데 한 사람이다. 조황희 박사는 말한다. "나로호를 빨리 성공시키고, 한시라도 빨리 KSLV-2 프로젝트로 넘어가야 합니다. KSLV-2는 우리 기술로 직접 액체 로켓을 발사한다는 계획입니다. 나로호가 지체되면서 지금은 2021년으로 연기된 상태죠. 이걸 빨리 당겨와야 합니다." 덧붙인다. "다들 로켓 기술이 최첨단 기술인 줄 알아요. 사실상 교과서에 다 나오는 50년도 더 된 기술입니다. 우리 민간 기업의 기술력으로도 충분합니다. 중요한 건 도전하느냐 안 하느냐죠. 도전하지 않으면 영원히 성공할 수 없습니다." 조황희 박사는 로켓 개발 1세대다. 조광래 나로호발사추진단장과, 나사에서 갱스터라는 별명으로 통하는 유장수 위성사업부장과 함께 로켓 개발에 간여해왔다. 조광래 단장이 발사체 기술을 맡았고 유장수 부장이 위성 기술을 맡았다면 조황희 박사는 정책 지원을 책임졌다. 조황희 박사는 나로호 발사가 재차 연기되자 낙담할 수밖에 없었다. 오랜 동료인 조광래 단장이 느낄 부담감을 알았기 때문이다. 나로호를 넘어도 갈 길이 아직 멀다는 걸 알았기 때문이다.

2012년 12월 12일, 은하 쇼크가 발생했다. 북한이 기습적으로 은하 3호를 발사했고 성공했다. 17년 전 대포동 쇼크보다 더 컸다. 한국은 나로호로 뒷걸음질만 치던 사이에 북한은 은하 3호로 장족의 발전을 이뤄냈기 때문이다. 어쩌면 지금 이 순간이 대포동 쇼크 때처럼 한국의 로켓 개발에는 기회인지도 모른다. 그때는 성급해서 길을 잃었다. 한국과 북한의 미사일 갭은 미국과 소련이 그랬던 것처럼 로켓 개발의 강력한 추진력이 돼줄 수 있다. 북한이 로켓을 더 높이 쏘아 올릴수록 한국 역시 로켓 개발을 포기할 수 없게 되기 때문이다.

우주 개발은 늘 비용이 문제다. 중국 정도를 제외하면 이제 우주 개발을 정부가 주도하던 시대는 사실상 끝났다. 더 이상 냉전 같은 외부 효과를 기대할 수도 없기 때문이다. 미국은 차세대 우주왕복선을 정부 대신 민간 기업이 개발하도록 유도했다. 나사는 민간 기업인 스페이스 엑스를 전폭적으로 지원하고 있다. 민간 기업은 정부 조직에 비해 혁신 속도가 빠르다. 그 대신 경제성이 보장돼야 한다. 최근 들어 우주관광 얘기가 자주 들리는 이유다. 정부가 주도하면 우주 개발은 정치적 변수에 휘둘린다. 기업이 주도하면 정치에선 자유로워지지만 경제 논리에 얽매인다. 이제 겨우 정부 주도로 우주 개발을 하고 있는 한국으로선 불리한 상황이다. 정치적 명분이 약해지기 때문이다. 한편으론 한국에서도 이미 민간 우주 개발이 시작됐다. 우리별 인공위성을 개발한 연구진들이 이미 벤처기업 세트렉아이를 설립해서 인공위성을 수출하고 있다. 앞으로의 로켓 추진력은 정치 대신 경제에서 나온다.

로켓 개발 과정에서 실패를 겪어보지 않은 국가는 없다. 로켓 발사를 실패하면 정치적 책임을 묻는다. 세탁기 개발에 실패했다고 책임자가 물러나는 일은 없다. 과학기술만큼이나 정치기술이 로켓 개발에 꼭 필요한 이유다. 영국은 1966년부터 로켓 발사에 도전했지만 연거푸 세 차례나 실패했다. 영국 정부는 여론의 압박을 견디지 못하고 로켓 발사 프로젝트를 전면 백지화해버렸다. 정치적 실패였다. 영국 과학자들은 회의적인 정부와 헐뜯는 언론 몰래 남은 로켓 부품을 모아 마지막 하나의 로켓을 만들었다. 1971년 10월 28일, 대영제국의 마지막 로켓인 블랙 애로우가 발사됐다. 화살은 우주를 꿰뚫었다.

2013년 1월 30일, 나로호는 마침내 3차 발사에 성공했다. 나로호는 우주를 꿰뚫었다. 한국 최초의 우주 발사체였다. 달에 가기 위한 허무맹랑한 꿈인 문샷싱킹(Moonshot Thinking)은 20세기 과학 발전의 기폭제가 됐다. 나로호 싱킹도 마찬가지여야 한다. 그러나 그날 이후 우주에 대한 관심이 사라져버렸다. 발사했고 정치적 짐을 덜었으니 됐다는 뜻이다. 나호로 3차 발사는 목적이 아니라 과정이다. 한국은 과정에서 만족해버렸다. 자기만족이었다. 영화 「인터스텔라」의 주인공 쿠퍼는 말한다. "우리는 하늘을 올려다보면서 별들 사이에서 우리가 어디에 있는지 궁금해하곤 했지. 이제는 아래만 내려다보면서 우리 땅이 어딘지만 찾고 있어." 그리고 달 착륙이 거짓말이라고 거짓으로 가르치는 교사한테 말한다. "우주로 가기 위해 만든 쓸모없는 기계 가운데 하나가 MRI예요."

기울어진 미디어

MBC는 어떻게 무너졌나

"손석희 선배는 내몰린 거나 다름없습니다." 익명을 요구한 MBC 관계자가 말했다. "「시선집중」을 진행하다 모멸감을 느낀 순간도 있었을 겁니다. 손석희가 진행하는 방송인데 터무니없고 진부한 아이템이 등장할 때면 지켜보는 사람조차 '저건 모욕적이다' 싶었거든요. 먼저 마음이 떠나게 만들었던 겁니다."

2013년 5월 10일, 손석희 전 성신여대 교수는 13년 동안 진행했던 「시선집중」에서 하차했다. 30년 동안 일했던 MBC도 떠났다. 진행자 손석희가 「시선집중」에서 하차한 것보다 손석희 선배가 MBC를 등졌다는 게 MBC 관계자들한텐 더 의미심장했다. MBC 관계자는 말한다. "손석희는 MBC의 상징과도 같은 존재였어요. 모든 MBC 시사보도의 시금석이었습니다. MBC를 지탱하던 주춧돌이 빠진 겁니다." 다른 MBC 관계자는 말했다. "손석희 선배가 MBC를 떠난다는 건 MBC 사람들한텐 파업에서 진 거보다 더 큰 충격입니다."

손석희 교수는 마지막 「시선집중」을 진행하다가 목이 멘 듯했다.

클로징 멘트를 할 땐 목소리가 떨렸다. 손석희 교수의 멘트가 끝난 뒤에도 침묵과도 같은 시그널 음악이 한참 동안 이어졌다. MBC의 자존심이 무너져내리는 소리였다.

그렇게 MBC는 수렁에 빠졌다. 뉴스의 시청률과 신뢰도는 바닥을 쳤다. 보도국이 제 기능을 못하고 있단 뜻이다. 시사교양은 개점 휴업 상태다. MBC의 자랑거리였던 PD 저널리즘 기능이 마비됐기 때문이다. 드라마도 잘 먹히지 않는다. 예전 같으면 MBC부터 흘러들어왔을 좋은 드라마 기획들이 이젠 경쟁사에 먼저 간다. MBC의 간판 시트콤이었던 「하이킥」도 CJ E&M으로 채널을 옮겼다. 예능만 홀로 무한하게 버텨주고 있다. 요즘 MBC는 예능으로 먹고산다는 자조가 나올 정도다. 총체적 난국이다.

패배보다 패배주의가 더 깊은 수렁이다. MBC 관계자는 말한다. "이젠 뭘 해도 안 된다는 의식이 팽배합니다." 실제로 적잖은 기자들과 PD들이 이직 기회를 엿보고 있다. 경쟁사 경력직 공고가 나오자마자 MBC 기자와 PD들이 몰렸다는 소문이 사내에 파다할 정도였다. 떠날 사람은 진작에 떠났다. 「뉴스타파」는 사실 「PD수첩」의 분신이다. MBC와 KBS의 해직 기자들이 만들었다. 결국 MBC의 손석희는 JTBC의 손석희가 됐다. JTBC 「뉴스룸」은 「시선집중」의 TV 버전이다. MBC의 핵심 역량을 JTBC가 고스란히 빼간 셈이다.

원인은 조직 분열에 따른 방송 역량 훼손이다. MBC는 2012년에 파업을 1년 내내 하다시피 했다. 나름 승부수였다. 대선 결과에 따라 국면이 전환될 수도 있었다. 후유증만 남았다. 기나긴 파업은 MBC 경영진이 대체 인력을 투입할 명분을 줬다. 1년 임시직에 해당하는 이른바 시용 인력이 채용됐다. 시용이란 시험 삼아 고용해본단 뜻이다. MBC는 파업 기간에 시용 방송을 했다. 파업은 끝났지만 시용 인력은 남았다. 덕분에 기존 인력과 시용 인력 사이의 신경전이 이어지고 있다.

아무리 뛰어난 방송인도 마이크와 카메라가 없으면 능력을 발휘할 수 없다. 마이크와 카메라를 좌우하는 건 경영진이다. 시용 인력한테만 마이크와 카메라가 돌아간다. MBC 관계자는 말한다. "노조 출신들한텐 방송 기회 자체가 안 옵니다. 중도적인 기자와 PD들도 날선 기획은 자꾸 밀리니까 나중엔 알아서 자기 검열을 해버립니다. 밋밋한 기획만 나열될 수밖에 없죠. 당연히 방송이 재미없어집니다." 경쟁사 관계자는 비판한다. "지금 MBC 안에는 네 개의 MBC가 있습니다. 경영진의 MBC와 노조의 MBC와 시용의 MBC와 눈치 보는 다수의 MBC입니다. 방송이 제대로 될 리가 없죠." 방송국이 사분되자 방송이 오열됐다.

2013년 방송가에선 손석희 교수가 사생활 문제로 방송을 떠난다는 얘기가 공공연하게 나돌았다. 논문을 표절했다는 주장도 터져나왔다. 마타도어(Matador)였다. MBC 관계자는 말한다. "그런 마타도어의 출처가 MBC 내부일지도 모르다는 게 가장 큰 고통입니다. 실제로 회사 안에서 공공연하게 그런 얘기를 떠들고 다니는 사람들이 있었거든요." 이제까진 누군가가 MBC를 흔들었다. 이제부턴 MBC가 MBC를 망가뜨리고 있다.

2008년 5월 내내 이어진 촛불 시위가 MBC의 운명을 바꿨다. MBC 「PD수첩」은 2008년 4월 29일 '긴급취재, 미국산 쇠고기, 과연 광우병에서 안전한가?' 편을 방영했다. MBC도 이 방송이 정권까지 뒤흔드는 폭풍의 뇌관이 될 줄 몰랐다. 이미 한 달 전에 KBS가 비슷한 내용의 보도를 한 뒤였고 시청자 반응도 미적지근했다.

또 다른 MBC 관계자도 되묻는다. "이제 와서 생각하면 그게 불운이었던 걸까요?" 「PD수첩」이 방영되고 사흘 뒤인 5월 2일부터 촛불 시위가 들불처럼 번져나가기 시작했다. 처음엔 미국산 쇠고기 수입 반대 시위였다. 나중엔 한미 FTA 반대 집회가 됐다. 급기야 정권 퇴진 운동으로까지 비화됐다. 결국엔 정권을 잡은 보수 세력과 정권을 뺏긴 진보 세력의 팔씨름장이 돼버렸다. 당시 청와대를 출입했던 일간지 기자는 말한다. "청와대 안에선 이러다 정권이 붕괴될지도 모른다는 위기감이 팽배했어요. 매일 대책 회의가 이어졌죠."

MBC로서도 전진하는 것 말고는 다른 길이 없었다. 이제 와서 「PD수첩」 보도를 철회하거나 축소할 수도 없는 노릇이었다. 2008년 5월 13일엔 '미국산 쇠고기, 과연 광우병에서 안전한가? 2'를 방영했다. 5월 27일엔 '미국산 쇠고기 수입과 언론 보도'에서 광우병에 대해 입을 다물고 있는 다른 언론들까지 질타했다. 그렇게 끝장을 봤다. 예전엔 이렇게까지 나가진 않았다. 결국 MBC는 좌파 방송으로 낙인찍혔다.

사실 MBC는 좌도 우도 아니었다. 1987년 6공화국이 들어선 이후 언론사들도 치열한 민주화 투쟁을 벌였다. 실패한 언론사가 더 많았다. 드물게 편집권 독립을 쟁취한 언론사가 MBC였다. 1990년대 내내 이어진 수많은 언론사 파업에서도 MBC만큼은 늘 편집권을 지켜내는 데 성공했다. 다른 방송사나 신문사들엔 부러움의 대상이었다. 경쟁 방송사 관계자는 말한다. "솔직히 KBS와 SBS도 모두 MBC를 최고로 쳤죠."

MBC 관계자는 말한다. "MBC는 국민의 정부와 참여 정부한테도 미움을 많이 받았습니다. 그래도 두 정부는 MBC를 어떻게 하지 못했어요. 진보 정권이라고 자부했는데 언론사에 압력을 행사하긴 어려웠던 거죠." 덧붙인다. "당시에 MBC에 대한 외부의 시각은 도대체 말을 안 듣고 자기들끼리만 잘난 줄 아는 조직이란 거였습니다. 한마디로 재수 없다는 거였죠." MBC는 좌파가 아니었다. 재수 없는 엘리트 저널리즘 언론사였다.

재벌조차 MBC를 어쩌지 못했다. 정치권력보다 더 집요한 게 경제권력이다. 재벌은 홍보실을 통해 각 언론사 간부들한테 선을 대서 언론 보도에 영향력을 행사한다. 필요하면 광고를 무기로 활용한다. 이도 저도 통 안 통하는 게 MBC였다. MBC는 반복된 파업과 승리의 과정에서 일선 기자들과 PD들의 입지가 커졌다. 기업들이 아무리 간부들과 말을 맞춰놓아도 일선 기자들 때문에 막판에 일이 틀어지기 일쑤였다. 상명하복의 피라미드 조직인 재벌이 MBC 같은 상명하명 조직을 상대하긴 쉽지 않았다.

2008년까지가 MBC의 전성기였다. 당시 KBS 관계자는 말했다. 그때 KBS는 장기 파업으로 내홍을 겪고 있었다. "KBS는 대한민국의 축소판 같아요. 기자들이나 PD들의 의견은 소수죠. 보수적인 지역 총국과 기술직들 때문에 노조도 보수적인 후보가 당선되기 일쑤입니다. KBS 안에 KBS가 너무 많은 거죠. MBC는 하나입니다. 일사불란해요. 기자와 PD들의 뜻이 하나라서 어떠한 외압도 견뎌낼 수 있는 강한 조직입니다. 부럽습니다." MBC 관계자는 말한다. "MBC는 그때까지 승리에 도취해 있었습니다. 그러다 촛불 시위라는 운명적인 사건과 만난 거죠."

MBC는 치우쳐버리고 말았다. 이념이 아니라 사실을 좇다가 들어

선 길이라 되돌아갈 수도 없었다. MBC로서도 사느냐 죽느냐의 싸움
이었다. 조금이라도 밀리면 그동안 쌓아온 신뢰가 붕괴될 수 있었다.
정면충돌했다. 당시 청와대 안에선 MBC 문제만 놓고 수석급들이 한
달 넘게 머리를 맞댈 정도였다. 정권을 붕괴시킬 뻔한 사건을 일으킨
언론사는 분명 무서운 상대였다.

MBC 관계자는 말한다. "그때 사실상 고사시키기로 결정했다더
군요." 실제로 그렇게 했다. MBC는 기수 문화를 기반으로 강력한 선
후배 관계로 묶인 동일체 조직이었다. 방송계의 검찰에 비유됐다. 동
기가 간부가 되면 같은 기수들은 일제히 2선 후퇴하는 게 불문율이
었다. 그런 조직력을 무너뜨리려면 내부에 이질적인 인자를 주입해야
했다. 우선 틈을 만들어야 한다. 일단 파업을 유도한다. 파업을 빌미
로 기수와는 관계없는 대체 인력을 채용한다. 파업이 끝나도 파업 참
가자들이 돌아갈 자리는 없다. 오히려 노노 갈등이 유발된다. 동시에
주동자들한텐 대기 발령을 낸다. 그렇게 파업이 반복되고 대체 인력
이 투입되고 주동자가 색출되는 과정을 몇 번씩 겪으면 조직이 와해
된다. 대가가 따른다. 그렇게 조직을 분열시키려면 회사도 망가진다.
그건 불사했다. MBC 관계자는 말한다. "유명 법무법인의 강성노조
해체 전문 변호사까지 동원됐다는 이야기도 있습니다."

도덕적 해이도 부추겼다. 경영진 쪽 충성파를 찾아냈다. 반대쪽에
선 부역자라고 부르는 사람들이다. 이런 충성파한테 핵심 보직을 맡
겼다. 소극적인 동조자들한텐 더 넘치는 혜택을 줬다. 보직을 맡기고
상당한 보직 수당을 줬다. 보직 수당은 중독성이 크다. 연봉 이외의
큰 돈이 들어오기 때문이다. 회사 방침에 순순히 따르게 된다.

이렇게 돈을 미끼로 중도 부동층을 포섭하면 대신 조직 문화가

오염된다. MBC 관계자는 말한다. "재수 없던 MBC 문화가 염치없는 문화로 변질됐습니다. 자존심이 됐든 이른바 가오가 됐든 그런 엘리트의 긍지를 지키던 문화에선 있을 수 없던 일이 일어났어요." 보직 수당을 받겠다면서 후배 밑에서 일하는 선배가 생겨났다. 입맛에 맞춰주는 방송만 하면서 마이크만 지키려는 방송인도 생겨났다.

언론사에 엘리트적 자긍심은 필수다. 언론사나 검찰처럼 취재나 수사를 하는 조직은 늘 세상과 갈등한다. 자신이 옳은 일을 하고 있다는 신념과 옳은 일을 하고 싶다는 긍지가 없다면 이내 세상과 타협해버린다. 대기업은 시장과 타협할수록 이득을 본다. 언론사는 세상과 타협하는 순간 타락한다. 타협을 하지 않으려면 비타협적인 조직을 만드는 수밖에 없다. MBC는 그렇게 비타협적인 조직으로 무한 진화했다. 그 결과가 「시선집중」이나 「PD수첩」 같은 프로그램들이었다. 바깥에선 오만으로 비쳤다. 불운을 불러들였다.

MBC의 붕괴는 방송 시장 전체의 판도를 바꿔놓는 일이다. 종편이 등장하고 케이블의 영향력이 커지는 상황이다. 시장은 줄어들고 경쟁은 치열해지는 상황에서 새로운 기회를 창출하려면 기존의 거인을 무너뜨리는 수밖에 없다. 그게 규제 산업 안에서 시장을 재편하는 가장 손쉬운 방법이다. 1997년 외환위기 당시에 대기업 구조 조정을 시도하면서 결국 선택한 건 거인 대우를 무너뜨리고 우량 계열사를 다른 기업들한테 나눠주는 일이었다. 그렇게 해서 하나를 죽이고 여럿을 살렸다. 지금은 MBC를 죽이고 모두를 살리고 있다.

여기서 먼저 선두로 나서고 있는 건 SBS다. MBC 관계자들조차 대선 과정에서 보여준 SBS의 기민한 보도 태도와 편성 능력을 보고선 "저건 SBS의 승리 선언"이라고 말했을 정도다. KBS가 중심을 잃고 MBC가 무너지면서 SBS가 그 틈을 놓치지 않았다. 아직 종편과 케이블은 보도 기능과 오락 기능에서 지상파와 어깨를 나란히하기엔 역량이 모자라다. TV조선과 채널A는 선정적이다. 지상파 수준의 방송 품격에 근접한 언론사는 JTBC다. 준비된 SBS가 선두로 나설 수밖에 없는 이유다.

MBC가 옳았을지도 모른다. 정치적 균형 감각을 놓친 것도 사실이다. 언론사에서 경영진 혹은 사주의 균형추 역할은 필수불가결하다. 지상파 수준의 대형 언론사에서는 일거수일투족이 정치적일 수밖에 없다. 그런 언론사가 정치적 소용돌이 속에서 어느 한쪽으로 치우치거나 치우친 걸로 낙인찍히지 않으려면 커다란 균형추가 필요하다. 설사 한쪽으로 치우쳤다고 해도 다시 중립으로 복귀할 수 있는 유연함도 있어야 한다.

보수 언론처럼 균형추가 너무 무거워서 균형보단 억제에 치중하는 것도 물론 폐해다. MBC는 보도 조직 스스로가 균형추이면서 진자 역할을 동시에 해왔다. MBC를 재수 없다고 느끼게 만든 엘리트 언론 조직 특유의 긍지가 사실은 MBC의 균형추였다. 그것만으론 불충분했던 건지도 모른다.

1970년대 『워싱턴 포스트』는 워터게이트 사건을 처음 보도하면서 닉슨 행정부와 극한 대립각을 세웠다. 그때 『워싱턴 포스트』를 지켜낸 건 밥 우드워드 같은 기자들과 벤 브래들리 편집국장 같은 데스크들과 캐서린 그레이엄 같은 경영진의 정치적 균형 감각이었다. 적자에 허덕이던 『워싱턴 포스트』는 1980년대부터 『뉴욕 타임스』와 어깨를 나란히 하는 유력 언론으로 성장했다.

MBC가 좌였든 우였든, 재수 없었든 오만했든 MBC 특유의 문화는 사라졌다. 그 문화를 일구는 데 30년이 걸렸지만, 망가지는 데는 3년도 걸리지 않았다. 지금은 소이기주의와 분파주의가 극심하다. 경영진은 바뀌었다지만 반대파에선 부역자라고 비판하는 인사들한텐 별 변화가 없다. MBC는 여전히 사분오열된 채 표류하고 있다. MBC는 2014년 4월 1일 여의도 시대를 접고 상일동으로 이전했다. MBC는 정동 시절부터 중요한 고비마다 사옥을 옮기며 변화의 전기를 마련해 왔다. 여의도 사옥으로 이전한 시기에 언론 통폐합으로 MBC는 오히려 확장기를 맞이했다. 상암동 시대의 MBC도 변화하고 있는 건 맞다. 역변에 가깝다. 2014년 연말 인사는 오히려 능력 있는 인재들을 회사 밖으로 내모는 내용이었다. MBC 관계자는 말한다. "봄이 왔지만 봄은 오지 않았습니다." MBC 관계자들과 경쟁사 관계자들과 방송 관계자들이 이구동성으로 하는 말이 있다. "다시 예전의 MBC로 돌아갈 수는 없을 겁니다." 봄은 영영 떠나가버린 건지도 모른다.

농담하는 뉴스

시청률이 바닥을 뚫고 지하실까지 내려갈 판이었다. TV조선의 간판 뉴스 프로그램 「TV조선 뉴스 날」은 이미 작두날 위에 올라서 있는 거나 다름없었다. 종편이 개국한지도 3분기가 지나가고 있었다. 시청률은 한참 기대에 못미쳤다. 그나마 JTBC가 몇몇 드라마와 예능으로 인기를 끌고 있다지만 공중파에 비할 바는 못됐다. 신문사가 만드는 방송인 만큼 그나마 뉴스는 좀 볼 게 있지 않겠느냐는 기대가 있었다. 현실은 냉정했다. 신문사는 신문사고 방송사는 방송사였다. 관공서든 대기업이든 취재처에 가면 신문사 기자석은 있어도 종편 기자석은 따로 없기 일쑤였다. 한국적 취재 환경에서 기자실에 자리가 있느냐 없느냐는 특종과 낙종의 결정적인 갈림길이다. 채널A라고 다 같은 『동아일보』 기자로 대접받을 거라 생각하면 오산이었다. 그래도 뉴스가 마지막 희망이었다. 드라마나 예능에 비해 비교적 적은 예산으로 이목을 집중시킬 수 있었다. 문제는 어떻게 판을 바꿀 것이냐였다.

「판」이 답이었다. 최희준 앵커는 TV조선이 개국하던 2011년 12월 1일부터 「최박의 시사토크 판」을 진행해왔다. 「날」이 MBC 「뉴스데스크」나 KBS 「9시 뉴스」처럼 정색을 한 뉴스 보도 프로그램이었다면 「판」은 좀 더 자유로운 시사토크 프로그램이었다. 최희준 앵커가 윗선에 먼저 제안했다. 뉴스쇼로 가자, 파격으로 가자, 「판」을 메인 뉴스로 세우자, 대신 안 되면 옷을 벗겠다. 결국 「날」이 폐지되고 「판」이 섰다. 「TV조선 뉴스 날」이 「TV조선 뉴스쇼 판」으로 바뀌었다. 뉴스쇼가 뉴스 보도를 대신하게 됐다.

다들 불안해했다. 정색을 한 뉴스에만 익숙했다. 뉴스의 생명은 객관적 사실에서 나온다는 확고한 믿음이 있었다. 불신도 팽배했다. 지난 1년여 동안 이런저런 형식 실험이 많았다. 개편이 잦다는 건 그만큼 헤매고 있단 뜻이다. 일선 기자들부터가 "저거 해봐야 한 달"이라며 고개를 저었다.

어쩌면 종편 뉴스만의 문제도 아니었다. 미디어 환경이 달라지고 있었다. 방송 뉴스는 신문과 인터넷 사이에서 샌드위치 신세가 됐다. 심층성에선 신문에 밀렸고 속도에선 인터넷에 당했다. YTN처럼 아예 24시간 뉴스 채널로 가버리면 경쟁이 가능할 수도 있었다. 그러려면 몇 배나 많은 보도 인력을 운용해야 했다. 그렇게 투자를 해도 시청률에선 드라마나 예능만 못한 게 현실이었다. 점점 방송사에서 보도 기능은 계륵 같은 존재가 돼가고 있었다. 자존심이 달렸다지만 자존심이 밥 먹여주는 건 아니었다.

공중파 뉴스도 변화를 시도하고 있었다. KBS 「9시 뉴스」가 공영방송이란 이점을 살려 정통파 뉴스로 자리매김했다면, SBS 「8시 뉴스」는 시청자 중심 뉴스라는 점을 강조했다. 그만큼 상업적이고 대중적인 뉴스들로 채웠다. MBC 「뉴스데스크」는 소심하게나마 뉴스쇼를 지향하고 있었다. 최일구 앵커는 주말 뉴스에서 색다른 진행을 선보였다. 이제까지 앵커들처럼 정보 전달에만 치중하지 않았다. 중간중간 썰렁한 농담도 섞었다. 앞서 신경민 앵커는 직설적인 클로징 멘트로 시청자들을 자극했다. 인터넷에서 난리가 나곤 했다. 찬반 양론을 불러일으키는 논쟁적인 내용들이 많아서였다. 「뉴스데스크」에서 시도하기엔 아슬아슬한 수위였다. 30분 내내 객관적으로 정보 전달만 하다가 갑자기 주객관적인 발언이 등장하자 시청자들도 당황했다. 결국 신경민 앵커의 실험은 오래가지 못했다. 이념적인 찬반 논쟁 탓도 컸지만 방송사와 시청자 모두 형식의 파격을 받아들일 준비가 돼 있지 않아서였다. 궁여지책으로 뉴스가 다 끝난 다음 논설위원들이 나와서 논평을 하는 형식을 만든 적도 있다. 뉴스도 쇼도 아닌 엉거주춤한 형태였다.

공중파가 그렇게 성장통을 겪는 사이에 종편 시대가 도래했다. 종편도 처음엔 전형적인 뉴스 보도 형식을 답습했다. 공중파야 그래도 됐다. 이미 벌어둔 시청률이란 게 있었다. 종편은 그래선 안 됐다. 발생 뉴스만으로 경쟁하는 데는 금세 한계가 왔다. 돌파구는 뉴스쇼였다. TV조선이 「판」으로 판을 바꾸자 채널A도 「뉴스A」로 틀을 바꿨다. 「판」은 개편과 동시에 일주일 만에 시청률이 상승세를 타기 시작했다. 종편 뉴스 가운데엔 시청률 1위에 올랐고 순간 시청률은 5퍼센트를 넘어섰다. 평균 시청률은 2퍼센트를 넘었다.

마침 운때도 맞았다. 요즘 정치는 시끄럽다. 정치판이 재미있어지면 뉴스 시청률도 오르기 마련이다. 「판」을 위한 큰판이 선 셈이었다. 정치 뉴스는 정보보단 시각이 중요하다. 시청자들은 새로운 정보보단 정보에 대한 비평에서 더 큰 재미를 느낀다. 뉴스쇼의 핵심은 비평 기능이다. 정치 뉴스만큼 비평하기 좋은 소재도 없다. 뉴스쇼에서 요리하기에 적합한 뉴스거리가 쏟아지기 시작했다.

「판」의 진행자인 최희준 앵커와 「뉴스A」의 진행자인 박종진 앵커의 진행 실력도 한몫했다. 뉴스 비평은 전적으로 앵커의 말솜씨에 달려 있다. 미리 써놓은 대본대로 읽어내릴 수도 없는 노릇이다. 때론 통쾌하게 때론 엄정하게 말을 덧붙여야 한다. 최희준 앵커는 SBS CNBC 보도본부장 시절부터 이 방면으론 도가 튼 베테랑이었다. 박종진 앵커는 채널A에서 시사토크쇼 「박종진의 쾌도난마」로 이미 인기를 모으고 있었다. 뉴스쇼는 결국 뉴스 스타의 시대로 이어진다. 이미 라디오에선 손석희 교수 같은 뉴스 스타가 배출됐다. 「손석희의 시선집중」 같은 아침 시사 프로그램은 영상만 없다뿐이지 완벽한 뉴스쇼다.

제작진도 형식의 파격을 만들었다. 멘트 몇 개만으로 뉴스가 쇼가 될 수는 없다. 최희준 앵커와 「판」의 공동 진행을 맡은 김미선 기자는 강남 스타일 소식을 전하면서 직접 스튜디오에서 말춤을 췄다. 두 진행자가 오페라 아리아와 함께 등장한 날도 있었다. 뉴스를 전하다가 너털웃음을 터뜨렸고 서로 농담도 주고받았다. 공중파에선 시도는 커녕 상상조차 할 수 없는 파격이다. 미국에선 이젠 파격도 아니다. 미국 뉴스 방송에선 기상 캐스터가 스튜디오에서 물벼락을 맞고 뉴스 앵커가 토크쇼에 가까운 진행을 선보이는 게 일반화됐다. 뉴스가 선정적이 되고 있는 게 맞다. 영국 BBC처럼 고집스럽게 중립성과 객관성을 고집하는 것도 길이다. BBC 뉴스에선 카메라가 줌인도 안 한다. 인간의 눈은 확대가 안 된다는 게 이유다. 줌인조차 왜곡이란 말이다. BBC 뉴스는 경외의 대상이다. BBC니까 가능한 경지다. 상업 방송은 상업방송의 길이 있다. 한국에서 상업 방송이 아닌 방송사는 없다. 상업 방송에서 뉴스쇼가 등장하는 건 자연스럽다. 시청률을 높이자면 뉴스의 정형화된 틀에서 자꾸만 벗어날 수밖에 없다. 한국에서도 종편에서 뉴스쇼를 시도한 건 흐름일 수밖에 없다.

뉴스쇼는 뉴스와 쇼가 있어야 한다. 볼거리만 있고 내용이 없으면 어설픈 예능이나 다름없다. 내용은 당연히 뉴스다. 뉴스는 객관적 정보와 주관적 코멘트로 구성된다. 이제까지 한국 뉴스는 객관적 정보에만 매몰돼왔다. 주관적 비평을 할 줄 몰라서가 아니라 못하게 해서였다. 방송사는 공공재이면서 기업이다. 정치적 균형과 광고주와의 관계를 모두 고려해야 한다. 그 안에서 비평을 한다는 건 달리는 말 위에서 눈을 가린 채 날아가는 파리를 활로 맞히는 것만큼이나 불가능한 짓이다. 자칫 빗나가면 곧바로 비판과 손실로 이어진다. 그런 건 안 하는 게 상책이었다. 결국 중립이라는 안전한 영역에서 머물러 있었다. 객관적 정보라고 하는 울타리 안에 숨어 있었다. 종편은 그 울타리를 깼다. 시청률이 낮으니 손해 볼 것도 별로 없었다.

어차피 종편은 색깔도 분명하다. 보수 신문사가 만든 방송인 만큼 시청자들도 이미 치우쳐 있다. 중립을 지킬 이유가 없다. 노골적으로 공화당 편을 드는 미국의 폭스TV와 같다. 그걸 좋아하면 보면 되고 싫어하면 채널을 돌리면 된다. 종편도 같은 전략이었다. 보수 색채를 좋아하면 보고 싫어하면 안 보면 됐다. 처음부터 종편 뉴스는 거들떠도 안 보는 시청자들이 분명히 있었다. 뉴스쇼로 정체성을 노골적으로 드러내자 일단 집토끼들이 모여들었다. 보수적인 시청자들은 뉴스쇼의 노골적인 멘트들에서 통쾌함을 느꼈다. 최희준 앵커는 「판」

에서 이런 말까지 했다. "정수장학회 문제는 이렇습니다.『부산일보』나 MBC 지분을 팔면 돈이 생기지 않습니까. 이 돈을 어떻게 쓰느냐가 문제인데, 야당을 만족시키려면 안철수 재단쯤에는 줘야 될 것 같습니다", "대선을 앞두고 정치색 짙은 영화들이 쏟아지고 있습니다. 하나같이 결국은 박근혜 후보를 비판하고 겨냥한 것으로 보이는 영화들입니다. 얼마나 흥행에 성공할지는 알 수 없지만, 영화인들이 할 수 있는 가장 적극적인 선거운동으로 보입니다". 이런 말들은 거꾸로 산토끼들한테도 재미있게 들렸다. 동조하진 않지만 시원시원한 건 사실이었다. 종편 뉴스쇼들의 시청률이 올라갈 수밖에 없었다. 차라리 정직했다. 객관을 가장한 주관으로 위악을 떠는 뉴스도 많다. 아직 한국의 뉴스쇼가 쉽게 못 건드리는 영역이 있다. 경제권력이다. 대선 정국에 뉴스쇼가 창궐한 배경이다. 특정 기업에 대한 뉴스는 방송 기업의 생존과 직결된다. 미국에선 경제권력도 CNBC 같은 방송사 뉴스쇼의 먹거리가 된 지 오래다.

　사실 뉴스쇼는 겉보기만큼 쇼가 아니다. 정교한 프레이밍 전략이 바탕이 된 전술이다. 정치는 구도다. 미국 정치에서도 한국 정치에서도 정당들은 자신들한테 유리한 구도로 판을 다시 짜려고 경쟁한다. 가장 안전한 구도는 보수 대 진보다. 그럭저럭 반반으로 표가 갈리기 때문이다. 이런 프레이밍 안에서라면 미디어들도 어느 한쪽을 선택하는 게 유리하다. 어느 한쪽을 선택하면 절반의 시청자를 자기 편으로 끌어들일 수 있다. 중립지를 선택해봤자 결과적으론 양쪽 모두를 적으로 돌리게 될 뿐이다. 게다가 정치는 더는 언론을 탄압할 수 없다. 이젠 정치권력이 판을 그리면 언론권력은 판을 키운다. 차라리 그렇게 공생한다. 진보든 보수든 똑같다. 종편의 뉴스쇼는 어떤 면에선 팟

캐스트의 「나는 꼼수다」의 대항마다. 「나는 꼼수다」 역시 분명한 색깔을 지닌 방송이었다. 단지 방송사의 전파를 타지 않았을 뿐이다. 「나는 꼼수다」에 대해서도 명백하게 찬반이 갈렸다. 「나는 꼼수다」가 폭로하는 정보가 사실이냐 아니냐를 놓고 찬반이 갈린 게 아니었다. 정치적 성향이 진보냐 보수냐가 「나는 꼼수다」에 대한 호불호를 갈랐다. 오히려 뉴스쇼들은 「나는 꼼수다」에 비해선 덜 자유로웠다. 방송통신심의위원회는 TV조선의 「판」이 시청자들한테 특정 관점을 강요하고 있다며 "모름지기 뉴스 진행자는 객관적 사실에 근거해 균형적 시각을 전달해야 한다"고 지적했다. 행정지도 권고 조치를 내렸다. 여긴 쇼고 저긴 꼼수다.

마이크 권력은 막강한 힘이다. 아직 한국에선 앵커 한 사람한테 마이크 권력이 집중되도록 놔두지 않는다. 공중파 앵커들의 장수 비결은 하나같이 무색무취였다. 안 그러면 방송사 경영진과 외부의 정치력이 마이크를 쥐고 흔들기 때문이다. 내부 기자들도 마이크 권력이 커지는 걸 좋아하지 않는다. 뉴스쇼에선 앵커의 위상이 커진다. 결국 일선 기자들은 앵커한테 정보를 물어다주는 일개미로 전락하기 쉽다. 실제로 종편에서 근무하는 일선 기자들은 "자존감이 많이 떨어졌다"고 입을 모은다. 예전엔 스무 꼭지 넘게 들어가던 메인 뉴스에서 이젠 열 꼭지도 채 다뤄지지 않는다. 앵커 멘트가 길어진 탓이다. 마이크 권력이 개인한테 집중되면 앵커는 스타가 된다. 미국 방송가에선 앵커가 슈퍼스타가 된 지 오래다. 엄청난 연봉이 보장된다. 한국은 그 과도기에 있다. 객관성의 시장에서 주객관성의 시장으로 넘어가고 있다. 시청자들은 이미 정보의 홍수 속에서 살고 있다. 어떤 뉴스도 더 이상 뉴스가 아닌 시대다. 뉴스쇼로 갈 수밖에 없다. 마이크 권력도 주객관성을 절묘하게 넘나들 줄 아는 뉴스맨들한테 넘어갈 수 밖에 없다. 시작됐다.

이미 JTBC 역시 「뉴스9」을 「뉴스룸」으로 개편했다. 손석희 사장은 「뉴스룸」을 스트레이트 보도의 심층 분석과 인터뷰까지 하나로 묶은 뉴스쇼로 진화시키고 있다. 「뉴스룸」은 주객관적 뉴스 보도의 전형이다. 때론 「뉴스룸」의 뉴스 자체가 뉴스가 된다. 손석희 사장은 스타 앵커의 힘을 안다. 시청자들은 객관적 정보가 아니라 해석된 주객관적 정보를 사랑한다. 시각을 선택하는 건 수고로운 일이기 때문이다. 누군가의 시각을 빌리고 싶다. 손석희 사장처럼 신뢰받는 언론인이라면 죄책감 없이 시각을 빌릴 수 있다. 문제는 이것도 책임 방기란 사실이다. 손석희가 아니라 우리 자신을 믿어야 한다. 『조선일보』가 아니라 여러 신문을 비교해서 읽어야 하는 것과 같다. 쉽진 않다. 시간과 공이 든다. 뉴스쇼가 진화하는 지점이다.

위임받지 않은 권력, 언론

2014년 3월 6일, 대한민국이 발칵 뒤집혔다. 소치 동계 올림픽이 끝나고 일주일가량 지났을 때였다. 아깝게 금메달을 놓친 김연아 선수에 대한 동정론이 아직 뜨거웠다. 당장 세계빙상연맹에 따져 물어야 한다는 공론으로 시끄러웠다. 안 되면 푸틴의 멱살이라도 잡아야 한다고 했다. 그때였다. 김연아 선수가 남자친구와 데이트를 하는 장면이 만천하에 공개됐다. 김연아 선수도 성인이다. 데이트도 할 수 있다. 게다가 꽃다운 나이다. 매일 빙판 위에서 더블 악셀만 뛰고 앉아 있을 순 없는 노릇이다. 말이 그랬지 정말 그럴 줄은 몰랐다. 인터넷에선 난리가 났다. 김연아가?! 김연아도!? 김연아마저!!

또『디스패치』였다.『디스패치』는 2014년 3월 6일 아침 8시 무렵 김연아 선수와 관련한 네 건의 기사를 인터넷에 올렸다. "태릉 빙상장, 마지막 불은 김연아가 껐습니다"와 "퀸의 남자, 김원중은 누구?"와, "김연아, 6개월의 기록", "김연아, 사랑에 빠지다"였다. 누가 누구와 사귄다는 얘기는 누구나 할 수 있다. 증명할 수 있느냐가 문제다.『디스패치』는 김연아 선수와 남자친구의 데이트 장면이 담긴 사진을 첨부했다. 사진 속 김연아 선수는 남자친구와 손을 잡고 다정하게 걷고 있었다. 분명 연인 사이였다. 『디스패치』는 남자친구의 신상까지 공개했다. 지나가다 손 잡아준 사이가 아니라는 얘기였다. 변명의 여지가 없었다. 완벽했다.

『디스패치』가 이렇게 완벽한 보도를 내보낸 건 처음이 아니다. 2014년 1월 1일엔 배우 이승기 군와 소녀시대 멤버 윤아 양의 열애 사실을 보도했다. 역시 데이트 장면이 찍힌 사진을 덧붙였다. 언제 어디서 어떻게 만났는지까지 상세하게 기술했다. 당사자들도 인정할 수밖에 없었다. 2013년 7월엔 배우 원빈 씨와 배우 이나영 씨의 열애 사실을 보도했다. 사진은 물론이고, '사나흘에 한 번씩 만난다, 만날 때 원빈은 아저씨룩 차림이다' 같은 데이트 패턴까지 분석했다. 2013년 4월엔 조인성 씨와 김민희 씨였다. 2013년 1월 1일엔 가수 비로 더 잘 알려진 배우 정지훈 씨와 배우 김태희 씨의 열애 사실을 보도했다.

뉴스는 팩트다. 모든 언론의 좌우명이다. 팩트에 충실하면 정론이다. 이게 팩트다. 정작 정론 대접을 받는 언론조차 팩트에 충실하지 못할 때가 많다. 이게 진짜 팩트다. 그만큼 지키기 쉽지 않단 얘기다. 이걸 목숨처럼 지키는 매체가 딱 하나 있다. 3대 일간지도 아니다. 공중파도 아니다. JTBC의 「뉴스룸」을 제외하면 종편 뉴스도 아니다. CJ 계열 케이블 방송도 물론 아니다. 포털 사이트에 뉴스를 공급하는 상당수 인터넷 매체도 아니다. 『디스패치』다. 『디스패치』 홈페이지엔 그들의 슬로건이 당당하게 걸려 있다. "뉴스는 팩트다!"

『디스패치』는 이제까지의 열애설 보도의 패러다임을 완전히 바꿔놓았다. 『디스패치』 이전 열애설 보도는 일단 터뜨리고 보자는 식이었다. 당사자들이 인정하면 대박이었다. 부인하면 '아니면 말고' 하는 식이었다. 『디스패치』는 선후 관계를 바꿔버렸다. 사실 확인부터 한 후, 명백한 증거를 잡는다. 주변 취재까지 끝내고 완벽히 정리된 상태로 터뜨린다. 당사자들은 인정할 수밖에 없다. 부인하면 연애나 하는 거짓말쟁이가 된다. 인정하고 예쁘게 봐달라고 하는 게 상책이다. 지금까지 『디스패치』가 터뜨린 스캔들 가운데 당사자들이 끝까지 부인한 경우는 거의 없다. 『디스패치』가 당당할 수 있는 이유다. 뉴스의 힘은 분명 팩트에서 나온다.

『디스패치』는 한국 연예 저널리즘의 최종 병기다. 사실 『디스패치』 이전 한국의 연예 저널리즘은 풍비박산 나 있었다. 한국 연예 저널리즘의 뿌리는 스포츠신문에 있다. 1969년 9월 『일간스포츠』가 창간되면서 스포츠신문의 시대가 시작됐다. 『일간스포츠』 창간을 주도한 건 『한국일보』의 백상 장기영 사주였다. 장기영 사주는 편집장 겸 기자 겸 회장이었던 인물이다. 장기영 사주는 언론을 당위보다 시장으로 읽었다. 독자들이 원하는 정보를 제공하는 게 언론의 책무라는 입장이었다. 『한국일보』가 문화면을 강화했던 것도 그래서다. 당시 독자들은 신문에서 읽을거리를 찾고 있었다. 『일간스포츠』도 그렇게 창간됐다. '정치니 경제니 딱딱한 기사는 됐다, 스포츠나 연예 같은 흥미 위주의 기사를 읽고 싶다'라고 생각하는 독자들을 상대로 맞춤형 신문을 창간했다. 장기영 사주의 전략은 적중했다. 『일간스포츠』는 독보적인 아성을 구축했다.

그 시절 『일간스포츠』는 점잖았다. 스포츠 기사가 위주였다. 연예계 가십성 기사를 1면에 올리는 경우는 없었다. 1985년 6월 『스포츠서울』이 창간되면서 양상이 달라졌다. 『스포츠서울』 창간엔 이상우 회장이 뒤에 있었다. 이상우 회장은 장기영 사주의 적자라고 할 수 있었다. 장기영 사주를 보며 미디어 산업의 구구단을 배웠다. 이상우 회장은 『스포츠서울』을 읽는 신문보단 보는 신문으로 만들었다. 『스포츠서울』은 혁신적이었다. 한글 전용이었고 가로쓰기였다. 당시로서는 상상도 못했던 변화였다. 무엇보다 『스포츠서울』은 연예면을 키웠다. 내용을 차별화하기 위해서였다.

시대 상황과도 맞았다. 1980년대는 프로야구의 시대였다. 전두환 정부는 이른바 3S 정책을 실시했다. 스포츠와 스크린과 섹스였다. 『스포츠서울』의 취재 영역과 딱 맞아떨어졌다. 프로야구는 『일간스포츠』의 텃밭이었다. 당시 프로야구의 주축은 1970년대에 고교야구와 실업야구에서 활약했던 감독과 선수들이었다. 그들을 키운 건 『일간스포츠』였다. 『스포츠서울』이 당장 그 인맥을 뚫기는 어려웠다. 이상우 회장은 연예 뉴스에서 승부처를 찾았다.

이때부터 종합일간지와 스포츠신문의 특종 개념이 달라지기 시작했다. 종합일간지는 사회적으로 큰 파장을 몰고 올 수 있는 뉴스가 특종이다. 2005년, MBC와 『조선일보』가 삼성X파일 사건을 보도했던 게 일간지다운 특종이다. 뉴스의 공공성이 중요하다. 스포츠신문은 신문 판매 부수를 올려줄 수 있는 뉴스가 특종이다. 뉴스의 사익성이 중요하다.

이때부터 열애설이 스포츠신문의 가장 큰 특종거리가 됐다. 연예 뉴스의 본질은 흥미다. 누구와 누가 사귄다는 것만큼 흥미로운 이야기도 없다. 인간은 본능적인 동물이다. 그때까지 열애설은 뉴스로 대접받진 못했다. 가십이었다. 흥밋거리였단 얘기다. 『스포츠서울』은 연예인들의 열애 사실을 진지한 뉴스처럼 다루기 시작했다. 『스포츠서울』의 판매 부수가 올라가기 시작했다.

마침 지하철 2호선이 개통됐다. 지하철은 스포츠신문의 유통망 구실을 해줬다. 그때까지 일간지는 가가호호 배달 판매가 기본이었다. 스포츠신문은 길거리에서 팔리는 가판 비율이 컸다. 스포츠신문을 집으로 배달받고 싶어하는 구독자는 적었다. 이율배반의 욕구 탓이었다. 다들 점잖은 척은 하고 싶어 했다. 가십은 궁금했다. 지하철을 타면 스포츠신문을 하나씩 집어들었다. 스포츠를 좋아하면 『일간스포츠』를 샀다. 연예계 특종을 보고 싶으면 『스포츠서울』을 샀다.

『스포츠서울』은 이때 열애설 취재의 논리와 이론을 정립했다. 공인과 알 권리의 개념이 확대 해석되기 시작한 것도 이 무렵이었다. 이미 엔터테인먼트 신문 업계에선 미다스의 손이라고 불리던 이상우 회장이 주창자였다. 그때까지 공인은 공무원에 국한됐다. 공적인 의무를 진 인물이 공인이었다. 연예 저널리즘은 공인의 범위를 연예인까지 확대시켰다. 대중의 사랑을 받아서 인기를 누리는 사람도 공적인 의무를 진다는 논리였다. 물론 여기서 공적인 의무란 사생활을 일부 검증받을 의무였다. 독자의 알 권리도 재해석됐다. 알 권리는 사회적 파장이 있는 공공의 문제에 대한 알 권리를 말한다. 이젠 대중은 무엇이든 원하면 알 권리가 있다는 쪽이었다. 연예 저널리즘은 이 두 가지 논리를 바탕으로 스스로의 정당성을 주장했다.

1990년 『스포츠조선』이 창간되면서 연예 저널리즘은 큰 변화를 겪는다. 『스포츠조선』은 『일간스포츠』와 『스포츠서울』의 기득권을 돌파해야 했다. 더 선정적인 연예 스캔들 기사를 써대기 시작했다. '아니면 말고' 식의 열애설 뉴스가 등장하기 시작한 것도 이때부터였다. 당시엔 연예부 기자의 숫자가 적었다. 연예부 기자와 연예인과 연예인

매니저는 한솥밥을 먹는 처지나 마찬가지였다. 동업자 의식이 있었단 얘기다. 『스포츠조선』은 동업자 의식을 깨버렸다. 이니셜 기사와 선정적 사진과 제목으로 독자들의 흥미를 끌었다. 자연히 『스포츠서울』과 『일간스포츠』도 이런 선정성 싸움에 동참했다. 독자는 늘 더 자극적인 뉴스에 끌린다.

1999년 『스포츠투데이』가 창간됐다. 『스포츠투데이』는 이런 황색 저널리즘과의 단절을 부르짖으면서 등장한 매체였다. 이상우 회장이 주도했다. 역설이었다. 지금 같은 스포츠신문의 시대를 연 장본인이 스포츠신문을 혁신하겠다고 나섰다. 이상우 회장은 『굿데이』도 창간했다. 아예 제호부터 스포츠가 빠졌다. 『스포츠투데이』와 『굿데이』는 종합일간지도 아니고 스포츠신문도 아닌 대중정보지를 지향했다. 『스포츠투데이』와 『굿데이』는 처음엔 선정성과 거리를 두려고 애썼다. 판매가 시원치 않았다.

이때 O양 비디오 사건과 백지영 비디오 사건이 연달아 터졌다. 스포츠신문을 중심으로 한 황색 저널리즘이 득세하는 계기가 됐다. 두 사건을 다루는 날이면 신문 판매가 달라질 정도였다. 결국 이상우 회장도 굴복하고 말았다. 『스포츠투데이』와 『굿데이』도 선정성 대열에 합류하고 말았다. 오히려 더 지독했다. 안티굿데이 운동이 일어날 지경이 됐다. 역설적으로 이때가 스포츠신문의 마지막 전성기였다.

외부 충격이 스포츠신문을 중심으로 한 연예 저널리즘 산업을 붕괴시켰다. 인터넷의 등장과 연예 매니지먼트의 부상이었다. 인터넷이 등장하면서 연예 뉴스의 유통 경로가 달라졌다. 지하철 가판대에서 신문을 구매하는 독자가 급감했다. 신문의 수익 모델이 무너졌다. 연예계에선 전문 매니지먼트 기업이 등장했다. 연예인은 더 이상 만만한 상대가 아니었다. 우선 연예인과 연예 기자의 관계가 달라졌다. 스포츠신문의 전성기 때만 해도 연예부 기자와 연예인은 호형호제하는 사이였다. 열애설 가십은 그 관계 속에서 나왔다. 이젠 그런 관계가 불가능해졌다. 기자와 연예인 사이에 벽이 생겨버렸기 때문이다. 뉴스의 생산과 유통에서 모두 적신호가 켜진 셈이다.

이때부터 한국의 연예 저널리즘은 풍비박산이 나기 시작했다. 이미 스포츠 영역은 종합일간지와 지상파 방송에 상당 부분 빼앗긴 상태였다. 종합일간지들은 스포츠면을 늘려 잡으면서 지면은 연성화했다. 스포츠신문의 시장을 잠식해 들어왔다. 남은 건 연예 뉴스뿐이었다. 연예 뉴스마저 막다른 길에 몰려버렸다. 게다가 지하철 무료 신문이 등장하면서 가판은 결단이 났다. 결국 스포츠신문이 대규모 취재 조직을 운영하는 게 불가능해졌다.

이 시절 스포츠신문들이 뚫었던 새로운 취재 영역이 기업 기사였다. 스포츠신문이 기업 스캔들을 취재했다. 목적은 돈이었다. 그럴듯한 기업 비리나 사주의 스캔들이 포착되면 기업 홍보팀과 협상을 했다. 광고나 협찬과 맞바꿨다. 기업 홍보팀은 스포츠신문의 밀착 취재 때문에 몸살을 앓았다. 경제부나 산업부와는 특종 개념이 달랐다. 가장 돈이 되는 뉴스가 특종이었다.

이것도 얼마 가진 못했다. 판매 급감을 상쇄하기엔 역부족이었다. 스포츠신문들은 차례로 문을 닫기 시작했다. 먼저 2004년 『굿데이』가 폐간됐다. 2005년 『일간스포츠』가 매각됐다. 2006년 『스포츠투데이』가 문을 닫았다. 2007년엔 『스포츠서울』마저 매각됐다. 사실상 이때 스포츠신문이 주도하던 연예 저널리즘의 시대는 끝났다.

신문은 끝장났지만 기자들은 남았다. 공장은 문을 닫았지만 기술자들은 있었단 얘기다. 게다가 기술에 대한 수요도 있었다. 포털에선 여전히 연예 뉴스의 비중이 컸다. 무주공산의 상황에서 지라시 수준의 기사들만 난무했다. 시장이 공급을 창출하기 시작했다. 연예 전문 매체들이 등장했다. 포털에 연예 뉴스를 제공하는 게 사업 모델이었다.

양질의 정보를 제공해주진 못했다. 규모가 영세했다. 취재력도 모자랐다. 스포츠신문 같은 덩치들도 뚫지 못한 연예 매니지먼트의 벽을 뚫기가 쉽지 않았다. 스타의 파워도 기세등등했다. 잘못 썼다간 맞고소를 당하기 일쑤였다. 전성기 시절의 연예 저널리즘과 비교하면 격세지감이었다.

그리고 『디스패치』가 등장했다. 2011년 3월 창간한 『디스패치』는 연예 뉴스에 대한 접근법 자체가 달랐다. 연예계와의 관계에서 정보를 캐지 않았다. 현장에서 팩트를 찾았다. 수십 명의 기자들이 한두 사람의 연예인을 수개월 동안 밀착 감시해서 현장 사진을 캐냈다. 움직일 수 없는 물증을 확보했다. 연예 뉴스의 사실화였다. 『디스패치』는 자기 완결적 논리도 개발했다. 공인의 개념과 알 권리의 문제를 재해석했다. 『디스패치』는 『스포츠서울』 연예부에서 나왔다. 『스포츠서울』은 1990년대부터 연예 취재의 논리를 개발했다. 단지 돈벌이 수단으로 취재를 한다면 취재의 예봉이 꺾일 수밖에 없다. 그렇다고 연예 뉴스를 사회 정의 차원에서 취재한다고 말할 수도 없는 노릇이다. 나름의 자기 정당성이 필요하단 얘기다. 연예인은 공인이다. 대중한텐 연예인의 사생활을 알 권리가 있다. 연예 기자는 대중이 알고자 하는 사실을 알릴 권리가 있다. 스포츠신문 시절부터 확산돼온 자기 논리가 『디스패치』에 의해 완성됐다.

실제로 김연아 선수의 열애설을 취재하고 『디스패치』는 명백한 자기 입장을 표명했다. "둘만의 사랑, 꼭 써야 했냐고 반문할지 모릅니다. 어떤 말도 변명으로 들릴 겁니다. 하지만 이것이 우리의 일입니다. 모르는 것, 궁금한 것, 이를 알리는 게 우리 직업입니다", "톱스타는 이런 취재를 감당해야 하냐고요? 관심 때문입니다. 그들은 대중의 관심으로 많은 것을 누립니다. 그 관심이 줄어든다면 취재할 이유도 없습니다", "디스패치는 팩트를 기반으로 합니다. 속보의 시대, 좀 늦더라도 확인하고 쓰려고 합니다. 어뷰징(Abusing)의 시대, 베껴 쓰기와 돌려 쓰기만큼 선정적이고 자극적인 건 없습니다". 『디스패치』는 다른 연예 매체와 차별화되려고 한다. 사실 보도에 기반한 열애설 보도가 목표다. 취재 대상이 되는 톱스타는 마땅히 취재를 감수해야 한다. 그게 유명세다.

사실 『디스패치』의 논리에는 치명적 결함이 있다. 『디스패치』는 분명 김연아 선수의 사생활을 팔아서 상업적 이익을 얻었다. 김연아 선수만 대중적 인기를 누린 게 아니라 연예 매체 역시 그런 인기에 편승해서 돈을 벌고 있단 얘기다. 『디스패치』는 특정 개인의 사생활을 조직적으로 취재한다. 연예인이라고 해도 이쯤 되면 감시고 사찰이다. 『디스패치』는 "오히려 저희가 더 무서웠다. 혹시나 알까봐, 방해받을까봐. 언제든지 취재를 접을 계획도 세웠습니다"라고 밝혔다. 취재의 정도를 스스로 지켰단 얘기다. 위험하다. 얼마 전 루퍼스 머독이 경영하는 연예지 『뉴스 오브 더 월드』가 폐간한 건 도청 사건 때문이다. 『뉴스 오브 더 월드』는 비밀을 캐내기 위해 휴대폰 도청도 서슴지 않았다. 언론은 위임받지 않은 권력 집단이다. 권력 남용에서 자신만 자유로울 수 있다는 생각은 오만이다. 『디스패치』도 예외가 아니다.

실제로 『디스패치』는 정용진 신세계 그룹 부회장의 상견례 자리를 몰래 취재했다가 소송을 당했다.『디스패치』는 상견례 사진을 찍었을 뿐만 아니라 몰래 대화를 엿듣고 기사화했다. 대법원은 결국 정용진 부회장의 손을 들어줬다. 한국은 영미법적 언론 자유를 인정하는 나라다. 개인의 사생활보다 언론의 자유를 더 우선시한단 얘기다. 공중의 정당한 관심사가 미치면 누구나 언론 취재의 대상이 될 수 있다. 그런데도 대법원은『디스패치』에 패소 판결을 내렸다. 취재 방식이 문제였다. 상견례 현장에 기자가 가까이 다가가서 대화를 엿들은 게 화근이었다. 대법원은 이 부분이 사생활 침해라고 봤다.

2014년 1월 10일, 프랑스 가십지『클로저』는 프랑수아 올랑드 대통령이 여배우 줄리 가예와 밀회를 나누고 있다고 보도했다. 올랑드 대통령이 스쿠터를 타고 줄리 가예의 집을 나서는 장면을 담은 사진을 공개했다.『디스패치』의 취재 방식도 똑같다. 장기간 밀착 취재를 한 끝에 현장을 잡아냈다. 대통령의 사생활을 보도한 대특종이었다. 열애설은 어느 나라 연예지에서나 특종거리다. 대통령의 열애설은 말할 것도 없다. 결국『클로저』의 사진 기자 로랑 뷔얼스와 두 명의 경영진은 사생활보호법 위반 혐의로 기소됐다. 프랑스에서 사생활 침해는 최대 징역 1년에 처해질 수 있는 중죄다. 올랑드 대통령이 검찰에 압력을 넣은 게 아니다. 사회적 여론이『클로저』에 불리했다. 프랑스는 언론의 자유보다 개인의 사생활을 더 중요시한다. 영국이나 미국과는 다르다. 프랑스 여론도 바람을 핀 올랑드보다 그걸 들춰낸『클로저』를 비난하는 분위기였다. 공인은 공적 알 권리의 대상이라는 논리는 통하지 않았다. 게다가 대통령이다. 연예인이 아니다. 공인 중의 공인이란 얘기다. 사생활 취재를 어디까지 해야 하는지는 정답이 있는 게 아니다. 나라마다 기준은 제각각이다. 한국도 자기만의 기준을 만들어나가는 중이다. 분명한 건 한국에선 이미 사생활의 영역이 불분명해졌단 점이다. 일반인도 스스로 자기 사생활을 떠벌리는 시대기 때문이다.

이상우 회장은 이런 말을 했다. "나는 권력 당국과 싸우면서 굴욕감 속에서 어쩔 수 없이 만드는 신문보다는 엔터테인먼트 신문이 훨씬 재미있고 취향에 맞는다는 것을 알았다." 연예 저널리즘의 대부가 내뱉는 뼈아픈 고백이다. 언론은 강자와 맞설 때 존경받는다. 언론 조직 앞에선 개인은 약자다. 연예인이라고 별다르지 않다. 약자의 약점을 들춰내는 건 존경받을 일이 아니다. 연예 저널리즘은 시장의 수요가 낳은 산물이다. 대중한텐 알 권리가 있지만 대중은 그 권리를 남용하기 쉽다. 그런 왜곡된 수요 속에 『디스패치』 같은 연예 매체가 있다.

『디스패치』는 한국적 정보 수요가 만든 결정체다. 어쩌면 파파라치보다 더 파괴력이 크다. 파파라치는 개인이다. 외국의 언론사는 내부에 취재 조직을 두는 것보다 프리랜서 파파라치에 의존한다. 그 편이 비용이 적게 들기 때문이다. 한국은 스포츠신문이 먼저 있었다. 스포츠신문이 파파라치와 지라시를 뒤섞은 언론 형태를 만들었다. 결국 파파라치도 언론 조직의 형태를 띠게 됐다. 연예 정보 시장의 크기가 지금보다 커지지 않는 한 파파라치로 나아갈 가능성은 낮다. 일단은 『디스패치』까지다. 시장의 수요가 만든 결과물이다. 시장의 수요에 옳고 그른 건 없다. 수요에 부응하느냐 아니냐만 있을 뿐이다. 퓰리처 상을 만든 언론인의 우상 퓰리처가 운영했던 『뉴스 월드』도 사실 지독한 황색언론이었다.

『디스패치』의 취재 방식은 정교해지고 있다. 한국적 취재 환경에 맞춰 진화하고 있다. 정용진 부회장을 다뤘을 때처럼 서툴게 다가가

지 않는다. 치밀하게 준비하고 오랜 시간을 투자한다. 김연아 선수 때는 당당하기까지 했다. 스포츠신문의 폐허 속에서 다시 연예 저널리즘의 길을 열고 있다. 뉴스는 팩트라는 말에 충실하다. 이쯤 되면 감히 정론이라고 할 수 있다. 정치와 경제의 허울 속에 들어앉아서 대통령 기자회견에서 주어진 질문만 하고 기업 홍보실이 정리해준 보도자료나 베끼는 정론지들보다 더 정론적이다. 부정하기 어렵다. 우리의 알 권리 남용이 남들어낸 결과다. 우리는 알 권리가 있다. 정작 알아야 하는 일에 대해선 권리를 행사하지 않는다. 결국 알 권리가 결핍된 언론 시장에선 정론지조차 쇠퇴한다. 알 권리가 과잉된 시장에선 연예 저널리즘도 정론지급이 된다.

게임 산업, 미움받는 효자

"미움받는 효자죠." 게임 업체 관계자는 말했다. 그는 자신의 이름
만큼은 절대로 밝히지 말아달라고 신신당부를 했다. 불과 몇 해 전
인 2012년만 해도 국내 게임 시장 규모는 10조 원을 돌파했다. 수출
액도 28억 달러에 달했다. 게임과 영화와 음악과 캐릭터 산업을 모두
합친 한국 콘텐츠 산업의 수출액은 48억 달러 정도다. 게임 수출액이
차지하는 비중은 60퍼센트 가까이 된다. 싸이다 케이팝이다 화려한
음악 산업의 수출액 비중은 4퍼센트 남짓이다. 한국에서 수출은 국시
다. 게임은 수출의 효자다. 그런데도 미움받는다. 국내 최대 세계 유수
의 메이저 게임 업체 관계자조차 숨을 죽일 지경이다. 한국 게임 업계
의 현주소다. 그는 말했다. "김택진 NC소프트 대표조차 더는 나서지
못하고 있잖아요. 몇 년 전만 해도 매체에 칼럼도 쓰고 게임 업계의
목소리를 전하는 역할을 했었는데."

김택진 대표는 2010년 5월 『한국경제』에 이렇게 썼다. "이같이 분
명하고도 일관된 정부의 메시지는 반가운 동시에 무거운 책임을 느

끼게 한다." 이명박 정부가 국가고용전략회의를 통해 "콘텐츠, 미디어, 3D 산업에서 2014년까지 8만 개의 일자리를 창출하는 정책을 추진하겠다"고 밝힌 직후였다. 김택진 대표는 "한국은행에 따르면 제조업의 고용유발계수는 10억 원당 6.2명에 불과하지만 콘텐츠 기업은 13.3명에 달한다"고 강조했다. 그 무렵 게임 셧다운제 논의가 한창이었다. 만 16세 미만의 청소년은 밤 12시부터 오전 6시까지 인터넷 게임에 접속하지 못하도록 차단하는 법안이었다. 산업과 정부는 일자리와 지원책을 주고받는 관계다. 김택진 대표는 정부가 밀어주면 일자리로 보답하겠다는 화해 신호를 보낸 셈이었다. 소용없었다. 셧다운제는 결국 국회를 통과했다. 먹구름이 몰려오고 있었다.

2011년 12월, 대구에 살던 당시 열네 살 중학생이 투신자살했다. 고인은 다른 학생들에게 지속적으로 괴롭힘을 당했던 걸로 드러났다. 가해자들은 고인에게 「메이플스토리」를 시켰다. 「메이플스토리」는 초등학생도 즐기는 다중접속역할수행게임(MMORPG)이다. 「리니지」나 「아이온」은 쭉빵 미녀와 근육 남성이 칼 쓰고 활 쏘는 성인물이다. 「메이플스토리」는 만화처럼 귀엽게 생긴 캐릭터가 칼 쓰고 활 쏘는 아동물이다. 가해자는 피해자에게 자기 게임 캐릭터를 키워내라고 강요했다. 피해자는 권투 글러브나 목검으로 맞아가면서 게임을 했다. 가해자는 피해자의 집도 마음대로 드나들면서 게임을 시켰다. 고인은 유서를 남겼다. "죄송해요. 마지막 부탁인데 저희 집 도어키 번호 좀 바꿔주세요. 몇몇 애들이 알고 있어서 제가 없을 때도 문 열고 들어올지도 몰라요. 죄송해요. 엄마, 사랑해요. 먼저 가서 100년이든 1,000년이든 기다리고 있을게요. 정말 죄송해요."

균형이 완전히 무너지고 말았다. 여론이 돌아섰다. 언론은 게임

을 또 다른 마약이라고 불렀다. 아이들을 게임 좀비라고 불렀다. 정부
마저 돌아섰다. 대통령까지 나섰다. "우리나라가 게임 산업이 경쟁력
이 있는데 게임은 공해적인 측면이 있다는 것을 생각할 필요가 있다."
2012년은 게임 마녀사냥의 해였다. 2012년 10월에 열린 토론회 자
리였다. 학부모 단체 관계자가 호통을 쳤다. "게임 때문에 애들이 죽
어가고 있어요. 수출 2조 원 운운할 때입니까?"

2013년 1월 9일, 올 것이 왔다. 이른바 손인춘법이 기습 발의됐
다. 게임 업체로부터 연 매출 1퍼센트 이내에서 인터넷 게임 중독 치
유 기금을 징수하는 게 골자였다. 게임을 사행 산업으로 낙인찍는 법
안이었다. 세율도 가혹했다. 도박 업계는 중독 예방·치유 부담금으
로 연간 순매출의 0.35퍼센트를 부담한다. 2012년 게임 업계 매출의
1퍼센트면 1,000억 원이다. 손인춘법 발의에 의원 17명이 동참했다.
대표 발의자 손인춘 의원을 비롯한 일곱 명이 국방위원회 소속이다.

2013년 1월 16일, 오바마 대통령은 게임과 폭력의 연관성을 조
사하기 위해 1,000만 달러를 지원하겠다고 밝혔다. 미국은 묻지마 총
기 난사 사건으로 몸살을 앓고 있었다. 총기 규제론에 맞서서 미국총
기협회가 내세운 핑계가 게임이었다. 총은 죄가 없는데 총을 든 사람
의 머릿속에 폭력성을 심어준 게임이 문제라는 논리였다. 총기 참사
의 유탄이 엉뚱하게 게임 업계로 날아든 꼴이었다. 그나마 오바마는
무작정 게임은 마약이라고 단정 짓지는 않았다. 게임이 미움받는 건
한국에서나 미국에서나 마찬가지다.

어느 나라나 충격적인 사회문제가 발생하면 논리적 원인과 합법
적 희생양을 찾으려고 골몰하기 마련이다. 대중은 늘 누군가한테 책
임을 추궁하고 싶어 한다. 남 탓이어야 안심이 되서다. 화풀이도 해야

해소도 된다. 언론이 죄인을 대령한다. 언론은 대중이 듣고 싶어 하는 이야기를 해줘야 산다. 불행의 원인은 네 탓이라거나 복합적이라고 말했다간 망한다. 손쉬운 희생양이 영화나 게임이다. 폭력적이어서가 아니다. 폭력성은 누명을 씌울 빌미일 뿐이다. 만만한 산업이라서다.

학교 폭력이나 총기 난사 같은 극단적인 사회문제가 발병하는 나라는 산업화된 국가들뿐이다. 아이들이 집구석에서 혼자 게임에 몰입하게 되는 건 아빠 엄마가 회사 나가서 죽어라 일해야 해서다. 원인은 게임이 아니라 과로를 불러오는 언론사나 자동차 공장일 수도 있다. 기업 활동을 막을 순 없다. 산업국가의 근간을 흔드는 일이기 때문이다. 내버려둘 수도 없다. 살생부가 작성된다.

어느 산업이든 표적이 될 수 있다. 한국은 교통사고 사망율이 높다. 자동차 회사가 차를 많이 판 탓이라고 우길 수도 있다. 자동차 산업의은 전후방 경제 효과가 막대하다. 누가 죽고 살지는 각 산업의 경제 기여도와 언론과 정부에 대한 로비력에 달렸다. 미국의 총기 산업이 죽지 않는 이유다. 결국 로비력도 기여도도 낮은 영화나 게임이 총알받이가 된다.

2012년 9월, 촌극이 하나 벌어졌다. 프랑스에서 열린 「스타크래프트 2」 예전전을 치르던 열다섯 살 프로게이머가 경기를 하다 말고 "셧다운제"라면서 게임을 종료해버렸다. 전 세계 네티즌들은 "한국은 정부가 잠자러 가는 시간까지 정해주냐"며 조롱했다.

한국은 그런 나라다. 한국에서 청소년은 미래의 노동력이다. 개인이 아니다. 일단 모두가 공부를 해야 한다. 다른 선택은 원천 봉쇄된다. 국가 자본주의의 특징이다. 국가 자본주의는 국민 개조에서 출발한다. 일본인들이 원래 근면했던 게 아니다. 메이지 유신을 거치면서 개조됐다. 한국에서도 그런 국민 개조가 1960년대부터 1970년대 사이에 집중적으로 진행됐다. 지금도 한국 교육은 전인 교육이 아니라 직업 훈련에 가깝다. 한국은 기업들이 당당하게 대학교가 쓸만한 신입 사원을 키워내주지 못한다며 훈계할 수 있는 나라다.

게임 때리기는 감춰졌던 국가 자본주의가 노골화되는 증상이다. 한국의 부모들도 기꺼이 정부의 개입을 용인한다. 자식이 실업자가 되기를 바라는 부모는 없다. 낙오자를 최소화하면서 성인 노동인구를 키워내려면 게임 같은 여가를 셧다운해야 한다.

한국 게임 산업이 급성장한 건 외환위기 직후인 1990년대 후반부터다. 실업률과 게임 산업은 정비례 관계다. 실직한 중년은 PC방을 차렸다. 백수 청년은 PC방에서 게임을 했다. 리비아의 카다피 정권이 무너진 건 SNS 덕분이 아니다. 높은 청년 실업률 탓이다. 그렇게 위태로운 사회 불안 요소를 해소시켜준 게 게임이었다. 일단 모두가 공부해야 하는 청소년과 달리 이미 낙오해버린 청년들은 게임으로라도 해결해야 하는 골칫거리다. 「리니지」 같은 게임은 아이템을 사고파는 행위도 가능했다. 백수들한텐 생계 수단이 될 정도였다. 게임은 초고속 인터넷 보급률을 높이는 데도 유용했다. 게임도 나라에 빚이 있단 얘기다.

한국은행 통계에 따른 실업률은 2퍼센트 초반이다. 유선 인터넷망도 깔릴 만큼 깔렸다. 게임은 쓸모가 없어졌다. 손인춘법은 모바일 게임에 대해선 셧다운제를 유예했다. 중독성은 모바일 게임이 더하지만 LTE를 깔 일이 아직 남았기 때문이다. 초고속 유선망이든 무선망이든 결국 대기업 시장이다. 게임 업체들은 통신 대리점 앞에서 춤추는 도우미다. 장사가 끝나면 잘린다.

한국은 1970년대까진 완벽한 제조업 국가였다. 제조업 경쟁력은 값싼 양질의 노동력이 토대다. 1980년부터 한국에도 금융시장과 서비스업 시장이 열렸다. 2000년대로 접어들면서 제조업 성장이 한계에 부딪히자 마침내 금융과 서비스업이 새로운 성장 동력으로 부각됐다. 불발됐다. 금융은 가계부채만 늘려놓았다. 서비스업은 고용유발계수는 높았지만 불안정했다. 게임 업계의 평균 나이는 31세다. 청년 실업 해소엔 도움이 된다. 하지만 나중엔 중년 실업자가 양산될 수 있다. 더 나쁘다.

앞으로 경제정책의 주된 목표는 중소기업 육성이 맞춰지게 돼 있다. 창조경제가 그 얘기다. 창업경제다. 그런데 초점은 지식 기반 산업이 아니다. 별다른 혁신 없이 창업할 수 있는 로테크(low tech) 분야다. 그동안은 대기업 제조업 경쟁력만으로 성장했다면 앞으론 중소 제조업 경쟁력까지 키워내겠다는 방향이다. 한국 제조업은 일본에서 부품을 사다가 완성품을 만들어서 성장해왔다. 일본 대신 한국 중소기업에서 부품을 구매할 수만 있다면 그만큼 돈벌이가 는다. 부품과 완제품을 함께 만드는 건 독일식 모델이다. 독일처럼 되려면 기계처럼 근면한 노동력이 필요하다. 독일의 히든 챔피언들은 마이스터 고등학교 시절부터 기량을 갈고 닦은 기술자들이 있어서 가능했다.

앞으로 한국이 가려는 길이다. 그러려면 청소년은 게임 대신 기술을 연마해야 한다. 청년은 진학 대신 취업을 해야 한다. 사실 게임 규제와 대학 규제는 한통속이다. 게임 산업이 창출하는 고용이란 결국 창의적인 감각을 지닌 특정 인력 시장에만 국한돼 있다. 중소 제조업은 평균적인 인력 계층까지 수용한다. 게임은 강한 대기업의 뒤를 받쳐줄 강한 중소 제조업을 육성하는 데 방해만 된다. 이 지점에서 게임이 한국 지식 기반 창조경제의 보기 드문 성공 사례라는 진실을 외면당한다. 1990년대 창조경제의 신호를 스스로 허무는 짓이다.

「메이플스토리」와 대구의 비극은 상관이 있다. 「메이플스토리」나 「리니지」 같은 MMORPG 게임이 성공한 건 현실 세계를 모방했기 때문이다. 현실의 모습이 아니라 현실의 본질을 반영했다. 계급성 말이다. MMORPG 게임에서 모든 캐릭터는 평등하게 태어난다. 게이머가 노력해서 아이템을 모으면 기사도 되고 왕도 될 수 있다. MMORPG의 쾌감은 남보다 높은 계급이 됐다는 우월감에서 나온다. 아이들이 사는 학교는 철저한 계급 구조다. 성적과 외모와 싸움 실력에 따라 차별된다. 아이들이 MMORPG 세계에 매료되는 과정은 2단계일 수 있다. 학교처럼 경쟁적이라 쉽게 빠져들고 학교에서의 좌절을 보상받을 수 있기 때문에 중독된다. 오히려 게임 세계가 학교보다 더 공정하다. 대구 피해자가 다녔던 중학교는 "자살한 애 영웅 만들 일 있느냐"며 학생들의 헌화조차 허락하지 않았다. 계급 사회에서 자살은 비극이 아니라 패배다. 가해자는 게임의 폭력성을 흉내낸 게 아니다. 학교라는 공간이 이미 충분히 폭력적인데 구태여 게임을 모방할 이유가 없다. 가상과 현실은 서로를 모방한다. 현실은 가상의 겉모습을 흉내낼 뿐이다. 코스프레처럼 말이다. 본질적인 문제는 늘 현실에 있다. 현실이 가상 탓을 하는 건 비겁한 변명이다.

게임 업계도 이런 게임의 법칙을 안다. 『주목 경제』(*Attention Economy*)의 저자로 유명한 존 벡은 『게임 세대 회사를 점령하다』에서 "게임 세대가 게임을 통해 좀 더 진취적이며 사교적이고 조직적으로 성장했다"고 주장한다. 한국 게임 업계도 존 벡의 논리를 추종한다. 한국의 게임 세대도 경쟁을 즐기고, 팀워크를 중시하고, 노력과 보상 체계에 익숙하기 때문에 기업에 쓸모가 있다고 설득한다. 그러면서 한편으론 출구 전략을 시행하고 있다. 2012년, NC소프트에 넥슨이 최대 주주로 참여했다. 1위와 2위가 지분 구조상 한 회사가 됐다. 넥슨은 일본 증시에 상장돼 있다. 자본의 국적만 따지면 일본 회사다. NC소프트도 절반은 일본 회사가 됐다. 미움받는 효자는 가출한다. 게임 오버다.

140자 리스크

18대 총선이 치러진 2008년 4월 9일, 투표 마감 시간인 오후 6시가 가까워져 오고 있었다. 서울시 마포구에 출마한 후보의 선거사무소가 갑자기 소란스러워지기 시작했다. 선거 운동원 하나가 뛰어들어오더니 외쳤다. "3번 투표소에 젊은 애들이 떼거리로 투표하러 왔대." 순간 멈칫하더니 선거사무소 안에 기자들은 없는지 주변을 살피면서 소근댔다. "어서 어르신들한테 전화 돌려. 당장 투표하러 나오시라고 해. 전화 안 받으시면 직접 가서 말씀드려." 한산했던 선거사무소가 일사불란해졌다. 다른 선거 운동원이 말했다. "저쪽은 트위터로 표를 모으고 있다나 봐. 어르신들은 트위터 좀 안 하시나?" 이 선거사무소의 후보는 보수 정당 소속이었다. 아무래도 젊은층 투표율이 높아지면 불리하다. 운동원들은 각자 연락처 명부를 꺼내 들고는 어르신들한테 전화를 돌리기 시작했다. 보수 정당을 지지할 거라고 추정되는 노년층 유권자를 한 사람이라도 더 투표소로 끌어내기 위해서였다. 18대 총선은 보수 정당의 압승으로 끝났다. 전화로 보수층의 결집을 이뤄낸 덕분이었다.

2012년 12월 19일에 치러진 18대 대선의 특징 가운데 하나가 젊은층 사이에서 광범위하게 확산됐던 투표 인증샷 트윗하기였다. 대선 당일 트위터 인증샷은 오전 11시부터 급증하기 시작해서 오후 2시에 절정이다가 오후 6시까지 완만하게 이어졌다. 투표 인증샷이란 자신이 투표했다는 사실을 증명할 수 있는 사진을 트위터를 통해 퍼뜨리는 행위다. 투표를 안 하는 것도 정치적 의사 표시일 수 있다. 지난 대선에선 천벌받을 짓이었다. 진보 쪽에선 특히 더 했다. 인증샷 열풍의 진앙도 진보 인사들이었다. 젊은 층은 자발적으로든 의무감 탓이든 투표했다는 인증샷을 트윗하기에 바빴다. 투표 인증샷은 상당한 투표 독려 효과가 있다고 알려져 있다. 선거 전문가들은 투표 인증샷 덕분에 지난 대선에서 최소한 100만 명 이상의 유권자가 투표장에 더 나왔다고 추정한다. 지난 18대 대선의 투표율은 75.8퍼센트에 달했다. 선거 당일까지도 진보 진영이 승리를 기대했던 것도 그래서였다. 트위터로 인증샷 물결을 일으켜서 젊은 층이 투표소 끌어낸 덕분이었다.

소셜 선거의 시대다. SNS는 한국 정치를 들었다놨다 한다. 올드 미디어와 뉴미디어의 입장도 바뀌었다. 신문이나 방송 같은 올드 미디어가 트위터로 나타나는 여론의 동향을 분석해서 기사화한다. 신문 기사가 트위터로 확산되는 게 아니다. 트위터를 신문이 재생산한다. 한국에서만 SNS가 정치를 지배하는 게 아니다. 트위터는 아랍의 봄이 일어난 진앙지다. 리비아의 독재자 카다피가 무너진 건 트위터를 통해 확산된 반정부 운동 때문이었다. 일제는 독립운동을 방지하려고 서울에 광장을 없앴다. 이제 물리적 광장은 필요 없다. 온라인에

SNS라는 광장이 있다. 정치권력은 군중의 힘이다. 광장은 개인이 군중이란 걸 자각하게 만든다. 지금은 SNS가 개인을 군중으로 만든다. 스스로 권력을 지녔다는 사실을 일깨워준다. 진중권 동양대학교 교양학부 교수는 트위터를 통해 "프라이버시가 강한 블로그가 등장하면서 인터넷 논객들의 시대는 끝났지요. 공룡은 멸종하고, 그 자리에 새로운 유형의 포유류 논객들이 등장한 거죠"라고 썼다. 포유류 논객이란 SNS란 올드미디어의 빙하기에 공룡처럼 거대한 언론사나 유명 지식인을 멸종시킬 신인류를 뜻한다. SNS는 군중의 목소리가 언론이란 거름망을 거치지 않고 직접 표출되게 해줬다. 한때는 망가진 대의민주주의를 대체할 직접민주주의의 희망으로까지 평가됐다.

18대 총선은 소셜 선거의 초창기였다. 18대 대선은 소셜 선거의 절정이었다. 그런데 18대 총선이나 18대 대선 현장에서 모두 똑같은 풍경이 펼쳐졌다. 노골적인 클러스터링(Clustering)이었다. 클러스터링이란 특정 정당을 지지할 가능성이 농후한 유권자 집단만 골라내서 투표를 독려하는 정치 공학 전략을 말한다. 기업 마케팅에선 기본이다. 선거는 정일의 시장 점유율을 놓고 싸우는 기업 전쟁과 점점 더 닮아가고 있다. 현대 정치에서 선거 결과란 보편적인 민의가 수렴된 결과라기보단 특정한 하루의 소비자 동향을 뜻한다. 마케터라면 누구나 안다. 단기적으로 시장 점유율을 반등시키려면 집중적인 미디어 노출이 가장 효과적이다. 어떤 미디어를 선택하느냐가 분수령이다. 불특정 다수에 노출되는 종합 미디어보단 특정 계층에 집중되는 니치 미디어가 더 효과적이다. 이른바 마이크로타기팅(Micro Targeting)이다. 단지 해당 미디어에 접하는 계층이 우리 후보를 지지할 가능성이 높은지를 알아야 한다. 보수당 지역구에서 진보당 후보 자량을 늘어놓아 봐야 시간 낭비다. 저널리스트 사샤 아이센버그는 선거 공학을 다룬 책 『빅토리랩』에서 선거 전략가들의 속내를 들춰냈다. 선거 마케터들은 빈다. "제발 우리 당 후보에게 투표할 사람은 코를 빨갛게 해주시고, 상대 당 후보를 지지하는 사람은 귀를 노랗게 해주세요." 코가 빨간 사람들만 투표소로 끌어내면 된다. 한국에서 SNS는 진보당을 지지할 가능성이 큰 빨간 코 사람을 찾아내서 클러스터링을 하는 데 요긴한 미디어다. 그렇다면 SNS도 기본적으론 전화나 다를 바가 없다. 민의가 정치로 전달되는 소통의 통로가 아니라 정치가 민의를 좌우하는 수단이다. 18대 총·대선 풍경이 흡사했던 이유다.

SNS의 대표성 왜곡이 문제다. SNS는 토론의 광장이다. 토론을 이끌어가는 소수의 목소리가 전체의 의견을 덮어버리는 일이 종종 발생한다. 강경한 소수가 집단 전체를 이끌어가는 문제는 민주주의의 숙제다. 트위터만 봐도 안다. SNS의 의견을 귀담아듣게 되면 강경한 소수의 의견을 전체 의견으로 착각하기 쉽다. 탐욕스러운 포유류들 탓이다. 의회정치에서도 강경파가 주도권을 잡으면 대결 구도가 형성된다. 50대 50 의회는 사실상 한 발자국도 나아가지 못한다. SNS가 한국 사회 전체의 의견을 주도하는 듯 앞장서면서 50대 50 사회가 증폭된 면이 있다. SNS에서 중립적인 여론은 묵살당하기 일쑤다. 만인의 의견이 수렴되기보단 만인의 만인에 대한 논쟁이 끝없이 전개된다.

SNS는 여론 형성 과정을 목격하게 해준다. 어느 정당이나 SNS에 개입해서 여론을 조율하고 싶다는 유혹을 느낄 수밖에 없다. 여의도 정가엔 소문난 트위터 워리어가 몇 명 있다. 그들이 하는 일은 컴맹 의원들을 위해 팔로어를 모으는 수준이 아니다. 그들은 이미 SNS 속

포유류들이다. 정교하고 논리적인 주장으로 주변을 설득하고 결국은 집단 전체를 특정 주장에 동조하거나 논쟁하게 만든다. 나쁜 건 아니다. 정치의 생리다. 뉴미디어가 생산하는 여론도 올드미디어가 생산하는 여론만큼이나 경도될 수 있단 건 확실하다. 신문이나 방송은 편집국의 정치적 색깔에 좌우된다면 SNS는 파워 논객들의 정치적 색깔에 좌우된다. 18대 총선과 대선은 근본적으론 같다. 전화냐 트위터냐의 기술적 차이만 있다.

트위터는 SNS 중에서도 유달리 정치적이다. 당연하다. 트위터는 140자 언어를 이용하는 대량 점화 장치다. 정치는 점화로 작동하는 제도다. 찰떡궁합이다. 점화란 인간과 인간이 주고받는 상호영향력을 일컫는다. 행동경제학에선 누군가 주식 투자를 해서 돈을 벌었다는 소식을 들으면 그 욕망이 옮겨 붙어서 주식에 관심을 갖게 되는 심리로 점화를 설명한다. 트위터에선 점화가 순식간에 수백, 수천 명까지 확산된다. 정치를 흔히 수사적 예술이라고 한다. 정치인은 특정 단어를 반복적으로 사용해서 주변 대중을 점화시킨다. 담대한 도전이라거나 창의적 경제 같은 멋진 수사들은 대중을 점화시켜서 포섭하기에 유용하다. 신문이나 방송은 그런 점화의 언어들을 온전히 옮겨주지 않는다. 지면과 편집의 한계 때문이 아니다. 무차별적 점화를 걸러내는게 언론의 역할이다. 트위터에선 140자 한도 안에서 점화의 기회가 가감 없이 주어진다. 정치인이나 논객들이 각자의 귀에 대고 직접 연설문을 소근거린다고 보면 된다. 게다가 점화된 상대방은 그 생각이 자기 생각이라고 믿어 의심치 않는다.

『뉴욕 타임스』의 칼럼리스트 토머스 프리드먼은 SNS 시대에 포퓰러리즘(Popularism)이 부상하고 있다고 주장했다. 포퓰리즘

(Populism)은 정치가 대중에게 야합하는 걸 말한다. 포퓰러리즘은 대중이 정치를 노예화하는 걸 말한다. SNS를 통한 직접민주주의는 정치 지도자들이 지나치게 대중적 목소리에 민감하게 만들었다. 프리드먼은 "포퓰러리즘은 트위터나 페이스북을 통해 시시각각 변하는 대중의 입맛에 맞춰서 연예인처럼 단편적인 인기를 좇는 걸 의미한다"라고 설명했다. 프리드먼은 비판했다. "요즘 정치인들은 블로그를 검색하고 트위터 반응을 기록하면서, 대중을 이끌고 가야 할 곳이 아니라 대중이 지금 모여 있는 곳에 집중하고 있다. 리더십이 가장 필요한 시대임에도 팔로하는 사람만 있을 뿐 이끄는 사람을 찾기가 어렵다." 강준만 전북대학교 신문방송학과 교수는『증오 상업주의』에서 이렇게 덧붙인다. "SNS는 소통의 가능성을 전면 배제하는 패거리주의를 강화하고 있다." 강준만 교수는 한때 파워 트위터리언으로 유명했던 박경철 원장을 인용한다. "SNS의 약점은 역설적으로 대중성의 부족에 있다. 기본적으로 SNS는 온라인상의 친분이 우선되기 때문에, 기본적으로 나에게 호감이 있는 사람들만 반응한다. 때문에 SNS상에서 나의 견해는 늘 옳은 것처럼 보인다. 집중적이고 확산성이 강한 SNS는 정작 같은 견해를 가진 사람들 사이에서 동종 교배가 일어날 수 있는 폐쇄성을 갖고 있다."

　1990년대 인터넷 빅뱅에서 맨 먼저 등장한 서비스는 이메일이다. 사람들이 원하는 건 언제나 소통이다. 다음 커뮤니케이션은 한메일로 시장을 선점했다. 다음은 네이버에 발목을 잡혔다. 사람들은 쌍방향으로 특정한 소수와 소통한 다음엔 늘 다자간으로 불특정 다수와 소통하길 원한다. 인터넷에선 포털이 그걸 실현해냈다. 네이버는 뉴스캐스트와 지식iN 같은 서비스로 다자간 정보 교류를 현실화했다.

2010년대 소셜 빅뱅에서도 똑같은 양상이다. 쌍방향 소통 시장을 먼저 장악한 건 카카오톡이다. 다자간 소통 시장은 페이스북이나 트위터의 몫이었다. 인터넷 시장이 다자간 소통을 장악한 서비스가 등장하면서 성숙해진 것처럼 소셜 시장도 페이스북과 트위터가 성장하면서 성숙기에 접어들었다. 이런 소통 시장을 이끄는 작동 원리는 공짜다. 공짜로 서비스를 이용하게 해주는 대신에 각자는 개인 정보를 제공하고 마케팅의 사냥감이 된다. 문제는 소통의 한계효용이다. 다자간 소통에서 얻을 수 있는 정보는 질이 떨어진다. 공유지의 비극이다. 유용한 정보는 끼리끼리 나누는 게 인간 속성이다. 아무도 포털과 트위터의 정보를 신뢰할 수 없게 됐다. 네이버는 이 문제를 자체적으로 생산하는 콘텐츠로 메꿨다. 돈이다. 구글은 전 세계를 상대로 하는 막강한 검색 엔진으로 해결했다. 기술이다. SNS는 길이 없다. 트위터는 손을 놓았다. 페이스북은 구글을 흉내내기 시작했다. 카카오톡은 모바일 허브라는 전략을 내세웠다. 모바일에서 네이버 같은 포털이 되겠단 뜻이다. 인터넷엔 문이 필요했다. 소셜에도 문이 필요할진 미궁이다. 기술 패러다임에서도 SNS의 시대는 절정을 지났다.

SNS에 대한 피로감이 쌓여가고 있다. 적어도 트위터는 예전 같지 않다. 대기업 CEO들까지 트위터를 즐기던 때가 있었다. 몇몇 CEO는 트위터 덕분에 소통의 달인 같은 이미지를 얻었다. 이젠 안 한다. 유명 정치인도 너나 할 것 없이 트위터를 하던 때가 있었다. 트위터를 통해 지역구 소식을 전해 듣고 시민들과 소통했다. 이젠 덜 한다. 영화 감독들도 트위터에 빠져들던 때가 있었다. 영화에 대해 자유롭게 토론할 수 있어서였다. 이젠 싫어한다. 교수며 학자며 소설가며 기자들까지 트위터를 많이 했다. 책이나 매체를 통해 세상과 소통해온 지식인들은 트위터에서 직접 독자를 만났다. 이젠 일부만 한다. 트위터가 여론을 수렴하기보단 여론을 분열시키기 때문이다. 대중과 소통하는 게 아니라 대중의 볼모가 돼버린 자신을 발견했기 때문이다.

기업들에선 SNS리스크란 말이 일상화된 지 오래다. 유명 CEO와 대표 기업들은 다들 한두 차례씩 SNS리스크를 겪었다. 대표성 왜곡과 점화 탓이다. 해당 기업이 실수를 하면, 소수지만 적극적인 소비자가 앞장서 여론을 주도한다. 대중은 사적 불이익에는 쉽게 점화된다. 결국 호미로 막을 일을 가래로 막는 일이 빈번해졌다. 큰 기업들은 SNS리스크를 상존하는 위협으로 보고 대응팀까지 만들 정도다. SNS로 대중과 소통하는 게 아니라 대중을 경계한다. 자연히 경제 비용도 증가한다.

SNS는 정치의 비용도 가중시키고 있다. 최장집 고려대학교 명예교수는 "앞으로는 민주주의를 허용하면서도 어떻게 민주주의의 비용을 줄일 것인가를 고민해야 한다"고 강조한다. 민주화 이후의 민주주의 사회에선 다양한 욕구와 의견이 분출되기 때문에 그걸 민주적으로 조율하는 게 중요하다. 한때는 SNS가 그 역할을 해줄 걸로 기대를 모았다. SNS를 통해 여론이 확산되고 주도적 여론이 형성되고 대중이 공감하는 과정을 통해 하나의 공통분모를 찾아낼 수 있지 않겠느냐는 희망이었다. 집단지성 얘기가 이때 나왔다. 실제로 SNS는 희망이면서 혼란이었다. 지배적 여론이 형성되나 싶으면 곧바로 다시 새로운 여론이 등장해서 상대방을 전복시켰다. 그러길 반복하다 보면 어느새 여론 자체가 이분화돼버렸다. 하도 싸워서 양쪽의 소통은 불가능했다. SNS는 소통의 도구를 표방했지만 실제로는 불통의 도구였다. 민주주의의 비용을 배가시켰을 뿐이다.

　19세기 영국을 이끌었던 정치가 벤저민 디즈레일리는 당대 영국을 두 국민 사회라고 묘사했다. 지금 한국 사회의 모습이다. 영국이 산업혁명의 온갖 욕구들에 휘둘리다 두 국민 사회로 분열되는 데는 100년이 걸렸다. 다시 하나의 국민 사회로 수렴되는 데 100년이 더 걸렸다. 한국은 10년 만에 두 국민 사회가 됐다. SNS 탓이 크다. 한때 나마 SNS는 기술로 세상은 개선할 수 있다는 증거였다. 더 이상 SNS는 기술 유토피아의 상징이 아니다. SNS는 전시엔 정쟁하고 평시엔 연예인 사생활로 뒤덮히는 난지도 광장이다. SNS의 종언이다.

네 번째 국면

속물스러운 정치

안철수 현상을 감당하지 못한 안철수

"제가 민주당을 먹었습니다." 안철수 새정치연합 창당준비위원회 중앙운영위원장이 민주당 합당을 결정한 직후 당시 핵심 당직자들한테 했다고 알려진 얘기다. 2014년 3월 2일 새벽이었다. 안철수 위원장이 3월 1일 8시 30분부터 3월 2일 0시 40분까지 16시간에 걸쳐 김한길 민주당 대표와 마라톤 협상을 벌이고 돌아온 직후였다.

3월 24일을 디데이로 잡고 창당을 준비하고 있던 새정치연합 관계자들은 그야말로 멘붕이었다. 공동위원장들은 하루 전날까지도 단독 창당 계획이 흔들리는 일은 없다며 공개 발언까지 했던 터였다. 새정치연합이라는 당명도 국민공모를 통해 정했다. 안철수 중앙운영위원장은 그야말로 하루 아침에 창당 대신 합당으로 방향을 틀었다.

사실 안철수 위원장은 김한길 대표와의 협상 중에 공동위원장들한테 전화를 걸어 협의하려던 걸로 알려졌다. 2013년 11월부터 반년 가까이 대안 정당을 만든다는 불가능한 목표를 이루기 위해 동고동락해온 사람들에 대한 최소한의 예의였다. 김한길 대표가 안철수 위원장을 만류한 걸로 알려졌다. 새정치연합 관계자들은 대부분 합당에 반대할 게 뻔했다. 둘이 담판 내지 않으면 물 건너 갈 일이었다.

"2석의 새정치연합이 126석의 민주당을 집어삼켰다." 3월 2일 오전 10시 안철수 위원장과 김한길 대표가 국회 사랑재에서 합당을 발표한 직후 언론의 시각은 대체로 이랬다. "민주당을 먹었다"는 안철수 위원장의 셈법과 별 다르지 않았다. 아직 창당도 하지 못한 정당이 반세기가 넘은 정통 야당과 5대 5 합당을 했다면 누가 봐도 성공한 M&A였다. 안철수 위원장은 단숨에 제1야당의 공동대표가 됐다.

정작 먹은 정당과 먹힌 정당의 분위기는 겉보기와는 정반대였다. 합당 발표를 한 시간여 앞둔 3월 2일 오전 9시 민주당과 새정치연합은 각각 최고위원 회의를 열었다. 담판 결과를 당여들한테 설득시켜야 하는 중대한 자리였다. 민주당 최고위원들은 만장일치로 김한길 대표의 결정을 지지해줬다. 반면에 새정치연합은 풍비박산이 났다. 다들 안철수 위원장의 결정을 전해 듣고 망연자실해하는 분위기였다.

사실 민주당은 가만두면 가라앉을 배였다. 이미 민주당의 정당 지지율은 단 자리 숫자까지 곤두박질친 상태였다. 무엇보다 민주당의 지지 기반인 호남 민심이 이반되고 있었다. 때마침 바로 옆에서 새로운 배가 건조되고 있었다. 안철수 현상이라는 강력한 엔진까지 갖춘 안철수호였다. 난파선을 구할 방법은 안철수라는 새 배 안에 민주당이라고 하는 헌 배를 포개넣는 방법뿐이었다. 김한길 대표는 담판을 통해 그걸 이뤄냈다. 3월 3일 민주당 의원총회에서 김한길 대표가 박수갈채를 받은 이유다.

반대로 새정치연합 공동위원장들은 사분오열됐다. 당연했다. 새정치연합 입장에선 새 배와 헌 배를 맞바꿀 이유가 없었다. 물론 새정치연합한테도 약점은 있었다. 신생 정당인 만큼 조직력과 자금력이 달릴 수밖에 없었다. 인물난이었다. 민주당의 조직과 인물을 가져올 수만 있으면 일거에 해결될 문제였다. 합당 카드도 현실적으로 느껴질 수 있었단 얘기다. 이때 안철수 위원장의 결정적인 약점이 다시 한 번 노출됐다. 승부사 기질의 결여였다.

안철수 위원장은 그동안 결정적인 승부처마다 실패했다. 2011년 9월 2일 서울시장 보궐선거 출마설이 처음 불거졌을 때부터였다. 안철수 현상이 현실 정치로 옮겨붙은 발화점이었다. 이제 출마만 하면 당선될 일이었다. 박원순 희망제작소 대표와 담판을 벌인 끝에 출마 의사를 접었다. 그땐 아름다운 양보 같았다. 냉정하겐 마땅히 챙겼어야 했던 자기 몫의 정치적 자산을 거져 내준 꼴이었다. 지금 박원순 시장은 재선에 성공하면서 야권의 유력한 대선 후보로 평가받는다. 안철수와 박원순은 그때 명암이 갈렸다.

2012년 4월 총선 직전에도 마찬가지였다. 창당을 해서 총선에 임할 시간은 없었다. 어쩌면 그때가 단기필마로 민주당으로 들어갈 적기였다. 마음만 먹으면 서울 시장도 당선시키는 안철수 현상을 역이용해서 민주당의 공천권을 쥐고 흔들 수도 있었다. 2004년 탄핵 역풍을 이용해서 노무현 대통령이 탄돌이 세력을 구축했듯이 민주당 안에 안돌이들을 심어놓을 수도 있었다. 역시 주저했다. 결국 4월 총선은 선거의 여왕 박근혜 대표가 이끈 새누리당의 싱거운 승리로 끝났다.

2012년 12월 대선 때도 마찬가지였다. 대선에 출마했지만 완주하질 못했다. 안철수 후보의 등장으로 박근혜 대세론은 크게 위협받았다. 남은 과제는 후보 단일화였다. 돌연 안철수 후보는 사퇴를 결정했다. 당시 안철수 진심캠프 인사들은 멘붕에 빠졌다. 이때도 안철수 후보는 하루 아침에 홀로 대선 후보 사퇴를 결심했다. 승부처에서 또 다시 칼을 내려놓았다. 이번엔 별로 아름답지 않은 양보였다. 극적인 드라마를 완결짓지 못한 반쪽 단일화는 대선에서 기대만큼 파급력을 발휘하지 못했다. 결국 문재인 후보는 낙선했다.

합당도 마찬가지였다. 새정치연합은 이미 민주당을 안에서부터 크게 흔들어놓은 상태였다. 적잖은 민주당 소장파 의원들은 새정치연합으로 갈아탈 준비를 하고 있었다. "우리가 가면 안철수가 받아줄지나 모르겠다"는 걱정을 할 지경이었다. 6·4 지방선거에서 의미 있는 성과를 거두고 7·30 재보선에서 돌풍을 일으키면 야권을 재편시킬 수 있다는 로드맵도 다 짜인 상태였다. 물론 실패할 수도 있다. 결국 승부였다. 안철수 대표는 또 승부를 피했다. 민주당과의 합당을 통해 리스크를 줄이는 현실적인 선택을 했다. 밖에서 민주당을 삼키는 것보단 안에서 민주당을 부셔 먹는 게 당장은 합리적으로 보였을 것이다.

안철수 대표의 정치 인생을 결정한 패착이었다. 민주당 안으로 들어가는 순간 안철수 현상도 기득권 정치에 수렴되고 말았기 때문이다. 안철수 대표는 자신이 어디로 가든 안철수 현상이 따라올 거라고 여겼다. 실제로 안철수 현상이 시작된 2011년부터 3년 동안 내내 그랬다. 안철수 대표가 승부처에서 머뭇거리고 결국 패배하고 돌아와도 안철수 현상은 늘 그의 곁에 있었다.

안철수 현상은 결국 기존 정당에 대한 불신에서 기인했다. 여야 모두의 유권자들이 한국의 대의정당정치가 민의를 제대로 대변하지 못한다고 느끼고 있었다. 안철수 대표처럼 시민과 직접 소통하는 정치인이 제대로 된 대의정치를 실현해주기를 바랐다. 한국 사회 각계각층의 지식인들도 같은 생각이었다. 유수한 학자들과 명망가들이 안철수 대표 곁으로 구름처럼 모여들었던 이유다. 그땐 안철수 대표가 곧 안철수 현상이었다.

비록 제3지대 창당이라는 포장을 하긴 했지만 합당은 결국 안철수 대표가 기존 정당에 합류한 그림이었다. 이때 안철수 대표와 안철수 현상은 결정적으로 괴리되기 시작했다. 먼저 이해득실을 따지지 않고 안철수 신당에 합류했던 인사들이 떠나가기 시작했다. 맨 처음 김성식 공동위원장이 결별을 선언했다. 김성식 공동위원장은 여권 출신 의원으로는 맨 먼저 새정치연합 창당준비위원회에 합류했다. 덕분에 안철수당은 외연을 야권뿐만 아니라 여권까지 확대할 수 있었다.

김성식 위원장의 이탈은 시작에 불과했다. 민주당과 새정치연합이 합당한 새정치민주연합은 2013년 3월 26일 공식 창당됐다. 안철수와 김한길 공동대표 체제가 시작됐다. 3주 남짓한 기간에 새정치연합의 당 조직은 사실상 괴멸됐다. 새정치연합의 청사진을 그렸던 윤여준 전 장관이 합당 과정에서 끝까지 자리를 지킨 게 오히려 기적이라는 평가까지 있을 정도였다. 윤여준 전 장관은 합당 때문에 정치적으로 누구보다 가장 큰 타격을 받았다. 새정치민주연합이 창당될 시점쯤엔 그렇게 하나 둘 안철수 대표 곁을 떠난 상태였다. 말이 합당이었다. 사실상 안철수 대표 혼자 단기필마로 민주당 안으로 들어간 꼴이었다.

안철수 대표는 이때부터 진짜 헤매기 시작한다. 사실상 혈혈단신인데도 자신이 "민주당을 먹었다"고 착각했다. 오히려 민주당에 '새정치'라는 새로운 가치만 따먹힐지도 모른다는 현실적 위험을 간과했다. 세력도 조직도 없는 상태로 당 대표라는 자리만 갖고서 새정치민주연합을 운영할 수 있다고 오판했다. 기업의 CEO와 정당의 대표는 다르다는 걸 겪어본 적이 없었기 때문이다. 대표이사는 기업의 주인이지만 대표의원은 정당의 대리인일 뿐이다.

실제로 안철수 대표가 새정치민주연합에서 할 수 있는 일은 거의 아무것도 없었다. 간판만 바꿔달았지 조직은 민주당이었다. 민주당은 계파 난립이 극심한 정당이다. 기껏 친박과 비박 정도로 나뉘는 새누리당과는 차원이 다르다. 이해로 뭉친 여당과 이념으로 뭉친 야당의 태생적 차이다. 당 대표라도 계파 간 알력 다툼 탓에 할 수 있는 일이 별로 없다. 민주당에 당 대표 출신이 넘쳐나는 이유다. 토니 블레어 영국 총리는 노동당 개혁에 나서면서 "당을 개혁하는 일이 나라를 개혁하는 일보다 어렵다"고 말했다. 민주당도 마찬가지였다. 계파 안배와 정세 변화에 따라 돌아가면서 당 대표를 했지만 누구도 당을 온전히 장악하지 못했다.

안철수 대표도 민주당 내부의 계파 난맥을 분명 알고 있었다. 『조선일보』는 합당 직후 김한길 대표와 안철수 대표가 새정치민주연합 성향 분류라고 하는 문건을 작성했다고 보도했다. 두 대표는 즉각 부인했지만 파문은 가라앉지 않았다. 새정치민주연합도 태생부터 민주당의 유전병을 물려받았단 얘기다. 안 그래도 6·4 지방선거와 7·30 재보선이 시기각각 다가오는 시점에 자칫 안철수 대표 자신도 앞선 민주당 대표들처럼 선거용 간판으로 전락할지 모르는 위기였다.

안철수 대표는 민주당의 유전병을 새정치민주연합의 틀 안에서 치료하려고 시도했다. 당내 현실에 번번히 가로막혔다. 합당의 명분으로 삼았던 기초선거 정당 공천 폐지부터 좌초됐다. 사실 새정치연합이 기초선거 정당 공천 폐지를 주장했던 건 갓 태어난 신당으로서 모든 선거구에 공천을 하긴 어렵다는 현실적 판단이 깔려 있었다. 16개

광역자치단체장 후보를 내기도 벅찼다. 새정치민주연합에선 얘기가 달라졌다. 기초선거 후보로 공천해달라고 요구하는 정치인이 줄을 섰다. 공천을 안 할 이유가 없었다. 새누리당은 공천을 하겠다고 나선 상황이었다. 이대로라면 기초선거를 새누리당에 갖다 바칠 판이었다. 안철수 대표는 또 현실적 타협을 선택했다. 이 순간 정치 개혁이라는 합당의 명분이 훼손된다.

안철수 대표한텐 당을 장악할 조직이 전무했다. 자초한 일이었다. 결국 김한길 대표의 전략과 전술과 조직에 기대는 수밖에 없었다. 김한길 대표가 사석에선 안철수 대표를 "철수야"라고 부를만큼 둘은 막역한 사이였다. 그렇다고 안철수 대표가 의원들을 설복시킬 수 있을만큼 친화력이 강한 스타일도 아니었다. 오히려 당내에선 '대인기피증'이 있는 게 아니냐는 의심을 살 정도였다. 안철수 대표는 "남들이 못 가진 걸 가졌지만 남들이 다 가진 걸 못 가졌다"는 우스갯소리마저 돌았다.

김한길 대표는 지략가와 모사꾼의 양면성을 지닌 정치인이다. 김한길 대표는 안철수 대표를 끌어들여서 당내 최대 계파인 친노를 견제하는 데 성공했다. 대통령제 국가에서 당내 계파란 결국 유력한 대선 후보를 중심으로 형성되기 마련이다. 친노 쪽엔 문재인 의원이 있었다. 비노 쪽엔 마땅한 대항마가 없었다. 김한길 대표는 2013년 국정원 댓글 사건 정국에서 여권을 상대로 이렇다할 승리를 거두지 못했다. 당시 집권 1년차였던 박근혜 정부는 막강했다. 안철수 카드는 당내에서 문재인 의원과 친노를 견제하면서 김한길 대표의 당권을 강화하기 위한 지렛대였다.

김한길 대표는 안철수 대표를 간판으로 내세운 다음 당내 세력

확장에 열을 올렸다. 김한길과 안철수 체제가 살려면 당권을 잡고 있을 때 확실하게 세력을 구축해놓아야 했다. 견제 대상은 친노 진영과 박원순 시장이었다. 당리당략으론 맞았다. 6·4 지방선거와 7·30 재보선에선 무리한 전략 공천이 이어졌다. 말이 좋아서 전략 공천이지 결국 톱다운식 총재 정치였다. 12년 전엔 완전국민경선으로 대통령까지 배출한 정당의 비극적 퇴행이었다.

7·30 재보선에서 서울 동작을 공천 과정은 퇴행의 극치였다. 허동준 후보와 기동민 후보의 공천 파동은 새정치민주연합의 민낯을 드러내 보이고 말았다. 권은희 의원을 공천하는 과정에서 천정배 후보를 밀어냈다. 손학규 후보를 선당후사를 명분으로 가망 없는 수원 팔달구에 내보냈다가 결국 손학규라는 중도를 상징하는 자원만 잃고 말았다. 김한길식 모사 정치의 한계였다. 새정치민주연합이 민주당의 유전병을 이어받았을 뿐만 아니라 오히려 중병으로 악화시켰다는 진실이 드러났다. 난파선에 새 간판을 달아도 난파선이었다.

문제는 모사 정치의 유탄을 안철수 대표가 고스란히 다 맞을 수밖에 없던 현실이었다. '새 정치'의 상징은 안철수 대표였다. 안철수 대표는 합당 과정에서 주변의 핵심 참모 그룹을 잃었다. 결국 금태섭 변호사마저 떠났다. 너도 나도 안철수 대표를 도와주겠다던 자문 그룹도 무용지물이 됐다. 합당 이후 7·30 재보선까지 안철수 대표의 멘토 그룹은 사실상 개점 휴업 상태나 다름없었다. 결국 안철수 현상마저 안철수를 떠나버리고 말았다. 안철수 대표를 통해 대안 정당을 기대했던 유권자 집단이 흩어지기 시작했다. 안철수 대표의 대선 후보 지지율은 추락하기 시작했다.

사실 안철수 대표가 새정치연합을 창당하든 새정치민주연합과 합당하든 그건 중요한 게 아니었다. 방법이 무엇이든 유권자를 제대로 대변해주지 못하는 지금의 대의정치 체제를 혁신해달라는 게 안철수 현상의 시대적 요구였다. 안철수 대표는 안철수 현상이 내려준 사명을 수행하는 데 실패했다. 처음엔 정치인으로서 승부사적 기질이 결여된 선천적 약점 탓이었다. 수많은 인재들이 모여들었지만 그들이 왜 자신한테서 희망을 찾으려고 하는지 이해하려고 하지도 않았고 책임지려고도 하지 않았다. 후천적 CEO 리더십 탓이다. 이 기질에 대의정치에 대한 이해 부족과 훈련 부족이 더해졌다. 나중엔 안철수 현상과 자신을 동일시하는 오만함 탓에 무너졌다.

안철수 현상과 안철수 대표는 이제 완전히 괴리됐다. 안철수 의원한텐 재기할 여지가 별로 없는 이유다. 안철수 현상이 없는 안철수는 초선 의원일 뿐이다. 오히려 새정치민주연합에선 안철수 의원에 대한 비판을 자제하는 분위기다. 안철수 의원이 없으면 새정치민주연합은 정당 지지율이 단 자리 숫자에 불과한 민주당으로 전락할 공산이 크다. 결국 안철수 의원은 난파선의 찢겨진 깃발 처지로 전락했다. 안철수 의원의 실패는 안철수 현상이란 시대적 요구를 안철수라는 정치인이 감당하지 못해서 빚어진 일이다.

안철수 의원은 『안철수의 생각』에서 "제 인생에서 성공의 정의란 삶의 흔적을 남기는 것"이라고 말했다. 안철수 의원은 안철수 현상을 통해 정치에 대한 대중적 열망을 다시 일깨웠다. 안철수 의원은 한국 정치에 분명 흔적을 남겼다. 그 흔적은 성공 사례가 아니라 반면교사가 되었다. 안철수 현상은 이제 새로운 구심점을 찾아야 한다. 안철수 의원을 대신할 상징이 등장하기 전까진 대중의 탈정치 현상은 가속화될 수밖에 없다. 한국은 대안 없는 민주주의 사회로 빠르게 이행할 공산이 크다. 안철수의 실패가 한국 정치의 실패인 이유다.

2012년 9월 19일, 서울 충정로 구세군아트홀 북새통 인파 가운데 선 안철수의 대선 출마 선언은 이랬다. "지금 대한민국은 낡은 체제와 미래 가치가 충돌하고 있습니다. 국민들은 이제 정치부터 바꿔야 한다고 이야기하십니다. 저는 세상을 움직이는 것은 진심이라고 생각합니다. 진심의 정치를 하겠습니다." 그는 윌리엄 깁슨의 말을 인용하면서 출마 선언을 마무리했다. "미래는 이미 와 있다. 다만 널리 퍼져 있지 않을 뿐이다." 안철수 원장은 말했다. "그렇습니다. 미래는 지금 우리 앞에 있습니다." 3년 뒤 안철수 의원은 우리가 잃어버린 미래가 됐다. 그렇게 실패한 과거가 되고 말았다.

정치의 생산성을 높여야 경제가 살지

2014년 초겨울, 문재인 의원은 정말 당권에 도전했다. 이미 여러 경로를 통해 여론을 청취해온 터였다. 새정치민주연합의 박영선 비대위원장 체제가 붕괴되면서 결심을 굳힌 듯했다. 문재인 의원은 새정치민주연합의 최대 계파인 이른바 친노계의 정점에 있다. 2012년 18대 대선에선 무려 1,469만 표를 획득한 유력 대권 후보다. 야권에는 문재인 의원 말고도 박원순 서울 시장이나 안철수 의원 같은 잠룡들이 있지만, 실전에서 득표력을 입증한 후보는 문재인 의원이 유일하다.

새정치민주연합 전당대회가 2015년 2월 8일에 열렸다. 문재인 의원이 당 대표로 선출되었고 유력 대선 후보이자 최대 계파 수장이 당을 지휘하게 됐다. 2016년 4월 총선의 공천권도 문재인 의원이 행사한다. 공천권이란 칼자루를 쥐고 흔들면 새정치민주연합 내부에서 친노 세력을 극대화하는 것도 가능하다. 그쯤 되면 친노가 아니라 친문이다. 총선에서 선전한다면 2017년 새정치민주연합의 대선 후보로 선출되는 건 떼놓은 당상이다. 2015년 2월 전당대회에서 당권을 장악하고 2016년 4월 총선에서 승리하고 2017년 12월 대선에서 정권을 탈환한다는 그림을 그려봄 직하다.

정확하게 이런 수순을 밟아서 청와대에 입성한 정치인이 있다. 박근혜 대통령이다. 박근혜 대통령은 2011년 10월 26일 재보궐 선거에서 한나라당이 패배하자 비상대책위원장으로서 당권을 장악했다. 박근혜 위원장은 한나라당의 당명을 새누리당으로 바꿨다. 2012년 4월 총선에서 공천 개혁을 단행했다. 새누리당은 총선에서 승리했고 친박계가 주류로 부상했다. 박근혜 위원장은 곧바로 2012년 12월 대선 준비를 시작했다. 어차피 새누리당 대선 후보로 선출되는 건 떼놓은 당상이었다.

그 덕에 경제민주화 같은 중도 정책들을 선점할 수 있었다. 보수 정당인 새누리당 안에서 재벌 개혁과 보편적 복지가 골자인 경제민주화를 주장하긴 쉽지 않다. 당내 경선에서 보수 강경파의 이념 공세에 시달리기 십상이기 때문이다. 일단 경선에선 보수 정책을 강조하고 본선에선 중도 정책을 강조하는 게 수순이다. 어차피 박근혜 위원장한텐 당내 경쟁자가 없었다. 일찌감치 중도 정책을 내세울 수 있었다. 덕분에 대선에서 정책 주도권을 잡는 데 성공했다. 반면에 막판까지 단일화에 매달려야 했던 야당 문재인 후보는 정책 차별성을 부각시킬 기회를 놓쳤다. 결국 박근혜 후보가 대한민국 18대 대통령에 당선됐다.

문재인 대표는 이제 박근혜 대통령의 집권 전략을 추격하게 된다. 물론 넘어야 할 관문이 많다. 전당대회에서 승리한 문재인 대표는 일단 총선 주도권을 잡았다. 하지만 총선에서 이겨야 일찍부터 대선을 준비할 수 있다. 정치는 선거에서 이겨야 계속할 수 있는 경기다. 박근혜 대통령은 이 관문마다 승리했다. 선거의 여왕이라고 불리는 이유다. 문재인 대표는 이제까지 부산 사상구에서 단 한 차례 이겨봤을 뿐이다. 그래도 이게 문재인 대표한텐 가장 현실적인 집권 로드맵이다. 이기면 된다.

그런데 이상하다. 이겨서 대통령이 됐는데 자꾸 실패한다. 승자는 집권한다. 정작 정상엔 함정이 기다리고 있다. 승자가 반드시 성공하는 건 아니다. 승패는 선거 결과에 달려 있지만 성패는 정치제도에 달려 있기 때문이다. 이기려고 이용한 제도들이 대통령의 필패를 유발한다. 한국 정치의 악순환이다.

집권 초기부터 박근혜 대통령이 여당인 새누리당에 미치는 영향력은 막강할 수밖에 없었다. 사실상 박근혜 대통령이 새누리당의 대주주나 진배없기 때문이다. 친이계의 견제 속에서 대선 후보가 되려면 피할 수 없었다. 집권 이후에도 편하게 국정을 운영하려면 원내 다수당인 새누리당을 계속해서 청와대 아래에 묶어둬야 했다. 박근혜 대통령은 그렇게 행정권력뿐만 아니라 의회권력까지 틀어쥐었다.

한국의 대통령제 아래에선 필연적인 선택이다. 흔히 제왕적 대통령이란 표현을 쓴다. 절반만 맞는 말이다. 1987년에 성문화된 6공화국 헌법은 대통령의 권한을 상당히 제한해놓았다. 단적으로 의회 해산권이 없다. 유신 독재와 5공화국을 거쳐 쟁취한 민주화 헌법이었으니 당연하다. 국회가 청와대를 견제할 장치들도 차곡차곡 덧붙여졌다. 대통령의 인사권을 견제하기 위해 2000년에 도입된 국회 인사청문회 제도가 대표적이다. 법제도상으로 한국의 대통령은 도무지 영이 안 서는 존재다. 이기는 데만 능숙한 대통령이 이걸 잠자코 받아들이긴 어렵다. 제도의 난맥을 정치력으로 돌파하려 든다. 일단 의회부터 정치적으로 장악한다. 예외가 없었다. 이명박 대통령은 2007년 12월 대선에서 당선되고 불과 4개월 만인 2008년 4월 총선을 치렀다. 당시 이명박 대통령은 측근들을 모조리 총선에 총출동시켰다. 청와대를 지킬 사람이 없단 얘기가 나올 정도였다. 그렇게 총력전을 펼쳐서 과반 의석을 확보하는 데 성공했다. 노무현 대통령도 마찬가지였다. 노무현 대통령은 열린우리당을 창당했다. 2004년 총선을 통해 단숨에 원내 다수당을 만들었다. 대통령 탄핵 역풍이라는 특수한 정치 환경 아래에서 치러진 선거였다지만 청와대가 의회권력을 손에 넣었다는 점에선 대동소이했다.

이렇게 한국의 대통령들은 제한적인 대통령 권력을 확대하기 위해 권력 투쟁을 벌여나가는 수밖에 없다. 대통령에 당선됐는데도 진정한 대통령이 되려고 애써야 하는 꼴이다. 이런 패권 정치가 반복되다 보니 국회는 퇴행할 수밖에 없다. 대통령이 국회를 주도하려면 정당이 생각을 해선 안 된다. 미국에선 여당 의원이 대통령 정책에 반대표를 던지는 경우가 흔하다. 정당이 대통령을 배출한 것이고 대통령의 임기가 끝나도 정당은 영속하기 때문이다. 한국은 정반대다. 여당은 대통령이 만든 입법 도구일 뿐이다.

이렇게 자기 주관이 없는 정당을 만드는 데 소선거구제만큼 효과적인 방법도 없다. 소선거구제에선 지역구별로 한 명의 국회의원만 뽑는다. 지금으로서는 대구의 야당 지지자나 광주의 여당 지지자가 던진 표는 사표가 된다. 유령이다. 결국 당색이 당락을 좌우한다. 중앙당을 뒤에서 조종하는 대통령의 영향력이 지역구까지 미치게 된다. 소선거구제와 대통령제는 물고 물리는 문제다.

이렇게까지 권력을 확대해놓고도 할 수 있는 일이 별로 없다는

게 한국 대통령제의 모순이다. 노무현 대통령과 이명박 대통령은 집

권 이후에 의회를 장악했다. 박근혜 대통령은 아예 집권 전에 의회권

력을 차지했다. 어쩌면 문재인 대표도 같은 길을 걸을 지도 모른다. 정

작 이렇게 쌓아놓은 대통령 권력은 모래성 같다. 소선거구제로 뽑힌

국회의원들은 등원한 첫날부터 재선을 고민한다. 재선을 하려면 지역

구의 소지역주의적 민원부터 해결해줘야 한다. 당연히 부동산 관련

민원이 제일 많다. 누구보다도 의원들이 부동산 가격이 오르길 바라

게 된다. 그래야 지역구 민심이 흉흉해지지 않기 때문이다.

모래성 권력을 유지하려는 대통령 입장에서 지역구 의원들의 요

구를 무시하긴 어렵다. 애써 쌓아놓은 권력이 흩어질 수 있다. 대통령

은 자신이 얼마나 취약한 세력 기반 위에 서 있는지 누구보다 잘 알고

있다. 이쯤 되면 왜그 더 도그(Wag the Dog)다. 꼬리가 몸통을 흔든다.

모래성을 스스로 무너뜨린 대통령도 있다. 노무현 대통령이다. 부

동산과의 전쟁을 벌여서 열린우리당 지역구 의원들의 억장을 무너뜨

렸다. 그 대척점에 박근혜 대통령이 있다. 박근혜 대통령은 처음엔 경

제민주화와 창조경제를 주창했다. 부동산 경기 부양과는 거리가 멀

다. 집권 2년차에는 최경환 부총리를 기용해서 부채 주도 성장 정책

을 추진하기 시작했다. 재정을 풀고 금리를 내려 사람들이 빚을 내서

라도 돈을 쓰고 집을 사게 만드는 정책이다.

재벌 개혁도 마찬가지다. 정치엘리트들은 거대 기업이나 재벌 가

문들과 공적·사적으로 밀접한 관련을 맺기 마련이다. 대통령이 의회

를 우회해서 기득권을 견제하려면 시민 동원 말고는 방법이 없다. 노

무현 대통령이 즐겨 썼던 통치 전략이다. 문제는 의회의 지지가 모래

성이라면 국민의 지지는 하루살이란 점이다. 국민의 지지를 잃은 대

정치의 땅산성을 놓여야 경제가 산다

통령은 이내 권력 체제 안에서 고립된다. 실패하고 만다. 박근혜 대통령은 하루살이 국민 지지나 모래성 의회 충성을 모두 믿지 않는다. 그래서 재벌 개혁 같은 위험한 정치는 마다한다.

박근혜 대통령은 권력 의지가 강한 정치인이다. 집권 전부터 쌓은 모래성이 흩어지는 걸 두고 볼 리가 없다. 부동산 경기 부양은 새누리당 지역구 국회의원들한텐 호재다. 사실 최경환 부총리도 경북 경산시에서 당선된 지역구 의원이다. 이러면 대통령 권력은 유지된다. 그 대신 경제민주화나 창조경제 같은 대국민 공약은 폐기처분된다.

대한민국의 권력은 국민한테서 나온다고 알려져 있다. 선거날에만 적용되는 얘기다. 선거가 없는 날엔 청와대와 국회가 대한민국의 2대 권력 원천이다. 청와대는 잘못하면 자신을 견제할지도 모르는 국회를 묶어두려고 한다. 결국 대선에서 자신을 뽑아준 유권자들을 버린다. 어차피 5년 단임제. 유권자들한테 또 책임질 일이 없다. 임기 중에 권력을 유지하려면 국민이 아니라 국회를 선택해야 한다. 매번 반복되는 상황이다. 그 결과 통치는 대통령이 하고 책임은 다음 국회가 지는 모순이 발생한다. 현행 제도가 만들어낸 모순들이다. 이대로라면 문재인 대표뿐 아니라 여야의 차기 대권 잠룡들도 이런 경로에 의존할 수밖에 없다.

다른 길이 아주 없진 않다. 개헌과 선거제도 개편과 정당 개혁이다. 대통령과 국회가 서로를 견제하게 만든 현행 헌법이 문제다. 흔히 3권 분립이 민주주의의 금과옥조인 양 떠받든다. 3권 분립은 형식적인 수사일 뿐이다. 현대 국가에서 분산된 권력은 정치의 생산성을 떨어뜨린다. 한국의 대통령들은 국회를 장악하기 위해 임기 5년을 다 보내고 있다고 해도 과언이 아니다. 대통령 혹은 국회에 권력을 몰아주는 방법이 있다. 대통령한테 권력을 몰아주면 독재다. 결국 국회가 유일한 권력기관이 되는 내각제가 유일한 대안이다. 이러면 청와대와 국회 사이에서 벌어지던 정치투쟁이 의회 안으로 집약된다.

권력은 역설이다. 권력을 분립해놓으면 오히려 현행 대통령제처럼 독점이 일어난다. 내각제에서 권력을 융합해놓으면 오히려 분립이 일어난다. 수상은 의회해산권을 발동할 수 있고 의회는 내각불신임권을 활용할 수 있어서다. 적어도 내각과 국회가 대통령의 들러리나 서는 상황은 사라진다.

한때 반기문 UN사무총장을 대통령 후보로 추대하려는 움직임이 정치권 안에서 감지됐던 것도 그래서다. 사실 정치권 안에선 한참 된 얘기다. 반기문 총장 측은 차기 대선 후보 여론조사 대상으로 자신을 거론하지 않겠다는 각 언론사의 약속을 받아둔 상태였다. 새삼 엠바고를 깨고 새삼스럽지도 않은 여론조사 결과가 발표되는 건 개헌 논의와 상관이 깊다.

지금 의회는 전대미문의 초강력 청와대 때문에 몸살을 앓고 있다. 그 반작용이 개헌 논의다. 다음 대선 전엔 현행 대통령제를 손질해야 한다는 인식이 널리 확산되고 있다. 게다가 일찍부터 집권을 준비해온 박근혜 정부마저 앞선 정부들의 실패 경로를 따라가고 있다. 이쯤 되면 선수가 아니라 규칙의 문제다.

이원집정부제든 내각제든 공통점이 하나 있다. 대통령의 권한을 대폭 축소하고 권력을 내각이나 의회로 이양한다는 부분이다. 이때 대통령감으로 반기문 총장만 한 인물도 없다. 특별히 정적도 없는 데다 외교 분야에선 국제적 인맥을 구축했기 때문이다.

청와대는 일단 개헌 논의를 봉쇄하고 있지만 2015년에는 개헌 정국이 본격화될 공산이 매우 높다. 연초부터 증세 역풍으로 지지도가 추락하고 있는 상황에서, 최경환 부총리의 이른바 초이노믹스마저 실패한다면 박근혜 정부로서도 더 이상 쓸 수 있는 정책 카드가 별로 없기 때문이다. 이땐 개헌 논의에 끌려 들어갈 수밖에 없다.

시대적 요구와도 이어져 있다. 정치적으론 87년 체제와 경제적으론 97년 체제가 동시에 끝나가고 있다. 87년 체제를 극복하려면 현행 대통령제를 수술해야 한다. 결국 개헌이다. 복잡다단해진 한국 사회는 더 이상 큰 명령 하나로 움직일 수 있는 규모가 아니다. 97년 체제를 극복하려면 경제민주화를 완수해야 한다. 결국 선거제도를 개혁해서 경제적 약자 계층을 대변할 수 있는 정당이 원내에 존재할 수 있게 해줘야 한다. 그러자면 결국 소선거구제를 중대선거구제로 바꿔 다당제를 실현해야 한다. 소선거구제와 맞물려 있는 대통령제 아래에선 어려운 개혁 과제다.

현행 대통령제에선 총리의 내각조차 무력화되기 일쑤다. 박근혜 정부에서 가장 극심하다. 정홍원 총리는 재활용 총리라는 오명을 뒤집어썼다. 모든 국정 운영이 청와대에 집중된 상태다. 이완구 총리 내정자는 "대통령께 직언하는 총리가 되겠다"라는 포부를 밝혔다. 거꾸로 읽으면 총리가 대통령한테 직언 한마디 하기도 어렵다는 말이 된다. 권위주의 정권에서나 일어나는 일이 지난 2014년 내내 벌어졌다. 국무회의는 요식 행위다. 인사청문회를 거친 장관 대신 대통령의 오른팔, 왼팔인 행정관들이 국정을 뒤흔든 모양새다. 정윤회 게이트로 불거진 이른바 문고리 3인방과 십상시 논란은 비대해진 청와대 권력이 좌초한 일이다. 대통령이 권력을 자신한테 초집중시킨 부작용이다. 이러니 문제가 생긴다. 권력이 넘쳐서 오히려 권력을 약화시키고 있다. 이원집정부제는 내각을 제대로 활용하려는 정치 제도다. 내각제는 아예 권력의 중심을 청와대에서 내각과 여의도로 옮기는 선택이다. 권력을 의회에 넘길 것이냐 내각에 나눠줄 것이냐, 그것이 문제다.

정치 개혁이 경제 개혁이다. 먹고사는 문제가 정말 급하면 시장이 아니라 국회로 가서 정치부터 뜯어고쳐야 한단 얘기다. 토마 피케티 교수는 『21세기 자본』에서 "민주주의가 자본주의의 원칙을 재창조한다"고 강조했다. 한국식으로 바꿔 해석하면 87년 체제를 개헌해서 97년 체제를 개혁해야 한단 말이 된다. 해법은 시장 안에 있지만 희망은 시장 밖에 있다.

문재인 대표는 2013년 12월에 낸 대선 회고록 『1219 끝이 시작이다』에서 누구보다 강하게 정당 개혁을 열망했다. 자기 주관이 있는 정당이 창출한 정권만이 자기 정치를 할 수 있다는 걸 경험적으로 알았기 때문이다. 2015년 2월 당권을 잡은 문재인 대표는 기로에 섰다. 역대 대통령들이 걸었던 패도를 좇을 것인지, 정당 개혁과 정치 개혁으로 나아갈 것인지 선택해야 한다. 어쩌면 쥘 수 있을지도 모르는 대통령 권력을 건 도박이다.

정치 개혁이 이뤄지면, 승리한 정치인이 실패한 대통령이 되는 한국 정치의 악순환을 끊어낼 수 있다. 적어도 분산된 권력이 서로 아옹다옹하다가 시간을 낭비하는 한국 정치의 비생산성을 타파할 수 있다. 2015년은 침몰하는 국회와 폭주하는 청와대가 개헌의 길목에서 대충돌하는 해다. 이미 청와대의 권력은 부패하기 시작했다. 정윤회 게이트가 절대 권력은 절대 부패한다는 증거다. 원인은 대통령제다. 경제를 살리려면 정치의 생산성부터 붙여야 한다. 한국 정치는 오히려 퇴행하고 있다.

절차적 민주주의가 버그를 낳는다

2013년 7월 13일 저녁, 서울에는 장대비가 내렸고 서울광장엔 촛불이 켜졌다. 촛불 시위 참가자는 2만 3,000명을 넘었다. 경찰 추산 6,500명이었다. 분명한 건 시위 참가자가 빠르게 늘고 있단 사실이었다. 국정원의 정치 개입을 비판하는 촛불집회였다. 이 촛불 시위는 2013년 6월 21일에 시작됐다. 초창기 참가자 수는 평일엔 100명 남짓이었고 주말에도 1,000명을 넘지 않았다. 7월로 접어들면서 규모가 커지기 시작했다. 7월 6일이 분수령이었다. 처음으로 1만 명을 넘어섰다. 경찰 추산 4,500명이었다. 서울광장이 촛불로 가득 메워진 긴 그날이 치음이었다.

5년 만이었다. 다시 서울광장에 촛불이 솟았다. 5년 전과 양상도 비슷했다. 2008년 촛불 시위는 5월 2일 발화됐다. 종로구 청계광장 일대가 최초 발화점이었다. 처음엔 수백 명 규모의 촛불 문화제로 기획됐다. 그런데 수만 명이 몰렸다. 주최 측도 경찰도 당황했을 정도다. 촛불 시위는 5월 내내 확산됐다. 5월 24일엔 청와대 쪽으로 행진을 시작했다. 5월 31일엔 청와대 목전까지 진출해서 충돌이 빚어졌다. 급기야 경찰은 6월 10일 광화문 대로에 컨테이너 박스로 바리케이드를 쳤다.

사실 10년 만이었다. 2004년 3월 촛불 시위의 무대는 광화문이 아니라 여의도였다. 2004년 3월 12일 여의도 국민은행 앞에 시민 3,500명이 모였다. 처음에 1,000명 남짓했던 시위대 숫자는 한 시간 만에 세 배 넘게 불어났다. 2004년 3월 20일이 되자 촛불 시위는 전국으로 확산됐다. 촛불의 주요 무대도 여의도에서 광화문으로 이동했다. 시위대는 서울광장을 가득 메우고 광화문을 넘어 종로까지 점령했다. 참가 인원은 30만 명까지 늘어났다. 경찰 추산 15만 명이었다. 촛불 시위는 4월로 접어들면서 잦아들었다. 한 달 동안 전국을 들쑤신 뒤였다.

2000년대의 한국 정치는 촛불을 빼놓고는 얘기할 수 없다. 2002년 6월 미군 장갑차에 치여 숨진 여중생 효순이와 미선이를 추모하는 집회가 광화문에서 열린 게 촛불 시위의 효시다. 사람들이 촛불을 들고 나온 것도 추모 집회였기 때문이다. 촛불 집회를 처음 제안한 건 무명의 네티즌이었다. 촛불 시위는 분명 인터넷 시대의 산물이다. 인터넷 덕분에 한 사람의 생각이 만인의 생각으로 확산될 수 있었다. 최초의 촛불 집회는 한미주둔군지위협정 개정을 요구하기 시작하면서 추도 모임에서 정치 시위로 성격이 바뀌었다.

2002년 6월은 마침 한일 월드컵이 열린 시기였다. 대규모 거리 응원전은 시민들이 군중으로서의 힘을 자각하는 뜻밖의 계기가 됐다. 남녀노소를 막론한 시민들이 대규모로 뭉친 건 1987년 6월 항쟁 이후 처음이었다. 1987년 서울 거리를 가득 메운 대규모 군중은 대통령 직선제 개헌을 실현시켰다. 군중은 국가권력을 무너뜨릴 수 있는 유일한 존재다. 평소에 정부는 절차적 민주주의를 통해 군중의 힘을 제도권 안에 묶어둔다. 그게 선거다. 1987년 체제는 이후로 군중을 선거제도 안에 가둬두는 데 그럭저럭 성공했다. 시민이 군중으로 뭉치려면 대의명분이 필요하다. 명분 없는 군중은 폭도다. 민주적 정통성을 가진 정부가 들어서면서부터 통치에 시비를 걸만한 명분은 사라졌다. 그렇게 10여 년이 흘렀다. 시민들도 서서히 자신들이 한때 군중이었단 사실을 잊어갔다.

2002년 촛불 추모 집회와 월드컵 응원전은 87년 이후 세대한테 처음으로 군중의 기억을 심어줬다. 2002년 대선은 각성한 군중의 힘이 민주적 제도를 통해 선거 결과를 바꾼 사건이었다. 기존 정치권에도 엄청난 충격을 줬다. 이때부터 촛불은 한국 정치의 주요 변수이자 2000년대 이후 시민사회의 부상을 의미했다. 1990년대까지 한국엔 국가권력만 존재했다. 한국인은 오직 국민으로 호명됐다. 국민은 국가권력에 충성해야 한다. 시민은 다르다. 국가란 시민과 계약을 맺은 존재다. 시민은 언제든지 국가와의 계약을 파기할 수 있다.

촛불 시위는 한국 사회의 정치사상적 흐름이 홉스에서 로크로 이동하게 만들었다. 홉스는 만인에 의한 만인의 투쟁 상태를 해소하려면 국가라는 리바이어던이 필요하다고 주장했다. 홉스는 개인이 자신의 권리를 국가에 양도한다고 표현했다. 양도란 포기를 뜻한다. 로크는 국가란 시민사회와 정부의 합의체라고 여겼다. 정부는 시민사회로부터 통치를 의뢰받는다. 시민사회는 정부를 감시·감독한다. 시민은 정부에 권리를 신탁했을 뿐이다. 언제든지 원금을 회수할 수 있는 예금주다.

촛불 시위 이전에도 국가권력에 대한 저항은 있었다. 1960년 4·19혁명이 대표적이다. 1970년대와 1980년대 내내 이어졌던 대학가 시위는 격렬했다. 촛불과는 차이가 있었다. 당시 정부는 민주적 정통성이 부족했다. 시민과 정부의 대립은 정통성을 놓고 싸우는 권력투쟁과 흡사했다. 죽느냐 사느냐의 싸움이었다. 이런 권력투쟁은 오히려 시민사회의 형성을 저해했다. 시민은 평소엔 정부의 통치를 부정하지 않는다. 정부가 계약을 깼을 때만 시민불복종 운동을 전개한다. 시민불복종이 확산되려면 그만한 대의명분이 필요하다. 민주화 이전엔 정부 자체가 사기꾼이었다. 계약을 맺을 자격이 부족했다. 존 로크적 사회계약이 성립되는 게 불가능했다.

촛불은 시민이 정부와의 계약 관계를 존중한다는 표식이었다. 1980년대의 화염병은 정부를 계약 대상으로 보지 않는다는 의미였다. 화염병과 촛불의 차이는 크다. 이러니 기존 정치권도 촛불의 존재를 인정하지 않을 수 없었다. 단순히 통치의 대상이었던 국민이 시민으로 성숙했던 사실을 받아들여야 했다. 그건 촛불이 선거 결과를 좌지우지하게 되면서 더욱 명약관화해졌다. 2002년 촛불은 대선 결과를 바꿨다. 2004년 촛불은 4·15 총선 결과를 바꿨다. 2008년 촛불은 사실상 2007년 대선과 2008년 총선 결과를 거의 무효화했다. 청와대 기능은 마비됐고 여당은 여의도에 고립됐다.

2013년의 촛불을 대하는 정부와 여야와 언론의 태도가 전례없이 신중했던 건 그래서다. 더 이상 촛불로 대변되는 시민사회를 무시할 수는 없다. 한국도 홉스적 국가관을 강요할 수는 없는 시대로 접어들었다. 사실 한국 정부는 준비가 안 된 채 시민사회의 도래를 경험했다. 초고속으로 발전한 인터넷 덕분에 미처 손쓸 새도 없이 시민사회가 형성됐다. 2008년 촛불 앞에서 청와대와 국회가 모두 무기력했던 원인이다.

2013년도엔 달랐다. 대비를 했다. 시민사회가 진화하는 속도만큼 통치술도 빠르게 발달했다. 시민을 군중으로 만드는 건 대의명분이다. 그 명분을 재생산하는 건 언론이다. 한국의 정치권력은 사실상 주류 언론을 모두 장악했다. 정부가 주류 언론을 장악하기란 땅 짚고 헤엄치기보다 쉽다. 대통령이 언론사 정치 부장과 편집국장을 모아서 오찬을 열면 그만이다. 언론사마다 필요한 민원을 좀 들어주면 된다. 튀는 언론도 있다. 앞선 정부는 5년 동안 공들여서 튀는 언론들을 재조직해왔다. 통제가 안 되는 건 인터넷이다. 방법은 각개격파뿐이다. 국정원 심리전단이 맡았던 역할이다. 정보 조직의 부상은 정부가 통치력이 강화하려고 할 때 나타나는 필연적인 현상이다. 촛불 시위의 반작용이다. 정치학자 프랜시스 후쿠야마는 『정치질서의 기원』에서 명 왕조의 동창을 비슷한 사례로 제시한다. 통치력을 강화하기 위해 황제가 만든 정보 조직이 동창이다. 동창은 거꾸로 황제를 옹립하거나 견제하는 권력 기구로 부상한다. 1960년대 미국에서도 존 에드거 후버가 이끄는 FBI가 사실상 동창과 같은 역할을 했다. 어쩌면 한국도 그 길을 가고 있다. 매해 국정원 개혁이 도마 위에 오르는 이유다. 시민을 통제하는 가장 효과적인 방법은 정보의 통제다. 결국 언론과 정보기관을 장악하면 된다.

그래서 2013년 7월 들어 촛불 시위가 확산되는 조짐을 보였는데도 당시 방송과 신문에선 거의 다루지 않았다는 건 의미심장하다. 2008년 촛불이 횃불로 증폭됐던 건 언론을 풀어놓았기 때문이었다. 이번엔 달랐다. 시민사회는 시국 선언으로 맞불을 놓았다.

2013년 6월 20일, 서울대와 이화여대, 경희대, 성공회대 총학생회가 시국 선언을 발표했다. 총학생회의 시국 선언은 기대만큼 반향을 불러일으키지 못했다. 대학생이 지식인 대접을 받던 시대는 지났다.

6월 26일엔 한양대 교수 47명이 시국 선언을 발표했다. 27일엔 우석대, 28일엔 동국대 교수가 시국 선언에 동참했다. 교수들의 시국 선언은 무게감이 달랐다. 7월 들어선 한신대, 전남대, 성공회대 교수들이 나섰다. 민주사회를 위한 변호사 모임과 사법연수원 43기 연수원까지 나섰다. 두더지 게임처럼 언론 통제로 막으면 시국 선언이 튀어나오는 형국이었다. 이젠 정부도 시민도 촛불의 정치적 저력을 알기 때문에 일어난 일이다. 2013년 국정원 정치 개입 항의 촛불 집회는 촛불 선수끼리 벌이는 창과 방패의 대결 같았다.

촛불이 5년마다 반복되는 건 우연이 아니다. 매번 명분은 달랐다. 근본적인 원인은 민주주의의 불완전성 때문이다. 민주제도는 시민의 의지를 온전히 반영하지 못한다. 대의민주주의의 한계다. 민주제도를 통해 시민에서 정부로 권력이 이양되는 과정은 늘 왜곡된다. 선거는 왜곡된 민의의 결과다. 그렇다고 선출된 정부에 정당성이 없는 건 아니다. 선거는 시민의 뜻을 반영하기 위해 치러지는 게 아니기 때문이다. 정통성 있는 정부를 이어가기 위해 치러진다. 2000년 미국 대선은 패자가 승자가 된 사례였다. 승자 앨 고어는 패배를 인정했다. 정치적 승리보다 우선하는 건 정부 통치력의 유지다. 전 세계 어느 정부도 완전무결한 정통성을 지닐 수는 없다. 이제까지 타올랐던 모든 촛불은 언제나 정부의 정통성과 관련이 있었다. 당시의 대의명분은 명분일 뿐이었다. 결국 모든 촛불 시위에서 정권 퇴진 구호가 튀어나올 수밖에 없었던 이유다. 절차적 민주주의의 버그가 촛불을 낳는다.

야당에 촛불은 양날의 검이다. 시민사회는 야당의 대체재다. 정부를 견제하는 역할은 원래 야당의 몫이다. 촛불은 야당에 대한 불신이 깔려 있는 현상이다. 촛불이 득세할수록 야당의 존재 이유는 줄어든다. 촛불이 불타오를 때마다 야당이 늘 우유부단한 태도를 취하는 이유다. 정치는 어젠다 싸움이다. 야당은 청와대와의 어젠다 싸움에서 이기기 어렵다. 청와대의 정치권력은 행정력이 아니라 의제 설정 능력에서 나온다. 촛불은 야당에 있었던 그나마의 의제 설정 능력도 없애버린다. 시민사회는 야당한텐 언제나 가장 강력한 동지이면서 가장 강력한 경쟁자다. 야당 안에서도 촛불을 바라보는 시각이 늘 엇갈리는 이유다. 2008년 촛불과 달리 2013년 촛불엔 앞장서야 한다는 주장도 있었지만 대부분은 원외 정치에 부담을 느꼈다. 직접민주주의에 호소하는 순간 야당은 스스로의 존재 이유를 부정하는 꼴이 되기 때문이다.

촛불을 끄는 방법이 있다. 거버넌스(Governance)다. 정부가 거번먼트(Government)를 포기하고 통치를 하는 대신 통솔을 하면 된다. 사실 지금 한국 사회가 겪고 있는 대부분의 갈등은 정부의 통치력에 대한 시민사회의 견제가 빚어낸 쟁점들이다. 한국 정부는 거번먼트에 집착하고 있다. 검찰과 국정원 같은 권력기관을 장악하고 언론과 기업을 통해 통치력을 강화한다. 정부가 거번먼트에 집착하는 것도 사실 촛불 탓이다. 역설이다. 정치학자 프랜시스 후쿠야마는 『정치질서의 기원』에서 이렇게 썼다. "알렉시스 드 토크빌 이래, 근대 자유민주주의는 역동적인 시민사회 없이는 불가능하다는 명제가 다수의 민주주의 이론에서 채택되었다. 자발적 사회집단은 개인이 서로 힘을 모아 새로운 환경에서 발휘할 수 있도록 확산 효과를 내며 그것은 사회적 자본이다." 그러나 후쿠야마는 시민사회의 위협도 경고했다. "고도로 발달된 시민사회는 민주주의에 위협을 가져올 수도 있고 심지어 정치적 쇠퇴로 이어질 수도 있다. 경제사회 갈등의 과도한 정치화는 사회를 마비시키고 민주 제도의 정당성을 해친다. 사회적 동원은 정치 쇠퇴를 불러올 수 있다."

강력한 시민사회가 선거로 뽑힌 대통령을 퇴진시킨 사례가 없지 않다. 에콰도르에선 1996년 압달라 부카람 대통령, 2000년 하밀 마후아드 대통령, 2005년 루시오 구티에레스 대통령이 사임했다. 정부 권력도 얼마든지 퇴출될 수 있단 얘기다. 정부가 느끼는 불안은 여기에 있다. 정치의 실패가 촛불을 점화했고 그것이 다시 정부 권력의 비대화로 나타나고 있다. 박근혜 정부는 신문과 방송에 이어 케이블과 인터넷까지 장악해나가고 있다. 박근혜 정부는 사실상 한국의 권력 구조를 보수적으로 개편해나가고 있다. 시민을 다시 국민으로 만들려고 한다. 악순환이다. 새뮤얼 헌팅턴은 『제3의 물결』에서 민주화 물결은 필연적으로 역물결을 불러온다고 지적한다. 촛불이 거듭되는 지금 한국 사회는 그 역물결과 물결의 충돌 지점에 있는지도 모른다. 촛불은 한국 정치를 근본적으로 바꿔버렸다. 성숙한 시민 저항의 상징인 촛불이 뜻밖에도 정부의 통치력을 강화하고 정치를 보수화하는 역설이 일어나버렸다.

2013년에도 그랬다. 집권 1년차 박근혜 정부는 이명박 정부처럼 1년차를 촛불에 얽매이지 않겠다면서 권위주의 정치로 퇴행해버렸다. 야당은 촛불 앞에서 자기 역할을 잃어버렸다. 시민사회의 힘이 당내 계파 어느 쪽에 유리한지 계산하느라 바빴다. 이렇게 한국 정치는 촛불을 둘러싼 공방전으로 매번 몸살을 앓곤 한다. 한쪽에선 촛불을

끄려 하고 한쪽에선 촛불을 켜려고 한다. 촛불로 현 정부의 국정 장
악력을 약화시킬 필요가 있다는 기획도 난무한다. 촛불이 얼마나 밝
아지느냐에 따라 정국의 향방이 달라진다.

촛불은 한국 사회의 정치적 역동성을 보여준다. 한국 정치 체제
는 대통령 5년 단임제다. 5년마다 정권을 바꿀 수 있다. 여야 교체도
가능하지만 같은 정당 안에서도 새로운 계파가 득세할 수 있다. 촛불
은 5년 단임 정권에 대한 실력 행사에 가깝다. 동아시아 국가에서 한
국처럼 정부 권력과 시민사회가 맞대결할 수 있는 나라는 없다. 중국
은 정치권력이 독점돼 있다. 일본은 정치권력이 과점돼 있다. 한국 민
주주의는 동아시아 국가에선 가장 진일보했다. 한국이 거버넌스까
지 이룰 나라일지는 알 수 없다. 정치 형태는 그 나라의 내재적인 문
화 요소에 좌우되기 때문이다. 알렉시스 드 토크빌은 『미국의 민주주
의』에서 미국이란 나라가 민주주의를 발전시킬 수 있었던 건 평등에
대한 욕구 때문이라고 분석했다. 이민자로 이루어진 초기 미국은 태
생적으로 평등하단 인식이 강했다. 이런 평등 의식은 시민이 기꺼이
자신의 자유를 정부에 양도하는 대신 정부가 모두에게 평등한 경쟁
을 보장하는 방식으로 민주주의를 발달시켰다. 한국은 다르다. 한국
은 불평등을 내면화하고 있는 나라다. 모두가 평등하다는 명분을 앞
세우지만 속으론 모두가 불평등할 수 밖에 없다는 현실을 인정한다.
이런 나라에선 좀 더 강력한 정부의 권위에 순종하기 쉽다. 거버넌스
보단 거번먼트에 매력을 느낀다. 한국의 민주정치는 촛불을 넘어서기
어려울지도 모른다.

촛불은 쉽게 불타오르지만 바람 앞에 흔들리기 일쑤다. 1968년
촉발된 68혁명은 프랑스 사회를 당장 변화시킬 거라고 여겨졌다. 그

러나 실제로는 보수 역풍이 불면서 퐁피두 정권이 출범하는 계기가
됐다. 수많은 군중 혁명은 결국 보수 반동으로 끝났다. 정부가 될 수
는 없는 시민사회의 숙명이다. 촛불의 한계다. 2000년대 이후 촛불로
한국 정치를 진보시키고 또 그만큼 퇴행시켰다.

오히려 그럴수록 일본을 닮아간다

뉴욕에 미륵이 재림했다. 2013년 11월부터 2014년 2월 23일까지 뉴욕 메트로폴리탄 박물관에선 〈황금의 나라, 신라〉 특별전이 열렸다. 이 전시의 디바는 국보 83호인 금동미륵보살반가사유상이었다. 뉴요커들은 "동양의 모나리자를 만났다"며 난리었다. 호들갑이긴 해도 아름다움을 마주했을 때 보이는 정상적인 반응이었다. 정작 한국인과 일본인은 이상 반응을 보였다. 일본인들은 이상하리만치 무관심했고, 한국인들은 이상하리만치 의기양양했다.

고류지 목조미륵보살반가상의 존재 때문이다. 고류지 반가상은 일본의 국보 1호다. 한국의 금동미륵보살반가사유상과 일본의 고류지 목조미륵보살반가상은 닮았다. 미륵사상이 수나라와 당나라에서 백제와 신라를 거쳐 고대 일본으로 전파됐기 때문이다. 그 무렵 일본국의 섭정이었던 쇼토쿠 태자가 신라에서 받은 선물이 고류지 반가상이다. 한국인들한테 두 미륵이 닮았다는 건 상식이다. 일본인들한텐 금시초문이다. 한국인은 닮았다고 배웠고 일본인은 금동미륵보살반가사유상의 존재 자체를 배운 적이 없다.

사실 고류지 반가상은 성형수술을 받았다. 100년 전 일본 메이지 정부는 고류지 반가상의 얼굴을 깎아냈다. 미륵이 양악수술을 받은 셈이다. 메이지 정부는 메이저 유신을 통해 일본을 근대국가로 개조했다. 그 바쁜 와중에 고류지 반가상의 얼굴도 개조했다. 그때까지 일본은 수천 년 동안 계속된 대륙과 한반도 추격자 전략에 길들여진 상태였다. 임진왜란을 일으켜 대륙과 한반도를 향해 무력 시위를 했다지만 정치적·이념적·문화적으론 여전히 추격자였다. 선진 문물은 항상 중국 대륙과 한반도를 거쳐 일본 열도로 흘러들었다.

근대화는 달랐다. 민주주의, 자본주의, 자유주의, 사회주의 사상은 일본이 유럽과 북미 대륙에서 직수입한 것들이었다. 마침내 일본이 중국과 한국의 탈추격자가 될 수 있는 절호의 기회였다. 메이지 정부는 일본은 아시아 대륙의 일부가 아니라 유럽 대륙의 일부라고 주장했다. 탈아입구다.

하필 탈아입구의 입구를 고류지의 미륵이 막고 앉아 있었다. 당시 일본의 정치 상황은 녹록지 않았다. 대다수 일본 국민은 근대화를 아주 싫어했다. 근대화는 곧 개항이었고 개항은 곧 외세 침탈이었기 때문이다. 자칫하면 메이지 정부를 붕괴시킬 수도 있었다. 도쿄경제대학원에서 강의했던 마키하라 노리오는 이렇게 지적했다. "그래서 개화가 복고라는 논리가 등장했다." 일본은 고대부터 서구화돼 있었다는 주장이다. 급기야 당시 메이지 천황의 황후는 서양의 투피스 여성복과 저고리와 치마로 이뤄진 고대 일본의 부인복이 "같다"고 단언했다. 지금도 일왕가는 전통 행사에서도 꼬리가 긴 연미복과 서구식 드레스를 입는다. 현대식으로 입는 게 아니다. 고대식으로 입는 것이다.

그렇게 개화가 복고라고 우겼는데 오류가 발견되기 시작했다. 고대 일본 국가는 서구와 닮은 게 아니라 고대 한국과 닮았기 때문이다. 고류지 목조미륵보살반가상이 움직일 수 없는 증거였다. 메이지 정부는 고류지 반가상의 한국적 얼굴을 바꿔놓을 필요가 있었다. 일본 미학자 나가이 신이치는 고류지 반가상의 성형 사실을 밝히면서 이렇게 주장했다. "덕분에 일본인의 얼굴에 가까워져서 더 많이 사랑받게 됐다." 그건 일본인의 얼굴이 아니라 서구화된 일본인의 표정이었다.

일본은 그런 나라다. 아베 총리가 역사를 손바닥 뒤집듯 부정하는 데는 이런 연원이 있다. 일본은 메이지 유신 이후 1세기 동안 사실상 연속적 국가 체제를 유지해왔다. 엔화의 인물도 대부분 메이지 전후 위인들이었다. 천황제가 입헌군주제로 바뀌었지만 과거 역사와의 단절은 없었다. 일본은 과거 역사를 소화하기보단 번번이 개워냈다. 근대화의 사상적 근거를 역사 왜곡에서 찾은 썩은 뿌리 탓이다. 근대화 이후 100년 동안 일본은 단 한 번도 역사를 직시한 적이 없다. 하나의 역사를 직시하면 다른 역사도 직시해야 한다. 그렇게 하나 하나 직시하다 보면 결국 고류사 목조미륵보살반가상의 일그러진 표정과 만나게 된다. 그건 파개승의 얼굴이다.

이제 와서 1세기나 유지된 국가 체제를 전복한다는 건 불가능하다. 국보 1호 고류사 목조미륵보살반가상부터 쓰레기통에 처넣어야 한다. 거울에 비친 자기 얼굴을 미워해야 한다. 불가능하다. 결국 일본인들은 끊임없이 보수화되고 수구화될 수밖에 없었다. 한때 일본인들은 경제적 동물이라고 불렸다. 일본주식회사라는 표현도 나왔다. 돈이 제일 중요했다. 이런 황금만능주의는 사회가 국가 체제를 혁신할 동력을 잃었을 때 나타난다. 어차피 바꿀 수 없다면 다들 돈이나 많이 벌어서 배나 불려보자고 나온다. 그렇게 일본 사회를 퇴행시켜온 암흑의 핵심이 어쩌면 고류지에 있다.

한국은 그런 일본과 이웃이다. 한일 관계가 꼬일 수밖에 없다. 한국 측 사정도 있다. 20세기로 접어들면서 한국과 일본의 입장이 180도 바뀌었다. 한국이 추격자가 됐다. 고대 한국에서 고대 일본으로 불교라는 통치 이념이 전수됐듯이 이번엔 근대 일본에서 전근대 한국으로 국가 체제와 산업 발전 전략과 시장주의 이념이 전래됐다. 서구 유럽과 미국에서 발달돼 일본을 거쳐 한국으로 흘러든 문물들이었다. 20세기 내내 한국은 고대 일본이 2000년 동안 한반도를 바라보며 느꼈던 감정을 모조리 맛봐야 했다. 선망과 분노가 뒤죽박죽된 기분이었다. 한국은 항일과 친일, 반일과 극일 사이에서 내분을 겪을 수밖에 없었다.

2010년대로 접어들면서 마침내 한국은 일본을 거의 따라잡았다. 2000년대 들어 일어난 한류 열풍은 한일 간 문화 역전 현상이다. 그때까지 일본에서 한국으로만 흐르던 문화가 일거에 한국에서 일본으로 역류하기 시작했다. 2010년대로 접어들면서 경제 역전 현상마저 나타났다. 2013년엔 급기야 한국의 경상수지 흑자 규모가 사상 처음으로 일본을 앞질렀다. 수출 괴물 한국이 수출 귀신 일본의 덜미를 잡았다.

이제 한국은 일본이 먼저 겪은 온갖 세기말적 사회문제를 똑같이 고민해야 하는 처지가 됐다. 인구 고령화와 무기력한 젊은 세대와 저성장 시대와 디플레이션 함정 같은 일본병들이다. 일본은 따라잡아야 할 대상에서 기피해야 할 대상으로 전락했다. 과거 한국은 어떻게 하면 일본처럼 될 수 있을까를 고민했다. 지금은 어떻게 하면 일본처럼 되지 않을까를 고민한다. 한국은 1세기 만에 항일과 친일과 반일과 극일을 넘었다.

이명박 정부는 그걸 간과했다. 외교 용어 가운데 '거울 이미지'라는 용어가 있다. 서로 반목하는 두 국가가 서로의 체제를 닮아가는 걸 말한다. 냉전기 미국과 소련이 그랬다. 한국과 일본도 비슷하다. 사실 일본에게 신사참배는 한국의 독도다. 지금처럼 한일 관계가 냉각된 건 이명박 전 대통령이 독도를 방문하면서부터였다. 대통령이 자국 영토를 방문하는 일은 시비걸 일이 아니다. 이명박 정부가 그걸 통해 자국 내 보수 결집을 노렸다는 게 패착이었다. 그래선 고류지 반가상에 얽매여서 퇴행하는 일본과 다를 바가 없다. 한국과 일본이 서로를 싫어하는 건 과거사 때문만은 아니다. 국가 전략이 너무 닮아서이다. 쌍둥이는 서로를 미워한다.

박근혜 정부 이후 한일 관계는 이명박 정부 시절의 냉각기를 넘어 아예 빙하기다. 국내 외교 전문가들은 한일 관계를 하루 빨리 풀어야 한다며 걱정이 태산이다. 그렇게 태산만큼 걱정할 일은 아닐지도 모른다. 국가 발전 전략이나 외교 전략적으로 유용한 빙하기라서다. 만일 일본이 없었다면 국제정치 무대에서 한국 보수 정권의 선택은 자명했다. 한국은 분단국가다. 무조건 친미가 답이다. 그걸 아베가 선점했다. 즉각 미국도 화답했다. 사실상 일본의 재무장을 용인했다. 미국의 아시아 군사비 부담을 줄여준다는데 마다할 여유가 없다. 한국이 일본을 뒤따른다면 미국의 2중대로 전락하는 길이다. 한국 정부는 그걸 안다.

한국 정부는 지금 동북아 균형자 외교를 시도하고 있다. 한국은 중국과 러시아와 급속도로 가까워지고 있다. 외교가에선 "미일중러"가 아니라 "미중러일"이라고 부른다. 전략적 수사다. 진보 정권이 똑같은 시도를 하면 자칫 "중미러일"이냐는 공격을 받을 수 있다. 보수 정권이라 그런 공격에서 자유롭다. 이건 외교적 탈추격 전략이다. 일본이 앞장서고 한국과 대만과 싱가포르가 추종해온 동북아 외교 패러다임에서 벗어나고 있단 뜻이다.

동북아 정세가 변했기 때문이다. 이제까진 주변 4강이라고 말은 했어도 힘의 우열이 있었다. 미일중러 순이었다. 러시아와 중국은 북한을 키워서 세력균형을 유지하려고 했다. 미국과 일본의 대응 전략은 한국 껴안기였다. 이제 미국이 쇠락하면서 일시적으로 그 균형이 깨졌다. 미중러일 4개국 사이의 무게 중심이 잡혔다. 미국은 다급하게 일본의 군사력을 키워서 예전의 세력 우위를 유지하려고 한다. 거기에 한국도 동참해주길 바란다.

한국은 목적이 따로 있다. 통일이다. 4강의 힘이 팽팽해졌을 때야말로 통일의 초석을 놓을 수 있다. 저울에서 남북한이 동시에 내려올 수 있어서다. 사실 남북 정상회담보다 중요한 건 미중러일 사이에서 균형을 잡는 일이다. 그런 외교적 사전 정지 작업이 부족했거나 때가 무르익지 않았던 때에 이루어진 남북 정상회담은 상징적 만남에 그칠 수밖에 없었다. 일단 반응은 있다. 미국 외교의 태두 즈비그뉴 브레진스키는 저서 『전략적 비전』(Strategic Vision)에서 "미국의 쇠퇴는 한국이 고통스러운 선택에 직면하도록 할 것"이라며 "한국은 중국의 지역적 패권을 받아들여 중국에 종속해서 사는 방안과 역사적 반감에도 불구하고 일본과 관계를 더 강화하는 방안 가운데 하나를 선택해야 한다"고 주장했다. 미국은 한국에 양자택일을 강요하고 있다. 외교 천재라고 불리는 브레진스키한테 어울리는 외교 수사는 아니다. 그만큼 미국은 초조하다.

그런데 이런 균형자 전략은 한국이 일본과 마주설 수 있을 때만 비로소 가능하다. 중국과 러시아와 미국이 한국을 일본의 유력한 대안으로 여겨야 하기 때문이다. 정치적으로도 그렇다. 지금 한국에서는 1960년부터 외환위기까지 40년 가까이 지속됐던 자유시장주의 보수 세력의 장기 집권이 재시도되고 있다. 일본에서 아베 정부가 55년 체제 부활을 시도하고 있는 것과 판박이다. 한국의 보수 세력이 장기 집권에 성공한다면 사실상 아시아 국제정치 무대에서 한국과 일본은 완벽한 대체재가 된다. 외교적으론 미국이란 패권 국가를 사이에 둔 연적 관계이고 경제적으론 같은 수출 시장을 둔 경쟁자다. 현재의 한국 정부와 아베 정권은 숙명의 라이벌이 될 수밖에 없다. 그런 한국이 미국은 아쉽다. 미국이 아쉬워하는 한국이 중국과 러시아는 탐난다.

경제 면에서도 그렇다. 한국 경제는 1993년 일본 경제처럼 급격한 부동산 폭락을 겪지 않았다. 아직 낙관하긴 이르지만 일본식 장기 불황 문턱에서는 일단은 벗어나는 모양새다. 한국 기업들은 소니와 도요타의 추격자에서 애플과 폭스바겐의 추격자로 전략을 바꾼 지 오래다. 단지 시간이 좀 더 필요하다. 한국이 새로운 정치경제외교적 발전 경로를 모색할 여유 말이다. 그러니까 지금은 한일 관계의 빙하기가 아니다. 한일 관계의 새로운 지평은 이미 열렸다. 일본에서 벗어나는 탈일의 경지다. "일본은 가라"라는 말이다.

마크 트웨인은 말했다. "역사는 반복되지는 않지만 때론 운율이 맞기는 한다." 지금 일본에선 또다시 역사의 변주곡이 연주되고 있다.

아베 총리는 기시 노부스케 총리의 외손자다. 기시 노부스케는 요시다 시게루와 함께 일본의 55년 체제를 연 인물이다. 요시다 시게루의 자유당과 기시 노부스케의 민주당이 합당해서 탄생한 정당이 현 집권 자민당이다. 자민당은 1955년 이후 60년 가까이 정권을 이어오고 있다. 아베 총리는 55년 체제를 열었던 외할아버지의 정치 전략에 운율을 맞추기 시작했다. 기시 노부스케와 요시다 시게루는 일본의 평화 헌법에 반대한다는 명분으로 합당해서 정권을 쟁취했다. 평화 헌법은 일본의 재무장을 금지하고 있다. 사실 이건 개항 당시 메이지 정부가 에도 막부를 밀어낼 수 있었던 정치 전술과 똑같다. 메이지 정부도 양이를 부르짖었다. 정작 메이지 정부는 집권하자마자 말을 바꿨다. 기시 노부스케 정권도 그랬다. 입으론 개헌을 주장하긴 했지만 표를 모으려는 명분이었을 뿐이다. 실제론 국방비를 아껴서 산업 발전에 쏟아부었다. 기실 기시 노부스케도 메이지 정부에 운율을 맞췄던 셈이다. 아베 총리 역시 외할아버지처럼 평화 헌법 개헌을 천명하고 있다. 일본의 보수적인 유권자들을 손쉽게 끌어들일 수 있는 전술이기 때문이다. 아베 총리가 명분 없는 야스쿠니 신사참배에 집착하는 것도 그래서다. 우경화야말로 가장 확실한 정권 유지 수단이기 때문이다. 일본 정치인들의 돌출 망언도 마찬가지다. 그럴수록 일본 유권자들이 흘러간 옛 노래의 운율에 장단을 더 잘 맞춘다. 물론 그 밑바탕엔 일본인들이 자기 얼굴을 똑바로 쳐다볼 수 없게 만든 고류지의 가짜 미륵이 있다.

지금 한국도 고류지 반가상을 마주했던 메이지 지사들과 똑같은 자리에 서 있다. 메이지 정부는 고류지 반가상의 얼굴에 칼을 댔다. 자기부정에서 시작했다. 그렇다면 한국은 자기긍정에서 출발할 수 있다. 일본과 닮았지만 일본과 달라질 수 있다는 긍정 말이다. 오히려 일본은 지금과 조금도 달라질 수 없기 때문에 가능한 생각이다. 일본은 고류지의 원죄에서 영원히 자유로워질 수 없는 국가다. 영원히 퇴행할 운명이다. 어쩌면 금동미륵보살반가사유상에 이미 답이 있다. 요즘도 한국 정상은 일본 정상을 만나도 미소만 지어보일 뿐 한마디도 건네지 않는다. 외교적 염화미소다.

탈일이야말로 미래 한국의 화두다. 한국은 일본처럼 되지 않으려고 안간힘을 쓰고 있다. 오히려 그럴수록 일본과 자꾸만 닮아간다. 일본을 부정하면서도 자신을 긍정하지 못해서다. 그러면 미워하며 닮아가는 가족처럼 동반 추락하게 된다. 한일 관계의 영원한 역설이다.

오바마가 아시아에 눈을 돌리는 이유

조지 부시 미국 대통령이 개전을 결정한 건 2001년 9월 12일이었다. 9·11 테러가 발생하고 불과 하루 만에 전시 내각을 구성한다고 선언했다. 부시는 백악관 참모한테 메모를 건넸다. "적은 도주하여 숨으나 영원히 숨을 수는 없을 것이다." 부시는 국가안보위원회에서 "국민들을 위무하는 시간은 지났다"고 말했다. 부시 대통령과 딕 체니 부통령, 도널드 럼즈펠드 국방장관, 콜린 파월 국무장관은 전쟁의 범위를 어디까지 확대할지를 놓고 논쟁을 벌였다. 파월은 알카에다에만 초점을 맞춰야 한다고 주장했다. 체니는 테러를 지원한 사람과 국가까지 공격해야 한다고 주장했다. 럼즈펠드는 아프카니스탄과 이라크 카드를 함께 만지작거리고 있었다. 부시는 말했다. "빈 라덴부터 시작하시오." 부시는 곧장 기자들 앞에 서서 말했다. "어제 일어난 우리 조국에 대한 교묘하고도 치명적인 공격은 테러 그 이상입니다. 바로 전쟁 행위입니다. 적은 숨으려 할 것입니다만, 영원히 숨을 수는 없을 것입니다."

밥 우드워드가 쓴 『부시는 전쟁 중』은 두 가지를 알려준다. 우선 부시 행정부가 속전속결로 전쟁을 시작했다는 사실이다. 마치 전쟁을 기다리고 있던 것처럼 말이다. 부시 대통령은 엠마 부커 초등학교 2학년 교실에서 아이들한테 책을 읽어주다가 9·11 테러 소식을 접했을 때, "그 순간 우리는 전쟁터에 나가야겠다고 마음을 굳혔습니다"라고 기자한테 고백했다. 9·11 테러 닷새 뒤인 9월 16일엔 백악관 이곳저곳에서 전쟁이라는 표현이 일상적으로 쓰이고 있었다. 부시 스스로는 "성전"이라는 표현을 즐겨 썼다. 조지 테닛 중앙정보국장은 "우리는 전쟁 중"이라는 메모를 보좌관들한테 돌렸다. 그런데 나중에 부시는 링컨 대통령의 초상화를 가리키며 말했다고 한다. "대통령의 책무가 국가를 단결시키는 것이기 때문에 이것이 벽에 걸려 있는 것입니다. 나는 베트남전 시대의 산물입니다. 길고 힘든 전쟁이 끝난 뒤에 미국 국민을 결속시킬 수 있다면 전쟁은 그만한 가치가 있다는 사실을 우리는 아주 잘 알고 있었지요."

현대 전쟁의 목적은 복합적이다. 중국 춘추전국 시대의 국가붕괴 전쟁이나 중세 유럽의 영토확보 전쟁은 이제 일어나지 않는다. 무력으로 상대방을 복속하려는 전쟁은 2차 대전을 끝으로 종적을 감췄다. 현대 전쟁의 목적은 수권 세력이 지닌 내부 문제를 해결하고 국가의 경제 이익을 극대화하는 이중 구조로 이뤄져 있다. 일사천리로 전쟁을 추진했던 부시 행정부도 다르지 않았다. 당시 미국은 분열돼 있었다. 2000년 대통령 선거는 어느 때보다도 치열했다. 부시 대통령은 전체 득표에서 지고 대의원 득표에서만 이긴 반쪽짜리 대통령이었다. 집권하고 나서도 인기가 없었다. 2001년 9·11 테러가 일어날 때까지 1년여 동안 식물 대통령이나 다름없었다. 지금 미국은 이라크 경제를 접수하다시피 한 상태다. 미국 석유 회사들과 금융사들이 이라크를 1980년대 칠레처럼 헤집어놓고 있다. 지금 이라크는 미국식 신자유주의의 실험장이나 다름없다. 미국이 벌이는 전쟁은 늘 석유 산업 아니면 무기 산업이 개입돼 있다. 석유 산업과 금융 산업이 이라크를 접수했다. 부시의 전쟁 덕분이다. 그때 부시 행정부는 전쟁이 꼭 필요했다. 그리고 9월 11일 아침, 전쟁이 거기에 있었다.

2013년 4월, 한반도는 일촉즉발 상황처럼 보였다. F-22 스텔스 전투기가 한반도 상공으로 전개했다. B-52 전략폭격기도 선회했다. B-2 스텔스 전투기도 비행을 했다. 바다에선 6,900톤급 핵잠수함 샤이엔이 전술 기동을 했다. 4월 내내 이랬다. F-22는 마하2.5의 속도로 날며 레이더에 걸리지 않고 1,200킬로미터 반경에서 작전을 수행할 수 있다. B-52 전략폭격기는 하늘을 나는 요새라고 불린다. 1만 5,000킬로미터를 날아서 3만 킬로그램짜리 핵무기를 투하할 수 있다. B-52 전략폭격기만 있으면 구태여 대륙 간 탄도미사일이 필요 없다. B-2 스텔스 폭격기는 더 무시무시하다. 1만 5,000킬로미터 상공에서 레이더에 걸리지 않고 날아가 핵폭탄 16발 이상을 어디에든 투하할 수 있다. GPS형 관성유도 폭탄도 16발이나 탑재할 수 있다. 기척도 없이 날아오는 사신이다. 샤이엔 핵잠수함은 토마호크미사일이 주무기다. 미국은 북한의 핵위협에 대비해서 한국 정부를 안심시킨다는 명분을 내세웠다. 실제론 4월 한 달 동안 한반도 지역에서 미국의 최첨단 무기 박람회가 열린 거나 다름없었다. 고객은 한국과 일본이었다. 갤러리는 중국이었다. 주적은 물론 북한이었다.

당시 버락 오바마 행정부는 미국 경제를 살리려고 안간힘을 쓰고 있었다. 미국 연방준비은행은 무제한적인 양적 완화를 계속하며 전 세계적인 달러 인플레이션을 일으키고 있었다. 금융 부문에선 호재였다. 2008년 금융위기로 초토화됐던 월 가가 되살아나고 있었다. 이것만으론 부족했다. 2008년 위기는 더 이상 화폐만으로 미국 경제를 지탱할 수 없다는 신호였다. 실물이 지탱해줘야 했다. 오바마는 미국 제조업을 되살리겠다고 선언했다. 1기 행정부 때 치중했던 제조업은 자동차였다. 망가진 미국 3대 자동차 회사를 되살리기 위해 고군분투했다. 2기 행정부 때는 군수산업이었다. 록히드마틴과 보잉, 노스롭그루먼 같은 굴지 군수 산업체들은 미국 제조업의 큰 부분을 차지하고 있다.

한계가 있었다. 오바마는 1기 행정부 때부터 부시 행정부 시절부터 끌어왔던 중동 전쟁을 수습하려고 애썼다. 아프카니스탄에서 철군했고 이라크에서 회군했다. 미 군부의 적잖은 반발을 감수했다. 사실 이라크 전쟁은 석유와 금융 쪽엔 이득이었지만 군수 산업 쪽에선 별 이득이 없었다. 미국이 벌이는 전쟁은 군수 산업 입장에서 보면 수출이 아니라 내수다. 미군이 미국 무기를 소비하기 때문이다. 일단 전쟁이 벌어지면 적국인 이라크에 무기를 팔 수는 없다. 재래식 무기는 소모품이지 큰돈도 안 된다. 고부가가치 산업이 아니란 얘기다. 미국 군수 산업이 무기 수출로 돈을 벌려면 미국이 벌이는 전쟁이 아니라 대리전이어야 한다. 전쟁이 일어나기보단 전쟁 위기 상태여야 한다. 위기와 긴장이 고조되면서 각국이 더 많은 국방 예산을 미국 무기 구매에 써야 한다. 물론 그 나라가 값비싼 미국 무기를 구매할 만큼 충분한 경제력을 갖춰야 한다.

동북아시아다. 한국과 일본이란 고객이 있다. 중국 역시 잠재적인 고객이다. 북한이라는 안보 위협도 상존한다. 중국과 일본 사이에서도 긴장이 흐른다. 오바마 대통령이 집권 2기의 외교 방향을 아시아 중시로 잡은 데는 이유가 있었단 얘기다. 석유 대신 무기를 역점 사업으로 잡았기 때문이다. 석유 산업은 전쟁을 벌이고 이겨서 자원을 쟁탈해 와야 한다. 무기 산업은 전쟁이 벌어지는 것보다 전쟁 위기가 고조돼서 각국이 무기에 더 많은 돈을 쓸 때가 호기다. 미국 공화당은 석유 재벌과 유대가 깊은 반면에 민주당은 오래전부터 군수 산업과 인연이 깊었다. 석유 산업은 전쟁이 벌어지는 걸 좋아한다. 군수 산업은 냉전이 이어지는 걸 좋아한다. 20세기 들어서 미국이 치른 거대 전쟁은 대부분 민주당 행정부 시절 기획됐다. 2차 대전이 그랬다. 베트남 전쟁도 그랬다. 1990년대 클린턴 행정부 시절엔 한반도가 전쟁 직전까지 갔다.

그렇게 한반도 신냉전 체제는 시작됐다. 2012년 12월 12일 북한은 장거리 미사일을 발사했다. 그즈음 일본은 4억 달러 예산을 투입해서 이지스함 두 척과 미사일 방어 시스템을 마련했다. 주력 전투기도 F35로 교체하기로 했다. 일본인 이미 적극적으로 미국 무기를 사들이기 시작했다. 한국도 2013년부터 갖가지 차기 무기 도입 계획을 순차적으로 추진하고 있다. 차기 구축함부터 차기 잠수함과 차기 호위함과 차기 상륙함과 차기 전투기와 차기 이지스함까지 무기 구입 계획이 즐비하다. 한국은 세계 12위의 국방비 지출 국가다. 2014년 국방비 예산은 35조 원이 넘는다. 2015년은 37조 원이 넘는다. 무기 수입 규모로만 따지면 세계 4위다. 추진되고 있는 차기 전투기 도입 사업 규모만 9조 원에 달한다. 물론 구매 대상은 미국이다.

아베 신조 정부가 전격적으로 엔저 정책을 밀어붙이기 시작했던 때는 대규모 무기 구매 계획을 승인한 직후였다. 북한이 장거리 미사일 실험을 하고 나서였다. 엔저는 미국의 용인 없이는 불가능한 정책 수단이다. 미국 내수 시장에서 일본 제품의 경쟁력을 높여서 미국 제조업에 피해를 끼칠 수 있기 때문이다. 엔저 정책을 내주고 미국이 얻은 건 물론 무기 판매다. 한국의 박근혜 정부 역시 같은 압박을 받고 있다. 이명박 정부 말기 전투기 도입 계획이 빠르게 추진됐지만 결국 무산됐다. 이번 정부가 열쇠를 쥐고 있단 얘기다. 북한은 2013년 3월 핵실험을 강행했다. 남북한 긴장은 최고조에 달했다. 미국은 4월 내내 한반도에서 무기 박람회를 열었다. 그리곤 5월 들어 대통령이 미국을 국빈 방문해서 한미 동맹을 확인했다. 박근혜 정부는 3년차인 2015년에도 이런 신냉전 기조는 이어지고 있다. 미국 소니사의 영화 「디 인터뷰」를 둘러싼 해킹 소동이 대표적이다. 처음엔 북한 소행이 아닐 거라던 FBI가 갑자기 태도를 바꿔서 북한을 범인으로 지목했다. 「디 인터뷰」에 대한 북한의 협박이 엉겁결에 현실이 되고 말았다. 게다가 오바마 대통령이 "북한에 대해 비례적 대응을 하겠다"라고 밝히면서 북미 대치는 더 첨예해졌다.

심지어 「디 인터뷰」는 지난 1월 5일 박근혜 대통령의 연두 기자회견 자리에서도 화젯거리가 됐다. 한 기자가 "영화 「디 인터뷰」를 본 적이 있느냐"고 물었다. 기자는 말했다. "소니 해킹 사건을 계기로 미국 오바마 정부가 새로운 대북제재 행정 명령을 내렸는데 남북 대화 국면에는 걸림돌이 될 수 있다는 우려가 있다."

실제로 미국이 「디 인터뷰」를 빌미로 북한을 제재한 건 울고 싶었는데 뺨 때려준 격이란 분석이 많다. 2015년은 광복 70주년이다. 남북 모두 어떤 식으로든 대화 국면을 열어가려는 의지를 가질 수밖에 없다. 게다가 중간에서 러시아가 다리를 놔주려는 모양새다. 러시아는 5월 9일 전승 70주년 기념일에 남북 정상을 모두 초청한 상태다. 러시아는 남북 화해 무드를 조성해서 북한을 가로지르는 가스 송유관을 놓으려는 계산이다. 러시아는 과거에도 유럽 가스 송유관을 놓기 위해 동서독의 대화를 중재한 적이 있다. 미국은 동북아시아에서 러시아의 영향력이 확대되는 걸 원하지 않는다. 가뜩이나 신경 쓰이는 중국에 이어 러시아까지 상대하긴 벅차기 때문이다. 「디 인터뷰」가 북한 소행이든 아니든 북한 소행일 수밖에 없었던 정황이다. 미국은 한반도에 저강도 긴장이 계속 유지되길 원한단 말이다.

2013년 3월 핵실험 이후 두 달여 동안만 해도 한반도는 전 세계적으론 거의 전쟁 일보 직전이었다. 한국과 미국 어느 쪽도 전쟁을 원하지 않는다고 했다. 그런데도 군사적 과시는 계속됐다. 전쟁을 피하려고 했다면 힘을 과시하기보단 대화를 시도했어야 옳다. 전쟁 상황까지 이어졌다는데도 5월 한미 정상회담에선 북한에 대한 이렇다 할 메시지가 없었다. 전쟁 위기를 지속시키겠다는 뜻이나 다름없었다. 아니면 실제로는 전쟁 상황이 아니었단 뜻일 수도 있다. 겉으론 위기였지만 실제론 거래가 이루어지고 있었을 수도 있단 얘기다.

미국은 전쟁 위기를 고조시키면서 한국이 무기를 구매할 수 있는 명분을 주었다. 한국 대통령과 동맹 관계를 확인하는 과정에서 이런 거래가 이뤄졌을 수 있다. 동시에 미국은 한반도 안에서 군사외교적 영향력을 확인했다. 그 일례가 개성공단이다. 박근혜 대통령은 개성공단 철수를 전격 선언했다. 사실 개성공단은 미국 입장에선 눈엣가시였다. 남북한이 미국을 배제한 채 교류하고 있다는 상징이기 때문이다. 남북한이 스스로 냉전 체제를 허물면 미국은 아시아에서 주요한 군사적 교두보를 잃게 되고 동시에 주요한 무기 수출처도 놓치게 된다.

한국 정부도 개성공단을 포기하면서 상당한 정치적 이득을 얻었다. 북한과의 줄다리기에서 더 이상 끌려가지 않겠다는 메시지를 준 것이다. 북한은 불편했을 수 있지만 대내적으론 긍정적인 신호로 작용했다. 사실 현대 전쟁은 대외적이기보단 대내적인 성격이 강하다. 국가붕괴 전쟁이 사라졌기 때문이다. 이제 국가 간 전쟁은 국가를 붕괴시키기보단 정권을 붕괴시키거나 부활시킨다. 마거릿 대처가 치렀던 포클랜드 전쟁이 대표적이다. 집권 초기 실수를 연발했던 대처 정부는 포클랜드 전쟁에서 아르헨티나를 압도하면서 지지율 급상승시켰다. 박근혜 정부도 마찬가지다. 집권 초기 난맥상을 해결하는 돌파구가 개성공단이었고 대미 외교였다. 개성공단에서 강공책을 선택해서 대내적으론 지지율 반전을 이뤄냈다.

만일 전쟁이 실제로 일촉즉발이었다면 함부로 선택할 수 없는 일이었다. 개성공단에서 문산을 거쳐 자유로로 이어지는 길목은 전쟁이 발발하면 북한군의 첫 번째 진군 코스가 된다. 개성공단 덕분에 북한군이 북쪽으로 밀려나면서 그나마 긴장이 누그러진 면이 있다. 개성공단은 군사 전략적으로도 요충지에 자리하고 있단 얘기다. 그런 개성공단을 포기한다는 건 전쟁 위협이 있다면 상상하기 어려운 일이다. 반면에 대처가 포클랜드 전쟁을 통해 얻었던 것과 같은 정치적 목적을 위해서라면 얼마든지 가능한 일이다. 실제로 박근혜 정부의 지지율은 당시 개성공단 철수 발표를 기점으로 상승 반전됐다.

반복되는 북핵 위기로 미국은 무기를 팔고 일본은 엔저를 얻고 한국은 지지율 반전을 꾀했다. 북한도 얻은 게 있다. 북한은 대내적으로 정권이 아직 불안정한 상황이었다. 김정은 정권도 외부의 위기가 필요했다. 북한이 2013년 12월부터 계속해서 긴장 상황을 만들어 온 이유다. 한국과 미국의 군사적 협력 관계야말로 북한 입장에선 내부 결속을 다질 수 있는 명분이 됐다. 또 다른 이유는 핵이다. 핵무기는 쓰지 않을 수 있어서 가장 강력한 무기다. 2005년 노벨 경제학상을 받은 토머스 셸링은 경제학자라기보단 군사전문가에 가깝다. 그는 핵전략을 이론화한 게임이론 전문가다. 게임이론이란 양측이 경쟁할 때 상대방의 행동에 따라 이쪽의 선택이 달라지는 상황을 분석한 가설이다. 토머스 셸링은 양쪽 모두 강력한 핵무기를 갖고 있을 때 어느 한쪽도 상대방 전력을 완벽하게 파악하지 못하기 때문에 결국 서로 신뢰할 수 밖에 없다는 이론을 만들었다. 완전한 살상무기인 핵무기를 가졌다는 것만으로도 완벽한 힘의 균형 상태에 이른단 뜻이다. 북한이 핵무기를 가지려고 기를 쓰는 이유가 여기에 있다. 핵무기를 만들어서 한반도를 잿더미로 만들겠다는 게 아니다. 핵무기를 만들면 싫든 좋든 주변국들이 북한과 협상을 할 수밖에 없어서다. 체제 유지가 가장 큰 관심사인 김정은 정권으로서는 핵이야말로 가장 확실한 해법인 셈이다.

미국도 안다. 북한과 핵균형을 이루게 되면 더 이상 북한을 통제할 수 없다. 동시에 동북아시아의 군사 균형에도 심각한 영향을 준다. 한국과 일본 역시 북한과 핵균형을 이루기 위해 핵무장을 시도할 공산이 크다. 미국 입장에선 한국과 일본에 F-22 스텔기를 더 많이 팔고 싶지 핵을 팔고 싶진 않다. 일본의 핵무장은 중국의 군사력 강화로 이어진다. 중국의 부상은 미국이 가장 꺼리는 부분이다. 북한 핵은 미국 무기 판매를 줄이고, 미국이 계속 핵무장을 억제할 경우 한국과 일본마저 미국의 영향력에서 벗어나는 결과를 초래할 수 있다. 동북아와 한반도의 핵불균형 상태야말로 외교·경제적으로 미국에 가장 유리하다. 핵균형을 이루려는 북한과 핵불균형 상태를 유지하려는 미국의 힘겨루기가 2013년 상반기 내내 이어진 가상 전쟁 상황이다. 어떤 면에서 한반도에선 지난 몇 년 동안 외교적 가상 전쟁이 이어졌다고 보면 된다. 경제적으로 고도 성장한 국가들이 즐비한 동북아시아에선 중동과 같은 국가붕괴 전쟁이 일어나기 어렵다. 경제가 전쟁을 억제하는 유럽과 같은 균형 상태에 가까워지고 있다. 그 대신 유럽은 유럽 통합이라는 정치 통합을 통해 독일과 프랑스 사이의 군사적 긴장을 해소하는 데 성공한 반면, 아시아는 통합 과정을 거치지 못한 탓에 미국이 선호하는 긴장 구도가 반복되고 있을 뿐이다.

2013년 4월은 군사 박람회이면서 동시에 전쟁 미디어들의 전장이었다. 전쟁 개시자라고 불리는 미국 NBC방송의 리처드 앵겔 기자도 한국을 찾아 군사분계선을 취재했다. 물론 취재할 게 없었다. 실제 군사적 움직임은 일어나지 않았기 때문이다. 사실 미국 방송 미디어는 전쟁 취재를 통해 성장해왔다. CNN이 급성장한 것도 1990년대 1차 이라크 전쟁을 생중계하면서부터다. 24시간 뉴스 채널에 필요한 건 극적인 사건이다. 전쟁만큼 극적인 사건도 없다. 미국에서 종군기자의 역사는 유구하다. 미국 미디어 산업은 전 세계에서 일어난 전쟁을 먹고 살아왔다. 지금은 취재할 만한 전쟁이 없다. 중동은 더 이상 국가 간 전쟁터가 아니다. 게다가 이 이상 이슬람 세계를 자극했다간 미국 내 테러가 더 빈번해질 위험이 있다. 보스턴 폭탄 테러 같은 비대칭 전쟁에는 미국도 속수무책이다. 미국이 선호하는 건 국가 간 군사 대립이지 외로운 늑대의 압력밥솥 폭탄이 아니다.

전 세계적으로 대칭적 군사 대립이 상존하는 지역은 사실상 한반도를 중심으로 한 동북아시아 지역뿐이다. 결국 미국 미디어들도 한반도에서의 전쟁 위협을 증폭시킬 수밖에 없었다. 미국 미디어가 북한보다도 한반도에 위협이라는 얘기가 나오는 건 그래서다. 미국 미디어는 상업적인 목적으로 북한 문제를 자극적으로 보도하고, 미국 정부가 북한에 선제 공격을 해야 한다는 여론을 만들어내고 있다. 북핵과 장거리 미사일의 위협을 과장한 결과다. 그건 사실 오바마 정부나 한국 정부 모두 원하지 않는 일이다. 북한도 마찬가지일 수 있다.

이런 신냉전 기류에서 사실상 폐기처분된 건 김대중 정부 시절부터 추진돼온 햇볕정책이다. 대북 유화정책은 사실상 용도 폐기됐다고 할 수 있다. 북한과의 일대일 외교를 통해 한국이 주도권을 잡고 북한 문제를 해결한다는 게 햇볕정책의 골자다. 그 전술이 경제협력이었고 개성공단이었다. 북한도 한국 정부의 자주적 대북 외교 노선에서 상당한 이득을 얻었다. 적잖은 경제적 지원을 받았고 핵을 개발할 시간도 벌었다. 결과적으로 햇볕정책은 이번 한미 정상 회담을 통해 최종 폐기됐다. 한국과 미국의 공조 외교가 남았을 뿐이다. 사실상 북한이 선택할 수 있는 길은 핵균형을 내세워 계속 긴장을 고조시키거나 핵 불균형을 받아들이는 것뿐이었다.

중세 유럽에서 전쟁은 왕들의 체스 게임과 다를 바 없었다. 영토를 두고 전쟁을 벌였지만 왕조나 국가를 붕괴시키는 게 목적이 아니었다. 왕의 위신을 세우는 게 중요했다. 유럽 왕가는 복잡한 혼맥을 이뤄서 국가붕괴 전쟁을 방지했다. 그 불문율은 나폴레옹 전쟁으로 깨졌다. 나폴레옹은 전 유럽을 점령했고 사실상 상대 국가를 완벽하게 복속시켰다. 이때부터 전쟁은 왕들의 체스 게임이 아니라 국가 내부의 정치경제적 역학 관계의 영향을 받게 됐다. 이른바 국정 전투의 국제화였다. 현대 전쟁은 국가 간 마찰보단 국가 내부의 경제적 이해 관계 탓에 일어나는 경우가 많다. 특히 미국 주도의 전쟁은 석유와 무기와 미디어가 유발한다고 볼 수 있다. 각국 정부가 끊임없이 미국 정부와 자유무역협정을 맺어서 통상 폭을 늘려잡는 이유다. 경제적 이해관계를 합치시키면 적어도 미국이 유발하는 전쟁에 휩쓸릴 위험은 낮아지기 때문이다. 돈이 되지 않는 전쟁은 일어나지 않는다.

『전쟁론』에서 클라우제비츠는 전쟁을 정치의 연장이라고 설명했다. 국제정치전문가 케네스 왈츠는 "국제정치는 무정부 상태의 조직 원리를 따른다"고 지적했다. 질서와 규율이 없는 무정부 상태의 정치가 바로 국가 간 전쟁이다. 전쟁이 규율 없는 정치의 일부라면 한반도는 전시이면서 전시가 아니다. 영원히 일어나지 않는 전쟁을 벌이고 있을 뿐이다.

보상이 없기 때문에 의지도 없다

나폴레옹의 프랑스가 유럽을 석권할 수 있었던 건 국민군대 덕분이다. 대혁명 이후 프랑스에선 자유와 평등 사상이 확산됐다. 평민들도 자격을 갖춘 시민이 되고자 했다. 국가와 국민은 거래를 했다. 국민은 국가가 동원하는 전쟁에 병사로 참전하는 대신 시민권을 보장받았다. 국가는 강력한 국군을 보유할 수 있게 됐다. 봉건 시대 왕이 거느렸던 용병부대나 귀족의 사병과는 비교가 안 될 정도로 큰 군사 조직이었다. 나폴레옹은 프랑스 국민군대로 유럽을 정벌했다. 나폴레옹은 패배했지만 국민군대는 남았다. 프랑스의 깃발 아래 적과 싸웠던 퇴역 군인들은 견고한 국가관을 가진 시민 계급을 형성했다. 이때부터 프랑스인들은 입버릇처럼 말하게 됐다. "비브 라 프랑스(Vive la France)." "프랑스 만세"란 뜻이다.

모든 근대국가의 뿌리는 군대다. 대부분의 근대적 제도는 군사 제도를 근간으로 만들어졌다. 18세기와 19세기를 거치면서 근대화된 국가는 모두 비슷한 길을 거쳤다. 국가와 국민이 군대와 전쟁을 매개로 거래를 할 때 비로소 근대국가의 꼴이 갖춰진다. 국민은 국가를 위해 군대에 간다. 국가는 군대를 다녀온 국민에게 국가가 제공하는 각종 혜택을 보상으로 제공한다. 수많은 퇴역 군인이 시민사회로 흩어지면서 군사 제도는 정치·경제·사회 제도와 문화의 밑바탕이 된다. 덕분에 국가 전반에 군대 문화가 넘쳐난다. 수직적이고 효율적이지만 폭력적이고 불합리하다. 그것조차 근대성의 일부다.

20세기 중반에 형성된 국가들이라고 이 과정을 생략하진 못했다. 1948년 건국된 이스라엘이 대표적이다. 이스라엘 인구는 806만 명 정도다. 이스라엘 방위군 IDF에서 복무 중인 상비군은 대략 20만 명이다. 이스라엘은 남녀를 모두 징병하는 국가다. 이스라엘도 국민과 거래를 했다. 이스라엘에선 직업 교육이 군대에서 이루어진다. 군대가 이스라엘 창조경제의 산실이라고 평가받을 정도다. 이스라엘엔 장교를 양성하는 사관학교가 없다. 학력 수준이나 빈부 격차를 막론하고 이등병부터 시작한다. 평등하다. 남녀 모두가 징집 대상이라 사회적으로도 남녀 평등이 당연시된다. 테러 위협이 상존하는 이스라엘은 사실상 병영 국가다. 텔아비브나 예루살렘 거리를 걷다 보면 젊은이들은 대부분 군인이다.

한국 군사 제도의 부조리가 바로 여기에 있다. 한국도 이스라엘처럼 20세기 중반에 건국된 대표적인 후발 국가다. 한국도 예외 없이 군대와 전쟁을 통해 형성됐다. 문제는 앞선 근대국가들과 달리 한국에선 국민과 국가가 서로 거래를 하지 않았다는 점이다. 한국은 병역에 대한 보상을 하지 않는다. 한국군 일반 사병의 연봉은 한국과 같이 징병제 국가인 대만 사병의 한 달 월급 수준이다. 퇴역 군인에 대한 혜택도 거의 없다. 2001년 10월 헌법재판소 판결로 군가산점 제도도 폐지됐다. 사실 군가산점제는 모순투성이다. 나라를 지키면 취직을 시켜주겠다는 논리다. 그런데 그나마도 공무원 채용 시험에 응시하지 않거나 사기업에 취직하지 않는 군필자한텐 혜택이 돌아가지 않는다. 헌재 판결로 이득을 본 건 여성이 아니다. 국민의 병역에 대해 별다른 보상을 하지 않을 수 있게 된 국가다.

한국인이 지닌 군대에 대한 정서적 반감은 이 때문이다. "군대 가면 사람 된다"는 논리와 "조국이 내게 해준 게 뭐가 있다고"라는 인식이 충돌한다. 근대국가에서 군역은 시민권을 얻는 통과의례였다. 국가가 국민에게 합당한 보상을 해줬다는 얘기다. 이스라엘에선 군 입대를 거부당한 사람들이 국가를 상대로 소송을 벌인다. 신성한 국방의 의무를 수행하고 싶어서가 아니다. 군대에 가는 게 국민 개개인한테 유리하기 때문이다. 한국에선 보상이 없기 때문에 의지도 없다. 징병제와 예비군 제도 때문에 20대를 군대 문화에 젖어서 보내지만 아무도 군 생활을 적극적으로 하지 않는다. 국가의 방기와 국민의 무책임이 군대를 거대한 자원 낭비의 진원지로 만드는 셈이다.

한국은 1960년대부터 1980년대까지 30년 동안 군사독재를 경험한 나라다. 두 차례의 군사 쿠데타도 겪었다. 군사독재가 한국 사회의 제도와 문화에 전방위적인 영향을 끼쳤다는 게 일반적인 평가다. 상명하복과 위계를 중시하며 효율성을 최우선시하는 권위적인 조직 구조와 남성적이고 폭력적인 문화는 모두 군사독재의 잔재로 본다. 군사독재를 거치지 않았다면 한국이 병영국가화되지 않았을 거란 뜻이다.

한국 사회가 군대의 영향을 깊이 받은 건 군사독재 때문만은 아니다. 군사독재는 촉매제였을 뿐이다. 근대국가에는 근대화된 국민이 필요하다. 전근대적 국민을 근대화시키려면 개조가 필요하다. 군대가 그 역할을 맡아왔다. 일본의 근현대사학자 요시다 유타카는 『일본의 군대』에서 일본 군대가 일본인의 시간과 신체와 언어를 개조해서 근대화시켰다고 정리했다. 1930년대 일본에선 시간을 지키고 조직 논리에 따르며 합리적인 언어를 사용하는 산업화 세대가 일본 근대화를 이끌었다. 영국에선 1850년대에 똑같은 일이 일어났다.

이와 똑같은 일이 1960년대 한국에도 있었다. 한국은 1950년대 대규모 내전을 겪으면서 군인의 숫자가 폭증했다. 덕분에 1950년대에는 대부분의 엘리트도 군대 조직에 속하게 됐다. 1961년 5·16 쿠데타는 1950년대 사회 엘리트들이 대거 군대로 흡수됐던 필연적 결과였다. 1980년대까지만 해도 여전히 군대 조직이 사회 조직보다 효율적이었다. 독재 권력에 기대긴 했지만 '3 허 씨'라고 불렸던 허화평, 허삼수, 허문도 같은 군 출신 장교들이 잠시나마 국정을 운영할 수 있었던 건 군대가 사회보다 아직은 효율적이었기 때문이다.

이런 군사독재에 대한 기억은 한국의 군사 문화에 대한 객관적인 판단을 어렵게 만든다. 1960년대부터 1970년대까지 일어났던 한국 사회의 병역 국가화는 한국이란 국가의 근대화 과정이었다. 근대국가 대부분이 근대화 초기에 어느 정도 선군 정치를 경험했다. 독재냐 아니냐의 차이만 있을 뿐이다. 1970년대까지 한국에서도 군대는 근대적 국민 개조의 교육기관 역할을 했다. 군대를 다녀온 시골 청년들이 마을 이장이 돼서 새마을운동을 이끌었다. 한국에서도 군 생활은 개인의 경제적 경쟁력에 보탬이 되던 때가 있었단 얘기다.

1990년대로 접어들면서 사회 조직의 효율성이 군대 조직을 능가하기 시작하면서 균열이 생겼다. 민간 조직은 분명 군대 조직을 기초로 만들어졌지만 군대 조직의 단점까지 보완했다. 효율성만 강조한

채 내부 모순을 억누르는 군대 문화의 한계를 깨달았기 때문이다. 폭력을 통한 의견 통일은 늘 후유증을 남긴다는 것도 알았다. 결국 군대에서 배울 수 있는 건 사회에서 배울 수 있고 오히려 사회에서 더 잘 배울 수 있게 됐다. 한국인이 기꺼이 군대에 갈 이해가 사라져버렸단 얘기다.

그런데도 한국은 기존의 군사 제도를 고집스럽게 유지하려고 애썼다. 덕분에 외부의 위협과 애국·애족 같은 추상적 가치를 국민한테 강요할 수밖에 없게 됐다. 국민과 국가의 계약을 통해 유지돼야 하는 군대가 국가의 국민에 대한 착취로 변질돼버렸다. 그 뿌리는 일본식 근대화에 있다. 일본은 근대적 군사 제도에 천황제라는 전근대적인 이데올로기 체제를 혼합했다. 국민에게 적절한 보상을 하는 대신 황군이라는 이념을 통해 국민을 동원했다. 한국은 천황제 대신에 반공 이데올로기와 민족국가 개념을 활용했다. 군역은 신성한 것이라고 반복 학습을 시켰다.

현실은 신성한 것과는 거리가 멀었다. 국가가 국민에게 거짓말을 한 꼴이 됐다. 악순환이 벌어졌다. 군대 생활에 대한 피해 의식은 국가에 대한 불신을 낳았다. 나폴레옹 시절에 프랑스인들은 군대만 다녀오면 "비브 라 프랑스"를 외쳤다. 한국에선 군대만 다녀오면 "조국이 내게 뭘 해줬다고"를 외친다. 군대가 근대적 국가관을 강화하는 역할을 하기보단 국가관을 훼손하는 역효과만 낳은 셈이다. 현대 사회가 됐는데도 여전히 전근대적인 이념으로 군사 제도를 유지해온 부작용이다.

1990년대와 2000년대 내내 한국은 이전 시대가 남긴 군사 문화의 잔재를 털어내려고 애썼다. 위에서 아래까지 수평적이고 민주적인 사고를 통해 소통하고 타협하는 문화를 추구해왔다. 앞선 근대국가들이 모두 거친 과정이다. 군대는 국가 조직의 뿌리지만 뿌리 깊은 나무는 가지가 많은 법이다. 현대 국가는 군대식 조직 문화의 모순을 제거하고 민주적이고 수평적 사고방식을 확산하는 데 성공할 때 완성된다.

성공적인 근대국가가 모두 성공적인 현대 국가로 진화하지는 못한다. 일본이 대표적인 실패 사례다. 일본은 2차 대전 퇴역 군인들이 전후 시민사회를 이루면서 효율적인 경제 개발에 성공했다. 이 시민사회가 민주적 사고를 받아들이기를 거부하면서 절름발이 현대사회가 됐다. 일본 사회는 여전히 상명하복과 예의만 중시하고 열린 사고를 하지 못한다. 후쿠시마 원전 사태가 그 증거다.

한국 역시 불완전한 현대 국가로 진화했다. 군사 문화의 잔재가 견고하기도 했지만 군부독재에 대한 증오가 군대 조직의 장점까지 무리하게 지워버리는 부작용을 낳았기 때문이다. 너무 빠르게 사회의 효율성이 떨어졌다. 권위를 존중하지 않았고 위계를 무시해서 질서가 흔들렸다. 각종 이해관계와 요구를 저마다의 힘으로 밀어붙이려다 보니 중심이 사라졌다. 이후 20년 동안 한국은 문민 시대의 부조리를 겪어야 했다. 한국은 보상 없이 군사 조직을 유지하려고 불이익을 주는 제도를 운영해왔다. 군대에 안 다녀오면 사회 생활에 수많은 제약이 따른다. 그러다 보니 이 불이익을 피하려는 꼼수가 등장했다. 계층 간 위화감이 조성됐다. 덕분에 대선 때 병역 이슈가 국가관이나 명예의 문제가 아니라 도덕이나 부패와 관련된 이슈로 떠오르는 게 한국 정치의 특징이 됐다.

2010년대로 접어들면서 「진짜 사나이」나 「푸른 거탑」 같은 군 관련 방송 프로그램이 인기를 끄는 건 우연이 아니다. 그렇게 진저리쳤던 군사 문화를 한국 사회가 재수용하고 있단 뜻이다. 금융권에선 신입 사원들을 해병대나 특공대 군사훈련 캠프에 보내는 경우가 적지 않다. 2012년 한 해 동안 국방부가 운영하는 병영 캠프에 입소한 청소년은 74만 명에 이른다.

이런 현상은 수직적 사고와 수평적 사고가 조화를 이루는 현대사회로 진화하는 과정에서 나타났다. 파열도 일어났다. 2013년 7월, 해병대 캠프에서 고등학생들이 무리한 입수 훈련을 하다가 사망한 사건이 발생했다. 한국 군사 제도의 병폐가 빚어낸 참극이다. "하라면 하라"는 식의 상명하복의 군사 문화가 문제가 아니다. 군사훈련의 가장 큰 경쟁력은 역설적으로 최고 두뇌의 엘리트조차 결정적인 순간엔 명령에 복종하도록 만든다는 데 있다. 평상시엔 수평적 소통이 가능하지만 유사시엔 수직적 조직으로 일사불란한 결단이 가능해진다. 진짜 병폐는 그런 조직을 운영하기 위한 적절한 보상이 없어서 발생한다. 군대에서 아무것도 배우지 못하고 얻지 못한다는 걸 상급자와 하급자 모두가 알기 때문에 조직을 유지하려면 오직 폭력에 의존하는 수밖에 없다. 수십 년째 그렇게 군대 조직을 운영하다 보니 폭력성과 불합리성이 군대의 일부가 돼버렸다. 해병대 캠프의 참극은 군대가 아니라 국가에 책임이 있다.

미국에서도 1980년대부터 갑자기 「탑건」이나 「사관과 신사」 같은 군이 배경인 영화들이 대거 흥행하기 시작했다. 「람보」 같은 영화는 말할 것도 없다. 최근작인 「아이언맨」조차 미국 군산복합체의 경쟁력을 보여준다. 유니폼 입은 주인공은 언제나 대중문화의 한 축이었다. 1970년대까지만 해도 「디어 헌터」나 「지옥의 묵시록」이나 「플래

툰」처럼 전쟁이나 군대의 모순을 드러내는 대중 영화들이 주목받았다. 1976년작 「택시 드라이버」는 사회에 적응하지 못한 퇴역 군인들의 이야기다. 그러다 1980년대로 접어들면서 군에 대한 대중문화적 재평가가 이뤄졌다. 이른바 「진짜 사나이」류의 영화들이 제작됐다. 그렇다고 미국 사회가 다시 병역 국가화된 건 아니다. 대중이 군을 재수용하는 과정이었을 뿐이다. 지금 한국 사회에서 일어나고 있는 문화 현상이다. 군대 문화는 남녀 차이도 아니다. 여성 조직도 강력한 위계와 상명하복을 작동 원리로 움직이는 경우가 적지 않다. 여자 농구단이나 배구단만 봐도 알 수 있다. 정도의 차이는 있지만 군대적 특질을 공유한다. 군사 조직은 악한 게 아니다. 다를 뿐이다.

한국도 이제 현대 국가다. 현대 국가는 근대적 군사 조직의 효율성과 민주적 시민 조직의 개방성을 두 날개로 난다. 국가의 발전은 군사 국가에서 수직적 모순을 어떻게 해소하고 효율성을 지켜나갈 수 있느냐에 달려 있다. 한국 사회는 군사독재의 악몽과 잔재에 얽혀있는 데다가 보상 없이 국민 군대를 유지하려다가 사회가 군대를 제대로 껴안지 못하게 만들었다는 데 한계가 있다. 군대와 군사 문화를 온전히 수용하지 못하면 국가 발전은 불가능하다. 이런 모순은 시민사회가 군대의 효율성을 알면서도 저평가하게 만드는 원인이 된다. 군복무 자체가 국가의 국민에 대한 착취인 이상 국민 역시 군대를 옹호할 이유가 없다. 「진짜 사나이」같은 방송 프로그램의 인기에 대해 많은 언론과 대중이 한사코 비판적일 수밖에 없는 이유다.

흔히 군대는 사회의 축소판이라고 말한다. 실제로는 사회가 군대의 확장판이다. 인간이 만든 최초의 조직은 사냥과 전쟁을 위한 군사 조직이었다. 포식자는 무리를 지어 사냥할 때 서로 역할을 분담하고 명령 체계를 짠다. 그만큼 군 조직은 원초적이다. 없앤다고 없어지는 문화가 아니다. 없앨 수 없다면 수용해야 한다. 국민이 수용하게 하려면 그만큼 보상해야 한다. 공짜 군대는 없다. 그래야 한국도 진짜 진짜 사나이들의 나라가 된다.

국민을 향해 정치를 하면
권력을 잃는 대통령

1395년이었다. 조선왕조가 개창한 지도 4년이 돼가고 있었다. 정도전은 그해 집필한 『경제문감』에 이렇게 썼다. "흉년이 들면 민생을 안정시키기에도 벅찬데 탐관오리들은 오히려 백성의 고혈을 짜내려 든다. 이는 소가 숨차 하는데 오히려 채찍질을 하는 격이다. 소가 격동하여 치받게 됨은 필연적이다." 정도전은 1394년 『조선경국전』을 지었다. 조선 헌법에 해당하는 『경국대전』의 초안쯤 된다. 『경제문감』은 『조선경국전』에서 경제 부문만 따로 정리한 각론이다.

태조 4년이면 한양으로 천도한 이듬해다. 개국 후 천도까지 다 한 시점이었다. 사회 개혁의 분위기가 무르익어야 마땅한 때였다. 그러나 정작 백성들의 살림살이는 고릿적이나 그때나 별반 달라진 게 없었다. 정도전은 이성계의 무력과 사대부의 지지를 이용해 고려의 부정부패를 일소하겠단 명분으로 조선을 창업했다. 악화됐다. 고려 말엔 백성들한테 새 나라만 세우면 경제민주화가 이뤄진다는 희망이라도 읊어줄 수 있었다. 희망조차 흔들리고 있었다.

정도전은 조선 개국공신들의 부정 축재가 근본적인 문제란 걸 간파했다. 특히 조준과 하륜이 구설수에 오르고 있었다. 하륜은 고려말 권문세가의 거두 이인임의 조카사위였다. 이인임 일파가 일소될때 살아남은 건 하륜이 회색분자였기 때문이었다. 하륜도 정몽주와 정도전처럼 고려의 유종 이색의 제자였다. 살아남은 하륜은 아직도 고려 시대인 것처럼 백성들의 토지를 겸병했다.

하륜이야 그렇다 쳐도 조준이 문제였다. 조준은 고려 말 정도전과 함께 계민수전을 주장한 장본인이다. 계민수전이란 나라의 땅을 백성의 숫자만큼 골고루 나눠준다는 정책이다. 사회주의적 발상이다. 급진적인 정도전의 계민수전 정책은 보수적인 정몽주의 훼방 탓에 실현되지 못했다. 그 대신 정몽주는 정도전에 비하면 온건개혁적이던 조준을 설득했다. 결국 계민수전 대신 과전법을 실시했다. 과전법은 나라의 땅을 사대부들한테 나눠주면 그 땅을 백성들이 임대해서 농사를 짓게 하는 제도였다.

과전법은 계민수전에 비하면 미온적인 정책이었다. 이 정도로도 고려 백성들은 기꺼이 조선 백성이 되겠다고 나섰다. 쌀밥을 이성계가 준 이밥이라고 부를 정도였다. 정도전은 그 힘으로 조선 창업이란 혁명을 성공시킬 수 있었다. 과전법이 조선을 개국한 동력이자 명분이었단 말이다. 고작 개국 4년 만에 과전법의 도덕성이 흔들렸다. 계민수전도 아니고 과전법에서조차 밀리면 다시 고려 시대로 퇴보하는 것이나 진배없었다.

게다가 그 퇴보와 부패가 혁명의 내부에서부터 싹트고 있었다. 사실 조준도 하륜처럼 뿌리는 고려의 귀족이었다. 정도전이 몰락한 귀족이었던 조준을 혁명 동지로 끌어들였다. 정도전은 조선 창업은 시작일 뿐이라고 봤다. 정도전은 『조선경국전』에 이렇게 썼다. "나라는 백성을 근본으로 삼고 백성은 먹을 것을 하늘로 삼는다." 이런 민본의 나라를 이루는 게 정도전의 비전이었다. 조준한텐 조선 창업 이후의 비전은 없었다. 고려 귀족을 무너뜨리고 권세를 장악한 걸로 혁명은 끝이었다. 이래선 백성들 입장에선 땅 주인이 귀족에서 사대부로 바뀐 것 말고는 달라진 게 없었다. 정도전은 그걸 알고 있었다.

정치 현실은 정도전한테 불리했다. 상당수 사대부는 조준과 같은 입장이었다. 흔히 조선은 이성계를 도와 신진 사대부들이 세운 나라로 불린다. 틀렸다. 조선은 비주류 사대부들이 변방의 무장이었던 이성계의 무력을 앞세워 주류 사대부들을 포섭하고 고려 귀족을 밀어내서 세운 나라다. 정몽주가 천출이라고 공격했던 정도전과 말이나 돌보고 있던 남은이 대표적인 비주류 사대부다. 50명 가까운 조선 개국공신 중에 서자 출신도 10퍼센트에 이른다. 조선이 개국하면서 비주류가 주도권을 잡았지만 수적으로는 주류 사대부들이 우위였다. 주류 사대부들은 성리학을 공부해서 유자라 칭할 뿐 사실 고려 귀족과 출신 배경은 유사했다. 원래는 토지 귀족인데 고려 말에 최첨단 학문인 성리학을 공부한 자율형 사립고나 특목고 출신쯤 됐다.

개국 초기 정도전은 이성계를 옹립한 공으로 정치권력을 틀어쥐었다. 정작 정도전은 여전히 비주류 소수파였다. 정도전이 권력의 정점에 선 뒤에도 변함없이 급진적이었기 때문이다. 정도전의 정적 이인임과는 달랐다. 이인임은 자신의 권력 기반인 고려 권문세가의 이익을 극대화하는 정치를 했다. 그렇게 자신의 권세를 키웠다. 정도전은 자신의 권력 기반인 사대부들과 노선 투쟁을 벌였다. 창업의 또 다른 힘이자 무력의 원천인 이 씨 왕가의 왕자들과도 타협하지 않았다. 정도전은 오히려 개혁 속도를 더 높이려 들었다. 정도전한텐 민본 정치를 막아선다면 조선 왕실과 사대부라는 새로운 지배 계층도 개혁 대상에 불과했다.

1398년 음력 8월 26일 저녁 10시 무렵 정도전은 죽었다. 정도전이 죽은 곳은 광화문 동십자각 맞은편에 있던 남은의 첩이 살던 집이었다. 정도전은 늦은 밤 남은과 함께 회식을 하다가 이방원한테 척살당했다. 정도전을 죽인 건 이방원의 칼이었고, 정도전을 죽음으로 몰아넣은 건 조준의 처세와 하륜의 정략이었다.

태조 7년인 그때 조준은 좌정승 자리에 있었다. 좌정승은 지금으로 치면 국무총리쯤 된다. 조선의 2인자는 분명 정도전이었다. 그때나 지금이나 국무총리는 정권의 실세가 아니다. 조준은 그 무렵 정몽주에 이어 보수개혁파의 좌장 자리에 올라 있었다. 정몽주가 죽고 조선이 창업했다고 해서 정몽주가 주창하던 보수개혁 노선까지 사라진 건 아니었다. 사실 개혁의 쟁점은 고려냐 조선이냐가 아니었다. 사회 개혁의 속도와 방법과 방향이었다. 개국은 정도전이 내세운 급진적인 개혁 수단이었을 뿐이다. 개국 자체가 목적이 아니었던 만큼 정몽주가 죽고 개국이 됐다고 해서 보혁 갈등이 끝난 것은 아니었다.

귀족 출신이자 중도파 사대부인 조준한테 보수개혁적 사대부들의 지지가 모인 건 당연했다. 대다수 사대부는 정도전의 급진 개혁 정책에 넌더리가 난 상태였다. 정도전은 한양으로 천도하면서 한양 땅을 일반 백성들한테까지 골고루 나눠줬다. 요즘으로 치면 강남을 개발하면서 압구정동과 청담동 땅을 서울 시민들한테 나눠준 셈이다. 무상 급식조차 논란거리인 한국에선 상상조차 할 수 없는 분배 정책이다.

당시 개성에서 한양으로 이주한 인구 10만 명이었다. 모두들 한 뼘이라도 자기 땅이 있었다. 물론 사대부들은 반발했다. 사대부들은 자기들끼리 한양 땅을 나눠 갖고 싶어 했다.

이방원이 정도전을 죽이자 조준을 비롯한 사대부들은 즉시 이방원한테 충성을 맹세했다. 정도전을 두둔할 이유가 없었다. 그들도 정도전의 개혁 작업이 중단되길 내심 바랐다. 때마침 이방원이 쿠데타를 일으켰다. 울고 싶은데 정도전 때려준 격이었다. 선택하고 말 것도 없었다. 정도전을 지지하면 애써 얻은 기득권을 끊임없이 위협받을지도 몰랐다. 이방원을 지지하면 부귀영화가 보장됐다. 『태조실록』에는 이렇게 써 있다. "봉화백 정도전이 여러 왕자를 해치려고 하다가 뜻을 이루지 못하고 처단되었다." 이때 조준이 정도전을 두둔했다면 상황은 달라졌다. 이방원 파는 수적으로 열세였다. 아직 이성계가 왕이었다. 그랬다면 정도전은 죽었어도 정도전의 개혁 노선은 지속될 수 있었다. 사대부는 반동을 선택했다.

사실 하륜이 뒤에 있었다. 하륜은 고려 귀족의 잔당이었다. 이인임을 도와 정도전의 개혁 시도를 와해했다. 정몽주를 도와 정도전의 역성 혁명을 방해했다. 이방원을 도와서 끝내 정도전의 개혁을 좌초시키는 데 성공했다. 조선이 개국됐어도 여전히 지배 계층은 대동소이했다. 간판이 바뀌었다고 당장 내용까지 바뀌진 않는다. 하륜은 조선에서도 경제적 이득을 보장받고 싶어했던 기득권 세력을 대표했다.

사실 정도전이 최영 대신 이성계라는 변방의 무장을 왕으로 세우려고 했던 것도 이래서였다. 정몽주의 온건개혁 프로그램에 찬동하지 않은 것도 이래서였다. 기득권 세력 전체를 한꺼번에 몰아내는 건 어렵다. 우선 최고 권력부터라도 탈기득권으로 바꾸면 그 힘으로 지배 세력을 바꿔나가는 게 가능할 거라고 봤다. 하륜은 정도전의 대척점에서 정도전의 방식으로 정도전을 몰락시켰다. 보수반동으로의 욕구를 자극해서 기득권 잔당을 결집하고 이젠 보수화된 사대부 세력을 끌어들인 다음 이방원의 무력을 앞세워 정권을 찬탈했다. 결국 새로운 기득권 세력과 과거의 기득권 세력이 합심해서 개혁 세력을 거세시킨 꼴이었다.

언제나 본질은 경제적 기득권이다. 조선 개국은 거칠게 보면 부르주아 혁명과 흡사한 구석이 있다. 사대부가 중산층이다. 지식과 자본을 축적한 중산층은 필연적으로 정치권력을 원한다. 혁명의 추진력을 이룬다. 혁명이 중산층의 개혁을 요구하는 순간부터 갈등이 시작된다. 중산층은 순식간에 보수반동의 지지자로 돌변한다. 혁명을 일으키려면 중산층한테 경제적 기득권을 보장해줘야 한다. 혁명을 완수하려면 중산층의 경제적 기득권까지 개혁해야 한다. 정도전은 바로여기서 좌절했다. 정치의 본질은 언제나 돈이다.

진짜 정쟁은 누가 자신들의 기득권을 더 잘 지켜줄지 살피는 사대부 혹은 조선 부르주아 지배 계층 안에서 벌어졌다. 정도전 대 이방원의 싸움이 아니라 정도전 대 조선 사대부와 고려 귀족의 기득권 전쟁이었단 얘기다. 보통은 정도전과 이방원의 대립을 신권주의와 왕권주의의 싸움으로 설명한다. 정도전은 재상총재제를 내세웠다. 자질이 들쭉날쭉한 왕보단 사대부들 사이에서 뽑힌 능력이 출중한 재상이 국정을 총괄해야 한다는 주장이었다. 내각책임제쯤 된다. 사실 신권주의니 왕권주의니 하는 권력 구조의 문제는 허울이고 명분에 불과하다. 어쩌면 그걸 진심으로 믿었던 사람은 왕이 되고자 했던 이방원뿐이었다. 이성계와 이방원은 정도전과 조준과 하륜, 그리고 그들로 대표되는 지배 세력이 벌이는 정쟁의 도구였을 뿐이다.

현대 정치에서도 똑같다. 현대 민주주의는 언제나 중산층 혁명을 꿈꾼다. 그게 피의 혁명이든 선거 혁명이든 상관없다. 중산층이 개혁에 힘을 실어주느냐 반동에 힘을 실어주느냐에 따라 정국의 향방이 바뀐다. 현대의 중산층은 조준 같은 사대부만큼이나 비겁하다. 게다가 중산층을 조종하는 하륜 같은 재벌과 토호들이 뒤에 숨어 있다. 현대의 중산층 혁명이 조선 개국보다도 어려운 이유다. 정도전을 얽어맸던 왕권이냐 신권이냐의 이념 논쟁은 요즘으로 치면 NL이냐 PD냐의 논리와 유사하다. 신권을 주장하면 자칫 역적으로 몰려서 정권 안보 논리의 희생양이 될 수 있다. 결국 현대의 숱한 정도전들도 역사 속 정도전처럼 눈앞의 적이 아니라 내부의 적과 등 뒤의 적한테 쓰러져갈 수밖에 없다.

이방원도 결국 왕이 되자 정도전과 똑같은 기득권의 저항에 부딪힌다. 사대부들의 토지를 줄이고 국가 소유 토지를 늘리는 정책을 추진하지만 번번히 좌절된다. 기득권 사대부들은 정도전에서 이방원으로 말을 갈아탔을 뿐 원치 않는 곳으로 따라갈 생각은 없었다. 이방원이 집권 말년에 부분적으로나마 토지 개혁에 성공할 수 있었던 이유는 단 한 가지였다. 다 죽여버렸기 때문이었다. 이방원는 공포 정치를 펼쳤다. 정도전을 좌파 파시스트라며 척살한 기득권 세력은 이방원의 우파 파시즘에 죽어나가야 했다.

정도전의 진짜 라이벌은 이방원이 아니라 명나라 황제 주원장이었다. 주원장은 이방원을 원격 조종해서 정도전을 끊임없이 견제했다. 1396년 주원장은 표전문 사태를 일으킨다. 표전문은 오늘로 치면 신년 연하장쯤 된다. 주원장은 표전문에 모욕적인 글자가 섞여 있다며 생트집을 잡았다. "새해 복 많이 받으세요"라고 했더니 복이란 글자의 생김새가 마음에 안 든다는 식이다. 주원과 정도전의 갈등은 요동이라는 영토 분쟁으로 표출된다. 알고 보면 이것도 밥그릇 싸움이었다. 실제론 조선과 명 사이의 무역 역조가 문제였다. 명과 조선 사이의 수출입은 결국 조공에 달려 있었다. 조선이 조공을 하면 황제국인 명은 그보다 많은 답례품을 내려보내는 게 관례였다. 조공 횟수가 많을수록 명 입장에선 대조선 무역 적자 폭이 커질 수밖에 없었다. 주원장은 조공 횟수를 줄이자고 했다. 정도전은 조공을 바치겠다고 했다. 무역 흑자 폭을 늘려갔다. 오늘로 치면 한미FTA 협상이나 원달러 환율 전쟁과 흡사하다. 한국의 대미 수출 흑자 폭이 올라가자 미국은 한미FTA를 요구했다. 지금은 한국 기업의 수출 경쟁력을 약화시키기 위해 달러 약세를 용인하고 있다. 지금 어떤 정치인이 미국의 환율 정책과 통상 정책을 문제 삼으면 표전문 사태가 일어난다. 미국이 직접 나서는 게 아니다. 미국과 관계가 있는 정치인과 기업인이 앞장선다. 그렇게 현대의 정도전은 또 죽는다. 이게 정치다.

정도전은 죽었다. 정도전이 남긴 건 교훈이다. 정도전 사후 600년이 넘도록 정치의 본질은 한 번도 바뀐 적이 없다. 정치의 본질은 누가 대권을 잡느냐의 정쟁이 아니다. 어느 세력이 왕이나 대통령을 앞세워서 자신들의 기득권을 확대할 것인지의 이권 다툼이다. 이념도, 국가도, 왕조도, 사상도, 제도도, 결국 내부 기득권 세력들끼리의 세력균형에 따라 이용될 뿐이다. 21세기 한국에서도 대통령은 조선 시대 왕처럼 권력의 주인이 아니라 권력의 도구일 뿐이란 얘기다. 국민은 대통령을 뽑아놓고 민본의 정치를 기대한다. 대통령은 자신의 권력의지 때문에 자신도 모르게 지배 계층의 사명에 복종할 뿐이다. 권력이 없는 국민을 향해 정치를 하면 권력을 잃는다. 진짜 싸움은 늘 그렇게 시장에서 벌어진다. 정도전의 도전과 실패는 그 사실을 웅변한다. 동시에 정도전에게 스스로를 동일시하는 우리가 사실 하륜이나 조준일 수 있다는 점을 각성시킨다. 우리는 500년 만에 혁명가 정도전을 되찾았다. 정작 시장 안에서 우리는 결코 정도전이 될 수 없다. 마트에서 장을 보는 정도전은 없다.

혁명의 역설

체 게바라가 말했던 영원한 승리의 그날이 온 건지도 몰랐다. 2014
년 12월 17일, 쿠바와 미국은 53년 만에 국교정상화에 합의했다. 오
바마 미국 대통령은 말했다. "미국의 쿠바 봉쇄 정책은 오히려 미국
이 쿠바의 파트너 국가들로부터 고립되는 결과를 낳았습니다. 국교
를 단절했던 1961년처럼 쿠바는 여전히 카스트로 일가와 공산당이
통치하고 있습니다. 한 국가를 실패로 몰아가는 것보다 개혁을 지지
하고 독려하는 것이 더 효과적이라는 깨달음을 얻었습니다." 지난 반
세기 동안 이어져온 미국의 쿠바 봉쇄 정책이 실패했다는 걸 자인한
꼴이었다. 미국 보수 언론들은 미국의 패배 선언이라며 오바마 대통
령을 힐난했다. "오바마를 해임하라"라는 구호가 적힌 플래카드를 든
시위대까지 등장했다. 정확하게 50년 전인 1965년 4월 체는 홀연히
쿠바를 떠나면서 피델 카스트로한테 편지를 한 통 남겼다. "아스타라
빅토리아 시엠프레(Hasta la Victoria Siempre)." 영원한 승리의 그날까지
란 뜻이다.

분명 미국은 쿠바가 실패하게 만드는 데 실패했다. 그렇다고 미국의 실패가 쿠바의 승리를 의미하는 건 아니다. 지난 반세기 동안 쿠바 혁명도 똑같이 실패해왔기 때문이다. 체와 카스트로가 이끄는 혁명군은 1959년 1월 1일 쿠바 혁명을 성공시켰다. 그때까지 쿠바는 미국의 외주 사탕수수 공장이나 다름없었다. 사실상 미국의 식민지였다. 일단 쿠바 혁명은 쿠바를 미국으로부터 독립시키는 데까진 성공했다.

문제는 경제였다. 미국과의 국교 단절은 쿠바 경제에 치명적이었다. 미국에 사탕수수를 팔아서 먹고살아 온 나라였으니 당연했다. 이때 쿠바 경제의 책임자가 체였다. 체는 1959년 혁명 정부의 산업부흥부장을 지냈고 쿠바중앙은행 총재를 맡았다가 1961년부턴 산업부장관까지 겸하면서 쿠바 경제를 이끌었다. 체는 검은 베레모와 구겨진 군복 탓에 대중적으론 게릴러 군인처럼 인식돼왔다. 실제론 마르크스 경제학에 정통한 인텔리였다. 체는 쿠바에 사회주의 경제 국가를 건설하고 싶어 했다. 아르헨티나 출신인 체가 쿠바 혁명에 목숨을 걸었던 이유다.

체한테 1959년부터 1965년까지는 패배의 시절이었다. 체는 한시바삐 쿠바를 중공업 국가로 도약시키려고 했다. 1961년 산업 전체를 국유화했다. 국가계획경제를 실행했다. 결과는 대실패였다. 과격한 국유화는 대규모 자본 이탈을 불러왔다. 공산품을 생산해도 쿠바 제품을 수입해줄 나라가 없었다. 한국 옆엔 중국 시장이 있듯이 쿠바 옆엔 미국 시장이 있었다. 불과 150킬로미터 거리였다. 국교를 단절해놓고 무역만 하자고 할 수도 없는 노릇이었다. 미국 소비자들은 쿠바산 시가와 야구 선수에만 관심 있을 뿐 조악한 쿠바제 공산품엔 눈길조차 주지 않았다. 대안은 소련과 중국이었다. 중국은 아직 잠들어 있었다. 소련은 쿠바를 도와줄 생각이 별로 없었다. 결국 쿠바 경제는 파탄 지경에 이르고 말았다. 체는 끝내 자아비판 법정에 섰다.

쿠바의 경제 혁명이 실패한 원인은 체의 성격 탓도 컸다. 체는 이상주의자였다. 화폐를 아주 싫어했다. 돈이야말로 자본주의의 상징이라고 여겼다. 중앙은행 총재가 화폐 혐오주의자였던 셈이다. 금융을 무시하니 산업이 일으켜지질 않았다. 체는 산업부 장관 자격으로 전 세계 사회주의 국가들을 시찰했다. 소련은 물론이고 북한에도 갔다. 체는 특히 소련한테 실망했다. 직설적이었던 체는 공개석상에서 소련을 "제국주의적 착취의 공범자"라고 맹비난했다. 결국 쿠바가 미국과 소련 모두로부터 고립되게 만들었다. 이 사건 이후 체는 실각한다. 그리고 1965년 쿠바를 영원히 떠난다.

패배한 체를 영원한 혁명의 아이콘으로 바꿔놓은 건 68혁명이다. 체는 1967년 10월 9일 볼리비아에서 총살되었다. 체의 볼리비아 게릴라전은 무모한 시도였다. 체에 대해서 가혹할 정도로 비판적인 평전 『체 게바라의 민낯 드러내기』를 쓴 움베르토 폰토바는 체가 볼리비아에 대해선 별로 아는 게 없었다고 주장하면서 볼리비아에서의 최후도 지나치게 신화화됐다고 지적한다.

68혁명 당시에 그런 건 중요하지 않았다. 프랑스의 지성 장 폴 사르트르는 체를 만나고 돌아와서 이렇게 말했다. "체는 금세기의 가장 완벽한 인간이다." 68세대는 체를 우상화했다. 체의 신화는 68혁명엔 필수적 요소였다. 68혁명은 이전까지의 혁명들과 달랐다. 프랑스 대혁명 이후 이어진 혁명들은 부르주아 혁명이거나 프롤레타리아 혁명이었다. 쉽게 말해 살만해진 중산층이 정치권력을 요구하거나, 이렇겐 못살겠다 싶어진 서민층이 경제권력을 요구하면서 일어난 혁명들이었다. 프랑스와 독일과 미국에 걸쳐서 일어난 68혁명은 둘 다 아니었다. 68혁명은 문화혁명이었다.

68혁명의 참여자들은 이렇게 외쳤다. "나는 섹스를 할수록 혁명이 하고 싶다." 자본주의는 인간이 현재의 쾌락을 유예시켜야 성공할 수 있다고 가르친다. 결국 영원히 미래의 볼모로 살게 된다. 68혁명은 그런 자본주의에 신물이 난 젊은이들의 반항이었다. 그들은 이렇게 소리쳤다. "모든 금지하는 것을 금지한다", "절대 일하지 말라", "더 많이 소비하시오. 더 빨리 죽을 것이니". 20세기 전반부의 혁명들이 자본주의 체제를 전복하려고 했다면 68혁명은 자본주의의 성격을 해체하려고 들었다.

이른바 68세대한테 체는 아주 낭만적인 소재였다. 십자군 원정을 떠났던 중세 기사의 신화와도 같았다. 이미 절대 빈곤에서 벗어난 68세대는 체처럼 전선에 설 의지까진 없었다. 68혁명은 분명 자본주의에 대해 중대한 질문을 던졌다. 자본주의가 인간을 소비 벌레로 만든다는 점을 직시했다. 그러나 앞선 혁명들처럼 체제 전복적이지 못하다는 치명적 약점이 있었다. 한마디로 배부른 혁명이었다. 그걸 체의 이미지로 상쇄시켰다. 혁명의 최전선에 섰던 체를 숭배함으로써 68혁명의 유약함을 감췄다.

68혁명은 자본주의로부터의 진정한 인간 해방을 꿈꿨다는 점에선 앞선 혁명들보다 혁명적이었다. 인간이 결코 자본주의에서 해방될 수 없다는 점만 빼면 완벽한 혁명이었다. 실제로 탈자본주의화를 주장했던 68세대는 누구보다 빠르게 자본주의화된 인간으로 변해갔다. 1980년대부터 금융 지상주의가 확산되자 68세대가 꿈꿨던 노동으로부터의 해방도 가능해졌다. 지중해에서 요트를 타면서 금융 투자로 돈을 버는 낭만의 시대가 열렸다. 지구촌 어딘가에선 노동 착취가 계속되고 있다는 사실만 잊을 수 있다면 완벽했다.

체의 인기는 더욱 올라갈 수밖에 없었다. 혁명을 꿈꾸기 때문이 아니었다. 혁명을 꿈꾸는 척하기 위해서였다. 체의 모습이 새겨진 티셔츠며 라이터며 열쇠고리며 운동화 등이 끊임없이 소비되기 시작했다. 체가 미남이라는 점도 이 같은 상품 열에 한몫했다. 패션 사진작가 알베르토 코르다는 잘생긴 체의 멋진 사진을 수도 없이 찍었다. 이때 체는 미디어 혁명 전술의 일환으로 사진을 찍었다. 그 뒤로 체의 사진들이 혁명의 아이콘이 됐다는 점에선 제대로 성공한 셈이었다. 다만 그가 죽고 난 후 이 사진들이 혁명을 소비시키는 혁명의 이미지가 될 줄은 그도 몰랐다.

미국의 좌파 지식인 조지프 히스와 앤드류 포터는 『혁명을 팝니다』에서 체에 대한 숭배와 SUV 선호 현상을 비교한다. SUV는 한때 자유를 꿈꿨던 히피 세대가 선호하는 차종이다. SUV는 언제든 도시에서 벗어나 자유로 향할 수 있을 것 같은 느낌을 준다. 실제론 도시에 얽매인 인생인데도 말이다. 체의 이미지를 소비하는 것도 똑같다. 실제론 혁명에 가담할 의지가 없으면서도 변화를 꿈꾸고 있다는 듯한 스타일을 만들어낸다.

21세기의 눈으로 볼 때 20세기는 혁명의 시대였다. 역사학자 에릭 홉스봄은 『극단의 시대(상): 20세기 역사』에서 이렇게 썼다. "20세기 전반기의 실패는 20세기 후반기의 정치의 회피로 이어졌다." 체의 쿠바 혁명은 20세기 전반기에 일어난 마지막 혁명이었다. 앞선 혁명들처럼 실패했다. 실패의 경험은 68혁명처럼 탈전복적 혁명의 형태로 나타났다. 처음엔 자본주의와 내적 투쟁을 벌이는 문화 혁명이었지만 20세기 후반부를 거치면서 혁명조차 구매 가능한 소비 현상으로 전락했다. 21세기에 혁명은 티셔츠다.

동시에 혁명을 관리할 줄 몰랐던 우파의 실력이 늘었다. 더 이상 계급 충돌이 극단화될 때까지 사회 갈등을 방치해놓는 우매한 짓은 하지 않는다. 그 안에서 전복적 혁명이 발생한다는 걸 배웠기 때문이다. 경제 운용 실력도 늘어서 대중이 혁명보단 개혁을 선호하게 만든다. 선진국의 복지 정책들은 대부분 우파 정부가 기초한 것들이다. 혁명의 가능성은 오히려 우파를 진화시킨다. 20세기엔 좌파가 우파보다 전략적이었지만 21세기엔 우파가 좌파보다 영악하다.

반면에 좌파는 오히려 실력이 줄었다. 맬컴 글래드웰은 『뉴요커』에 기고한 "쿨 사냥"이라는 글에 이렇게 썼다. "쿨한 사람은 고의적으로 자신을 사회의 대중들과 분리시킨다." 특히 좌파 지식인들은 이제 쿨한 척 다수 대중과 거리를 두기 바쁘다. 대중은 그들이 싸가지 없다고 느낀다. 혁명은 핫한 사회 현상이다. 좌파는 더 이상 체처럼 치열하지 않다. 결국 대중은 혁명을 소비하고 좌파는 쿨을 소비하다 보니 사회 전체가 식어버렸다. 20세기와 달리 21세기가 혁명의 세기가 될 수 없는 이유다. 21세기의 체는 없다.

정작 이런 혁명의 부재는 21세기 국가 발전에 제약이 될 공산이 크다. 혁명이 없다고 모순이 없는 건 아니기 때문이다. 혁명은 혼란스러워 보이지만 사실 체제 발전의 필수 요소다. 주기적으로 체제를 초기화해주는 역할을 하기 때문이다. 「매트릭스」는 이런 역사관을 영화화한 작품이다. 주인공 네오는 현실의 체 게바라에 해당된다. 네오는 매트릭스 안에서 혁명을 일으킨다. 그 혁명조차 매트릭스의 오류를 수정하기 위한 장치다. 20세기 역사가 자본주의 국가들에 가르쳐준 교훈이다. 그 뒤로 혁명의 역동성을 체제 안에 수렴하려고 애쓰기 시작했다. 각국 정부가 어느 시점부터 선거를 선거 혁명이라고 부르기 시작한 것도 그래서다.

물론 진짜 혁명은 아니다. 인공 혁명이다. 체제의 모순을 일거에 초기화해주기엔 역부족이다. 수면 아래에선 사회 갈등이 계속 부글거릴 수밖에 없다. 사건 사고로 터져나온다. 요즘 한국 사회에서처럼 땅콩회항, 호텔모녀, 백화점갑녀처럼 온갖 갑질 논란이 동시다발로 터져나오게 된다. 그렇다고 근본적인 변화는 없다. 혁명의 가능성이 거세되면 우파는 실력이 줄고 사회는 진화를 멈춘다. 그저 끊임없이 들끓는 사회가 된다. 혁명이 사라진 시대의 자화상이다.

한국도 광복 이후 70년 동안 수차례 크고 작은 혁명을 경험했다. 특히 1987년 6월 혁명은 중산층의 정치적 요구가 동력이 된 전형적인 부르주아 혁명이었다. 한국은 분단 여건상 프롤레타리아 혁명은 불가능하다. 21세기에 프롤레타리아 혁명은 시대착오적인 면도 있다. 체제의 실력이 그걸 막을 수 있을 만큼 완숙해진 부분도 있다.

그렇다면 21세기 한국에서 가능한 건 68혁명 같은 문화 혁명이다. 자본주의를 전복시키는 게 아니라 자본주의를 성숙시키는 혁명 말이다. 사실 이런 혁명은 이미 한국 정도의 자본주의 국가에선 홍역처럼 앓고 지나갔어야 하는 통과의례다. 2009년 촛불 시위 같은 혁명적 움직임이 일어나도 문화 혁명으로까진 진화하지 못했다는게 문제다. 오히려 부르주아나 프롤레타리아 혁명으로 퇴화해버리기 일쑤였다. 정권 퇴진이나 독재 타도 같은 정치 구호가 문화 혁명의 가능성을 닫아버렸다. 혁명의 실력도 국가의 실력이다.

혁명을 성공시킨 체 게바라를 괴롭혔던 건 혁명의 역설이다. 런던 정경대학교의 헬렌 야페 교수는 『체 게바라, 혁명의 경제학』에 이렇게 썼다. "이윤이 노동자 착취의 산물이라는 것은 혁명가들에게는 공리와 같다. 그러나 혁명이 일어나 착취자가 제거되자마자 예상치 못한 역설에 봉착한다. 모든 이윤을 노동자들에게 돌려줘도 가난이 해소되지 않는다. 저발전 문제는 단지 착취 때문이 아니라 생산이 기본 욕구를 충족할 수 있을 만큼 충분하지 않기 때문이다. 혁명의 역설은 사회주의가 약속한 이상을 달성하기 위해 자본주의와 방법들, 다시 말해 높은 노동 강도, 효율성, 낭비와 나태의 척결, 엄격한 노동 규율을 그대로 차용한다는 것이다." 체는 좋은 사회주의 국가를 건설하기 위해선 먼저 좋은 자본주의 사회를 만들어야 한다는 역설에 봉착했다. 구체제를 전복해도 똑같은 체제가 반복된다는 혁명의 모순이다. 결국 이상주의자였던 체는 또 다른 이상을 향해 떠나갈 수밖에 없었다. 혁명은 더 나은 사회를 약속해주지 못한다. 더 나쁜 사회를 피하게 해줄 뿐이다. 혁명의 아이콘으로서 체가 지닌 진짜 의미다.

쿠바와 미국의 국교 정상화는 혁명의 세기였던 20세기의 종언을 알리는 사건이다. 한때 쿠바는 대표적인 친소 국가였다. 미국이 쿠바를 눈엣가시처럼 여긴 이유다. 이제 쿠바는 친미 국가로 거듭날 참이다. 쿠바는 이미 오래 전부터 미국과의 국교 정상화를 바라고 있었다. 오히려 미국 내 강경파가 쿠바와의 관계 회복에 걸림돌이었다. 플로리다에만 쿠바 이민자가 85만 명 넘게 살고 있다. 국교 정상화 이후 대미 무역이 확대되리란 사실은 불 보듯 뻔하다.

50년 전 체를 밀어낸 건 피델 카스트로의 동생 라울 카스트로 현 쿠바 국가평의회 의장이다. 오바마 대통령과 양국 국교를 정상화시킨 장본인이다. 당시 라울은 친소파였다. 지금은 친미파다. 이쯤 되면 무엇을 위한 혁명이었는지 되물을 수밖에 없다. 영원한 승리의 그날은 처음부터 영원히 오지 않을 날이었는지도 모른다. 아스타 시엠 프레.

장기보수시대
미처 몰랐던 징후들

신기주 지음

초판 1쇄 인쇄 2015년 2월 23일
초판 1쇄 발행 2015년 3월 2일

발행처: 도서출판 마티
출판등록: 2005년 4월 13일
등록번호: 제2005-22호
발행인: 정희경
편집장: 박정현
편집: 강소영, 서성진
마케팅: 최정이

주소: 서울시 마포구 동교로 12안길 31 2층 (121-839)
전화: (02) 333-3110
팩스: (02) 333-3169
이메일: matibook@naver.com
블로그: http://blog.naver.com/matibook
트위터: @matibook

ISBN 979-11-86000-09-0 (03330)
값 12,000원